图说二战战役

二战纪实录

申文平 主编

吉林出版集团股份有限公司

图书在版编目（CIP）数据

二战纪实录/申文平主编.—长春：吉林出版集团股份有限公司，2019.7
ISBN 978-7-5581-6694-5

Ⅰ.①二… Ⅱ.①申… Ⅲ.①第二次世界大战—历史 Ⅳ.①K152

中国版本图书馆 CIP 数据核字（2019）第 090182 号

二战纪实录

主　　编	申文平
责任编辑	王　平　姚利福
策划编辑	齐　琳
封面设计	亿德隆装帧设计
开　　本	710mm×1000mm　1/16
字　　数	240 千
印　　张	18
版　　次	2020 年 1 月第 1 版
印　　次	2020 年 1 月第 1 次印刷
出　　版	吉林出版集团股份有限公司
电　　话	总编办：010-63109269
	发行部：010-81282844
印　　刷	三河市天润建兴印务有限公司

ISBN 978-7-5581-6694-5　　　　　　　　　　　　定价：45.00 元
版权所有　　侵权必究

目 录

第一章
哭泣的北非　001
　　埃塞俄比亚蒙难 / 002
　　皇帝塞拉西流亡 / 006
　　骁勇的沙漠英军 / 013
　　沙漠拉锯战 / 019
　　千里大追击 / 029

第二章
波兰沉浮
　　均衡政策的破产 / 038
　　突如其来的灾难 / 045
　　腹背受敌 / 054
　　华沙沦陷 / 062
　　复国之路 / 065

第三章
犹太人的泪
　　犹太人的苦难史 / 070

党卫军的迫害 / 073

民族大浩劫 / 080

纳粹集中营 / 086

以色列国的建立 / 091

第四章

凯旋门受辱

梦断马奇诺 / 098

敦刻尔克地狱 / 104

法兰西在流血 / 110

战斗的法国 / 120

巴黎光复 / 126

第五章

硝烟下的不列颠

血的教训 / 134

英伦三岛的顽强 / 141

反思"黑色星期四" / 149

阴差阳错的伦敦夜袭 / 156

最大的空中格斗 / 163

第六章

血捍苏联

中路：风云骤起 / 172

南路：峰回路转 / 184

北路：险象环生 / 192

转折：剑拔弩张 / 199

反攻：摧枯拉朽 / 208

第七章

血泪东南亚

魔爪伸向马来西亚 / 220

新加坡浩劫 / 226

菲律宾在呻吟 / 230

铁蹄下的东印度群岛 / 240

风雨飘摇中的缅甸 / 245

第八章

炮声震惊美利坚

美日裂痕 / 252

海上狼烟起 / 264

决战中途岛 / 268

挺进日本海 / 277

第一章
哭泣的北非

埃塞俄比亚蒙难

环顾四周,哪个国家是他最好的磨刀石呢?只有埃塞俄比亚。

埃塞俄比亚原称阿比西尼亚,地处非洲东北部,是个内陆国家。领土面积约122万平方公里,高原面积占总面积的2/3,平均海拔为2500～3000米,号称"非洲屋脊"。

埃塞俄比亚地处热带,经济作物发达,盛产咖啡、棉花和烟草。畜牧业发达,主要牲畜有牛、羊、马、骆驼等。咖啡和烟草是埃塞俄比亚的主要出口物资。矿产资源丰富,有白金、黄金、锰、铜、石油等。埃塞俄比亚是具有3000年历史的古老国家。公元前975年,孟尼利克一世称王。公元13—16世纪,阿姆哈拉族人建立了阿比西尼亚。

由于经济落后,自15、16世纪以来,阿比西尼亚就成为欧洲列强掠夺的对象。1543年,葡萄牙人入侵埃塞俄比亚。19世纪中叶,英国人入侵。19世纪末期,意大利人将英国人排挤出去,控制了红海沿岸地区。1890年2月,意大利把红海沿岸地区变为厄立特里亚殖民地,并宣布埃塞俄比亚受它的"保护"。

1895年,在孟尼利克皇帝的率领下,埃塞俄比亚军民开展了反侵略战争。1896年3月1日,阿杜瓦战役爆发,意大利军队战败。在阿杜瓦战役中,意军伤亡6500人,被俘虏2500人,而埃塞俄比亚军队仅伤亡3000人。

驻在厄立特里亚的意大利殖民官员早就垂涎古老非洲这最后一个未被征服的国家。埃塞俄比亚气候凉爽,厚厚的土壤遍布各地,农业潜力远远超过肯尼亚。埃塞俄比亚的历代皇帝和公爵们长期固守高山要塞,一次次打败意大利殖民者。

第一次世界大战结束后,意大利是战胜国,但一战对意大利的经济影响很大。战债负担沉重;退伍军人难以找到工作,政府无力救济;经济混乱,人民生活窘迫。

1919年,罢工潮席卷意大利,很多城市爆发市民捣毁粮店、与军警冲突的恶性事件。意大利农民也参加了斗争。

在俄国、德国革命的影响下,意大利的工人夺取工厂,农民瓜分地主的土地。1920年秋,意大利北部的工厂几乎都被工人占领了。那时,意大利中央政府软弱无能,无力镇压革命运动。为了维护自己的利益,意大利资产阶级主张实行极权政治。

1919年3月,本尼托·墨索里尼建立法西斯组织,逐渐取得大资本家的资助,吸收大批地主、资本家子弟和失业退伍军人,大搞恐怖行动。法西斯党徒身穿黑衫,用棍棒和军火对付工人,大肆屠杀革命人士。

墨索里尼和法西斯党徒

1922年秋，法西斯党徒残酷地镇压了工人的反抗，控制了意大利北部及中部地区。法西斯党徒甚至狂呼：向罗马进军！惊慌失措的意大利国王电召墨索里尼到罗马组建新内阁。10月30日，墨索里尼率领法西斯党徒队伍开入罗马，在意大利成立法西斯政权。

墨索里尼解散所有的反对党，废止言论、出版、集会、结社的自由。他又解散议会，以命令代替法律，使意大利服从他一个人的意志。墨索里尼在意大利建立的法西斯政权，几乎遭到所有国家的反对。墨索里尼强烈地感觉到，法西斯主义要想生存，必须抓住时机征服一个国家，向世界证明意大利已经成为强国。

环顾四周，哪个国家是他最好的磨刀石呢？只有埃塞俄比亚。墨索里尼扬言要让全世界屈从于法西斯主义，如果埃塞俄比亚人敢反抗，就把他们"烧光！烧光！烧光！"。

毒气弹是墨索里尼的秘密武器，他要用毒气弹杀死千千万万的埃塞俄比亚人。埃塞俄比亚的战略地位十分重要，地处红海西岸，拥有南部出海口，领土辽阔，资源丰富。如果意大利吞并了埃塞俄比亚，就能把意大利的东非殖民地厄立特里亚和意属索马里连成一片，从而威胁英国和法国通向东方的海上交通要道，为意大利进一步在非洲扩张奠定基础。

从1922至1923年，墨索里尼就准备把庞大的埃塞俄比亚变成意大利的殖民地。1932年初，意大利议会决定由代博诺将军指挥进攻埃塞俄比亚的战争。1934年12月5日，战争爆发了。

海尔·塞拉西皇帝向全国人民宣告："我将同你们在一起，为了埃塞俄比亚的独立，我将洒尽我的鲜血……士兵们，集结到你们首领的周围，服从他们的命令，击退侵略者！"

12岁的孩子已经在他们纤弱的肩上背着步枪，老年人把佩刀挂在他们的后腰，这已经是埃塞俄比亚人的一种习惯了。埃塞俄比亚的孩子们骄傲地回答说："我们的父辈在阿杜瓦击败意大利侵略军时，他们当时的年龄并不比我们大啊！"

埃塞俄比亚军民士气高昂，古老的埃塞俄比亚正准备行动。那些公爵及其英勇的封建军队，带着悲剧的色彩，他们的规模虽然壮观，却是无力的。

意大利军队的一辆装甲车和数架飞机也投入了战斗。埃塞俄比亚士兵们反复攻打意军的这辆装甲车，想把它推翻，这当然是不可能的。埃塞俄比亚军队的伤亡很大，最后撤退了。海尔·塞拉西皇帝要求意大利把争端提交国联仲裁。墨索里尼坚决拒绝了塞拉西的建议，并向塞拉西提出多种完全不能接受的要求。墨索里尼要埃塞俄比亚承认意大利对瓦尔瓦尔地区的主权，并赔偿20万埃元。

1935年，墨索里尼下令派更多的正规军参战。50多万正规军和民工被派往东部非洲，准备再次入侵埃塞俄比亚。9月25日，海尔·塞拉西皇帝宣布，为了避免发生可能作为侵略借口的事件，埃塞俄比亚军已从边

入侵埃塞俄比亚的意大利士兵

界后撤 30 公里。但是，这已经无济于事了。

墨索里尼的战略计划是以埃塞俄比亚人低劣的装备为基础的，埃塞俄比亚只拥有几百挺机枪和 10 架无武器的飞机。凭着绝对的空中优势，意大利空军能进行恐怖轰炸，使埃塞俄比亚人屈服。墨索里尼准备炸毁埃塞俄比亚的主要城市。他还靠赠送大笔钱财进行贿赂，使埃塞俄比亚指挥官倒戈。

皇帝塞拉西流亡

意大利人发现毒气弹只能使有限的战线受到影响，就利用飞机喷洒芥子气。

1935 年 10 月 3 日凌晨，意大利人民被召集到各市镇中心广场，墨索里尼利用广播宣布战争开始了。这一集会是由法西斯党在一个月前排演的。据说有 2,700 万人参加了这一盛大集会。

墨索里尼用具有煽动性的口吻说："祖国历史上一个庄严的时刻正在来临。在这一时刻，意大利有 2,000 万人聚集在全国各地的广场上。"在东非，30 万意军从厄立特里亚和意属索马里出发，兵分三路入侵埃塞俄比亚，以北路为主，企图攻占埃塞俄比亚的首都亚的斯亚贝巴，进而攻占全境。

当轰炸机群出发袭击阿多瓦城时，墨索里尼通知国际联盟：意大利遭到了野蛮的、无缘无故的侵略。

起初，快速推进的意军很少遇到阻击。北路是意军的主力，共 10 个师，约 25 万人。其中 5 个师是法西斯黑衫军，由老将代博诺率领，负责从厄立特里亚的阿迪格特、阿杜瓦和阿克苏姆三个城市出发，取道马夫累和德西埃，攻打埃塞俄比亚的首都亚的斯亚贝巴。

南路意军由鲁道夫·格拉齐亚尼将军指挥，从意属索马里出发，进攻埃塞俄比亚南部城市戈腊黑—哈拉尔—迪雷达瓦方向，负责牵制埃军北上。墨索里尼的女婿齐亚诺以驾机屠杀埃塞俄比亚人民为骄傲。他说：当你发现埃塞俄比亚人时，你用机枪扫射，他们会躲到深草丛中。你再扫射一阵，他们会从草丛中钻出来向四方跑去，你就便于扫射他们了。

埃塞俄比亚人民团结起来英勇抵抗。埃塞俄比亚的正规军只有20多万人，平均年龄为12岁至20岁。这一年龄在埃塞俄比亚人民中是最恰当的服役年龄，埃塞俄比亚人在早年的时候是最有力气的，也是最好学的。

埃塞俄比亚军队是全世界最年轻的军队，其官兵是百发百中的神枪手。但是埃塞俄比亚已发动起来的几十万人中，只有不足5万人拥有现代化的武器，剩下的人使用的是佩刀和长矛。

意大利人民的反应非常冷淡，不愿去参军。后来，国联的50个成员国一致谴责意大利，意大利人发现祖国处在危急之中，纷纷参军。10月7日，国联宣布意大利为侵略国。10月19日，国联宣布对意大利进行财政和经济制裁。有人称这种制裁为"半心半意的制裁"，它无法有效阻止意大利继续侵略埃塞俄比亚。

那时，意大利在东非只有两个月的石油储备。一旦把石油包括在经济制裁的范围内，意大利入侵埃塞俄比亚的机械化部队、飞机、汽车、坦克等很快就会无用武之地。

埃塞俄比亚海尔·塞拉西皇帝的军队装备简陋，可是埃军熟悉地形，具有较大的机动性，于是主张进行游击战。塞约姆亲王反对说："约翰尼斯皇帝的后裔是进行战争的，不能像土匪一样打游击！"

战术的不统一和各王公之间的矛盾使埃军受到了很大的损失。1935年10月6日，意军占领阿杜瓦。8日，海尔·塞拉西·古格萨侯爵向意军提出，他愿意献出埃塞俄比亚的正面阵地。

海尔·塞拉西流亡海外

　　古格萨侯爵痛恨塞拉西皇帝不给他公爵封号和利用他反对塞约姆亲王想从意大利人手中得到公爵爵位。古格萨侯爵的言行公开后，他的部队减少了许多。

　　墨索里尼无视意军的反对，命令意军不必顾及补给线的问题，全速向埃塞俄比亚腹地进攻。代博诺将军抱怨墨索里尼是一个不称职的指挥家。墨索里尼说，真正不称职的是代博诺。墨索里尼决定派一个称职的将军取代代博诺。

　　墨索里尼把代博诺召回罗马，派巴多利奥元帅指挥意军。墨索里尼命令巴多利奥：加速进攻，在必要时对埃塞俄比亚人施放毒气。芥子气毒气弹是意大利的秘密武器，墨索里尼命令竭力保密，以便以后还能使用。巴多利奥发现,面对意大利防守部队的强大火力,埃塞俄比亚士兵仍然组成了密集的方阵轮番冲锋,多数埃军使用刀剑,他们逼近意军的铁丝网工事,用手中的弯刀砍向工事。

战争的规模在逐渐扩大,然而英国和法国却不愿冒同意大利开战的风险支持埃塞俄比亚,两国在纵容意大利侵略的道路上越走越远。埃塞俄比亚人不断地在意军阵地附近集结兵力。期间,埃塞俄比亚人进行了一些大胆的反击。这种僵持局面一直延续到1936年。

在南线,意大利军队最初对锡达莫的德斯塔公爵的军队的失踪感到迷惑不解。意军飞机低飞,引诱埃军开火,借以使藏在河岸森林中的埃军暴露。意军的战术取得了成功。埃军暴露后,意军动用了炸弹和毒气。

1936年初,意军格拉齐亚尼的部队发动攻势,越过埃军的防线。格拉齐亚尼率军占领了内格利镇,决定集中兵力进攻右翼的、更重要的哈拉尔市。此时,在主要的北方战场上,坦皮恩战役全面爆发了,战役非常激烈。重磅炸弹和毒气弹雨点般落在埃军的各条补给线上。

由于不久前取得了一些胜利,埃塞俄比亚军队变得过于自信,当巴多利奥元帅最后发动坦皮恩战役时,埃军才惊讶地发现这次意军进攻的庞大规模,但已经来不及了。

阿腊丹平顶山遭受了猛烈和集中的炮击,变成了火海。如此猛烈的轰炸和炮火,当时不仅在埃塞俄比亚,哪怕在全世界都是空前的。在强大的炮火面前,一些埃塞俄比亚士兵拒不服从撤退的命令,他们发誓宁死也不逃跑。

意大利人发现毒气弹只能使有限的战线受到影响,就利用飞机喷洒芥子气。意大利军队在整个战线上使用毒气弹。埃塞俄比亚的士兵、妇女和儿童都被窒息、起疱和糜烂。《日内瓦公约》被抛到九霄云外,引起世界各国的"总体战争"新恐怖。

埃塞俄比亚的约翰·梅利大夫写道:"这不是战争,而是屠杀——是用炸弹和毒气残酷地折磨千千万万的男人、女人和儿童。侵略者不断地使用毒气，我们医治了无数的受害者，包括婴儿，而全世界却袖手旁观、装聋作哑。"

埃军6次向平顶山发起集团冲锋，但都没有夺回平顶山。同时，埃军的补给线受到意军的空袭，弹药和食物奇缺。埃军在此次战役中伤亡惨重。意军继续向前进攻，通过了锡缅的悬崖绝壁，到达冈达尔。意军准备攻占埃塞俄比亚首都亚的斯亚贝巴的大门德西埃。

阿散季湖附近的梅丘地区是意军通往亚的斯亚贝巴的主要通道。3月11日，塞拉西皇帝指挥主力部队在梅丘地区向意军阵地发起总攻。这是以劣势兵力攻打优势兵力的典型战役。

埃军冲过了意军的外围防线，但是埃军进攻速度的迟缓使意军有足够的时间建立纵深防御。埃军的攻势很快就停止了。塞拉西皇帝率领埃军在梅丘地区的开阔地作战亲自操起机关枪扫射意军。

这时，从西方传来冈达尔沦陷的消息，埃军立即瓦解，陷于混乱。在意军的轰炸机轮番轰炸、扫射，新式火炮不停地轰击下，塞拉西皇帝依然下令反攻，但是他的军队已经陷入了混乱。埃军士兵向空中乱放枪，在梅丘地区到处逃跑。

经过三天的血战，塞拉西的近卫军几乎覆灭，死亡9,000多人。死亡人数是自开战以来最多的。在北部战场上，埃军的正规军已经被歼灭了。在德西埃市，年仅18岁的皇太子阿斯法·沃森想让酋长们效忠。可是，由于前线战场的恶化，阿斯法·沃森的处境不妙。阿斯法·沃森听说沃洛人的酋长们准备把他捉住。于是，他偷偷地溜出德西埃，与部下会合。就在当天，德西埃市陷入一片混乱，到处都是枪声。

4月15日，意军占领德西埃。德西埃沦陷后，4月30日，塞拉西皇帝逃回首都亚的斯亚贝巴，再次启用塔克尔。塔克尔是塞拉西早期的朋友，后来失宠了。在关键时刻，塞拉西皇帝不得不忘掉他同塔克尔之间的分歧。塔克尔再次强调他的各种理论，主要强调的是用游击战对抗意军的好处。

从厄立特里亚殖民地出征的意大利侵略军，在东南战线取得了重大的胜利。塞拉西向哈拉尔总督纳西布下令，要他发动进攻，牵制意军。纳西布参谋部的3位外国军官指挥了闪电式的进攻，击退了意大利军队。意大利出动空军，施放毒气。纳西布的军队耗尽了弹药，被迫采用集团冲锋方式。肉体敌不过机关枪和毒气，意军发动反攻。

纳西布侯爵率军队撤退，准备再次作战。这时，传来皇帝"逃往"吉布提的消息。纳西布等将领抛弃军队溜之大吉了。米里昂带着一小队人马撤到哈拉尔西部的加腊穆拉塔山打游击。5月7日，意军进入季季加，8日进入哈拉尔。

在埃塞俄比亚境内，最适合打游击战。塞拉西皇帝没有利用埃塞俄比亚独特的地理条件，广泛发动游击战，是他失败的原因。塞拉西皇帝

海尔·塞拉西一世

采用了集团作战的方式，在装备精良的意军面前坚持阵地战，不肯放弃一城一地。

塔克尔向塞拉西皇帝建议，把政府撤到埃塞俄比亚西南部的戈雷。他劝道，下雨会让意大利人的陆军和空军无法行动，从而能够获得喘息的时间，组建一支精干的游击队。

塔克尔说，若能有效地减缓意大利人的进攻速度，做好从苏丹和肯尼亚获得补给的安排，埃塞俄比亚最后会取得胜利的。无奈之下，塞拉西皇帝只好同意迁都戈雷。可是，受到神父们劝说的皇后，却劝塞拉西陪她去耶路撒冷祈求上天的帮助。塞拉西皇帝不相信上天能帮助自己，但他想向日内瓦的国际联盟求助。

塞拉西皇帝主持了一次会议，主张迁都和主张坚守的人争论不休。这时，意军已经开到首都以北160公里的德布腊比汉。德布腊比汉和首都之间是平坦的高原，无险可守。在这种情况下，大臣们投票表决。他们以21票对3票决定塞拉西及其家人撤往吉布提，然后出国。

塞拉西皇帝的专列开往吉布提途中的歇尔谢尔地区，被歇尔谢尔总督塔克拉·哈瓦里亚特截住了。

哈瓦里亚特曾经帮助塞拉西继位，并且帮塞拉西制定了埃塞俄比亚的第一部宪法。哈瓦里亚特和很多人一样，认为皇帝出走外国是一场大灾难。

哈瓦里亚特拿着手枪向塞拉西皇帝敬礼，要求皇帝同他一起上山，重建一支军队。塞拉西表示同意，可是公爵们反对，于是火车继续开往吉布提。

当时，在埃塞俄比亚首都亚的斯亚贝巴，到处陷入混乱。塔克尔和阿贝贝男爵骑着马冲来冲去，放火烧城。他们想把城里的人赶出去，让他们上山打游击。城里陷入混乱。

1936年5月4日黄昏，意军到达亚的斯亚贝巴郊区。5月5日，亚的斯亚贝巴沦陷。不管从哪方面来看，意大利已经战胜了埃塞俄比亚。1936年5月9日，墨索里尼宣布，埃塞俄比亚及其人民并入"意大利王国和完整的主权之中"。

1936年6月28日，逃到国外的塞拉西参加了日内瓦国际联盟会议，他说："我是在捍卫所有正受到侵略威胁的弱小民族的事业。曾经对我做出的承诺变成什么了！上帝和历史将会记住你们的判断！"矮小的塞拉西的话震撼了世界人民的良心。

当时，埃塞俄比亚的一些地区仍然独立，在后来的三年中，埃塞俄比亚人同意军的战斗激烈地进行着。基达尼是勇敢的领袖，发动了"埃塞俄比亚青年运动"和妇女运动。基达尼发动了几次破坏活动后被捕。许多爱国人士被逮捕，意军谎称把他们送往罗马，其实是从飞机上把他们推下去了。

埃塞俄比亚的教会领袖彼特罗斯主教在首都的一个广场被处决。后来，首都的这个广场上矗立着他的塑像。彼特罗斯主教拒绝发表反对爱国战士的广播讲话，支持了埃塞俄比亚人民的抵抗运动。这次战争的代价是很难统计的。据埃塞俄比亚的说法，埃塞俄比亚死亡50万人。意大利只死了5000人左右，大多数是在殖民地征召的有色人种士兵。

骁勇的沙漠英军

英国第七装甲师的官兵们接到的命令是"飞奔"。

利比亚是北非的战略重地。1911年以来，意大利占领了利比亚。利比亚与意大利西西里岛的海上距离为483公里。利比亚东邻埃及，西邻法国殖民地突尼斯和阿尔及利亚。

埃及保护着英国在中东的殖民地——巴勒斯坦和约旦,并对包括叙利亚、石油资源丰富的伊拉克和伊朗在内的中东其他地区施加影响和控制。亚历山大港设施齐全,可以使英国皇家海军的控制延伸到东部地中海。苏伊士运河是英国通往印度和远东的生命线。埃及如果丢失,对英国首先是个战略上的灾难。而对意大利来说,占领埃及,就等于占领了通往苏丹的通道,并可以把它在东非的所有殖民地联结起来。

英国在埃及的部队由英军在中东地区的总司令韦维尔将军直接指挥。韦维尔把近10万人的部队部署在伊拉克、约旦、巴勒斯坦、埃及再到苏丹这样广大的地区。

1940年,意大利在利比亚的军队大约有25万人、1,800挺老式机枪、350辆旧坦克和8,000辆卡车。起初,意大利处在防御地位,法国沦陷后,法国的殖民地突尼斯和阿尔及利亚受到《德法停战协定》的保护。因此,墨索里尼把侵略的目光转向了埃及。

两名意大利士兵在掩体外休息

如果意大利攻占了埃及，就会受到德国的尊敬和崇拜。因为埃及保护着英国在中东的殖民地——巴勒斯坦和约旦，并控制着叙利亚、伊拉克和伊朗在内的中东其他地区。埃及的亚历山大港可以使英国的海军舰队进入东部地中海。

英国很早就控制了埃及，但英国首先要考虑的是抵御德军入侵英国本土。意大利在非洲的势力很大。意大利控制着利比亚、厄立特里亚、意属索马里和埃塞俄比亚。

在埃及，英军只有约3.6万人，组成了两支非整编师。其中印度第四师是由英军和印度军组成的盟军，沙漠作战经验丰富，对即将开始的沙漠战来说十分有利。英军第七装甲师号称"沙漠之鼠"，训练有素。

1940年8月4日，意军的17个步兵营在装甲部队和炮兵部队的掩护下，从埃塞俄比亚和厄立特里亚进攻英属索马里。当时，索马里的英军只有1,500人。英军只做了一些象征性的抵抗，就从泽拉港和伯贝拉港撤离。8月19日，意军进驻泽拉港和伯贝拉港。8月20日，意军吞并英属索马里，打通了苏丹至埃及的交通线。在苏丹和肯尼亚，意军的2个步兵旅和4个骑兵团共6,500人，在24辆坦克和装甲车的支援下，占领苏丹的卡萨拉镇和加拉巴特镇、肯尼亚的莫亚累镇。然后，意军从南部和西部向埃及快速挺进。

58岁的意大利陆军元帅格拉齐亚尼是北非意军的总司令，他在镇压埃塞俄比亚军民的反抗方面曾获"屠夫"称号。驻东非的意军总司令是奥斯塔公爵。9月13日，意军冲过利埃边界，向英军发动进攻，英军主动撤退。13日，意军占领塞卢姆。韦维尔发现，意军人多势众，但火力很弱，可以充分发挥英军的装甲优势，兵分两路，快速出击，直插西迪巴拉尼，收复巴迪亚。

12月8—9日，英军坦克和装甲车全速前进，卷起股股沙雾，冲向意军防线的空隙。格拉齐亚尼连忙调兵堵截，无奈没有机动部队，又不知道英军的真实意图，不好全力一拼。只有少数意军坦克在空隙上阻击，英军坦克和装甲车直奔西迪巴拉尼方向。

12月9日上午9时，英军占领尼贝瓦据点。意军被俘2000多人。英军继续向北进攻，每到一个据点，英军刚轰了几炮，意军就投降了。

12月10日，格拉齐亚尼从西迪巴拉尼向西撤退，到达布克镇东侧时，进入英军第七装甲师的伏击圈。经过激战后，1.4万名意军被俘。格拉齐亚尼率军逃出埃及，进驻利比亚的巴迪亚要塞。1941年1月3日，英军在23辆坦克、海军和空军的火力支援下，向意军发动进攻。4日傍晚，英军占领巴迪亚要塞，俘虏4万多名意军。

1月21日凌晨，英军突然向托布鲁克发动猛攻，12辆坦克也参加了进攻。22日，意军投降。英国第七装甲师的官兵们接到的命令是"飞奔"。2月6日，英军占领利比亚的昔兰尼加省东半部。至此，英军已经急行军800公里，战胜了意军10个师，13万意军成为俘虏。英军只损失1873人。

2月7日凌晨，格拉齐亚尼率意军逃往利比亚首都的黎波里。不久，驻利比亚的英军主力被调往希腊战场，北非的战事停止。1941年初，东非英军也发动了驱逐意军的战役。从中东新调来的第四印军师和第五印军师由普拉特中将指挥，从苏丹攻打厄里特里亚。

英国从塞内加尔调来1个法军营和1个法国军团。英国的一支南非军队也从肯尼亚东部进攻意属索马里。英国的另一支军队从肯尼亚北部进攻。亚丁的一支英军通过亚丁湾，在英属索马里的伯贝拉港口登陆了。复杂的山区地形使行军十分艰难，必须使用骡子甚至骆驼来运送装备。

1月15日，普拉特的部队向坚固的克伦山区发起进攻。驻守克伦的意军防御工事坚固，2个意军师坚守克伦山区的顶峰。起初，英印联军遭到了意军的疯狂阻击。后来，在强大的炮火和空中轰炸及扫射下，意军被迫撤退。经过53天的战斗，英军占领了克伦山区。

普拉特的部队继续推进，于4月1日攻占厄里特里亚首都阿斯马拉。意军1.5万人被俘，意海军多艘军舰被击沉，厄立特里亚战役结束了。

第二路英军由坎宁安指挥。2月，英军从肯尼亚向意属索马里发起进攻。2月19日，英军越过意军的防线，沿海岸线发起进攻。24日，英军占领摩加迪沙，继续向北部进攻埃塞俄比亚。3月29日，英军进驻吉吉加，与3月16日在伯贝拉登陆的英军会合。

英军在坎宁安的率领下，于3月30日攻占马达关口。4月5日，英军收复埃塞俄比亚首都亚的斯亚贝巴。

海尔·塞拉西皇帝回到首都，发动人民进行游击战争痛击意军，支持了英军在正面战场上的作战。

很快，坎宁安在北方与普拉特中将率领的英印联军会师。英军从厄里特里亚向南进攻。

虽然意大利在埃塞俄比亚的败局已定，但驻东非的意军总指挥奥斯塔

海尔·塞拉西在美国军舰上

公爵仍率领残余意军，在安巴阿拉吉山附近的高山区组织防御。5月3日，南非部队和埃塞俄比亚游击队到达安巴阿拉吉山，向高地上的意军发起了进攻。

埃塞俄比亚游击队在进攻高地的过程中消灭了许多意军，加快了奥斯塔的投降。

5月12日，坎宁安和普拉特的两支英军赶到安巴阿拉吉山地区。当时，意军缺少弹药和水，遭到南非部队炮火的轰炸。意军无法坚守，奥斯塔决定向英国正规军投降。

5月19日，奥斯塔接受了投降条件率部投降。奥斯塔在安巴阿拉吉高地的投降使意军投降总人数增加到23万。

但是仍有8万意军在战斗，一部分在加拉锡达莫省的亚的斯亚贝巴的西南部，由加泽拉将军指挥，约有4万人；一部分在首都西北部的贡德尔地区，由纳斯将军指挥，约有4万人。

英军主力和南非部队被调到了其他战场。这场战争最后阶段的任务留给了驻守埃塞俄比亚的非洲英军。非洲英军数量很少，由于路途遥远，雨季到来后道路泥泞，行军迟缓。非洲英军集中兵力攻打加泽拉的部队。尽管连降大雨，道路崎岖不平，非洲英军的行进十分艰难，但仍然把意军赶到了加拉锡达莫省。6月21日，英军进驻季马，意军吓得逃往农村。从刚果增援的一支英军向意军进军，在半路上拦住了意军。意军和刚果英军在7月3日展开激战，疲惫不堪的加泽拉部队投降了。

在东北部地区，纳斯的部队驻守特纳湖上游的山区，总部设在贡德尔。意军的阵地十分坚固，但装备不足。非洲英军的进攻被多次打退。9月27日，意军弹尽粮绝，驻守峨茨菲特要塞的意军向英军投降。盘踞在贡德尔地区的纳斯的主力部队遭到英军的不断炮击，于1941年11月28日投降。就这样，英军完全占领了意属东非，埃及的安全得到了保障。

沙漠拉锯战

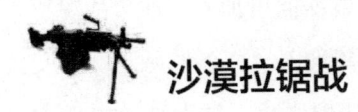

隆美尔在法国的战斗中，曾率"魔鬼之师"俘获 9.7 万名敌军，而自己的损失仅仅是 42 辆坦克。

1941 年 2 月，驻利比亚昔兰尼加省的英军只剩一个缺乏训练、装备不足的步兵师和一个缺乏训练的装甲旅。新任英军指挥官尼姆中将，对沙漠战争毫无经验。2 月 12 日中午，一架德国"容克"式轰炸机飞过地中海，来到非洲大地，盘旋一圈后落在的黎波里以南 24 公里处的贝尼托堡机场。飞机停稳后，舱门打开，走出一个令英军闻风丧胆的对手：隆美尔。隆美尔不是贵族出身和军人世家子弟，完全凭个人的努力晋升将军。隆美尔在法国的战斗中，曾率"魔鬼之师"俘获 9.7 万名敌军，而自己的损失仅仅是 42 辆坦克。

隆美尔到来的情报在开罗引起了英方的不安，韦维尔认为，意大利海军将 2 个德国师的兵力和装备陆续运到的黎波里，至少需要 2 个月。在上半年，英军不会有危险，就连德国最高统帅部也这样认为。当时，驻利比亚的意军只剩 5 个装备简陋的师，其中"阿丽塔"师属于机械化部队，拥有 60 辆轻型坦克。在沙漠作战行动计划上，意大利军营中悲观失望的情绪到处弥漫。

当天下午，隆美尔乘"亨克尔"轰炸机对的黎波里地区进行了侦察。当加里博第抱怨意军的装备简陋和英军的强大时，隆美尔发现沙漠将是坦克的舞台，适合闪电战。

2 月 14 日，德国第五轻型装甲师的第五坦克团抵达的黎波里。

3 月中旬，韦维尔从开罗飞抵班加西地区，视察英军阵地。韦维尔发现，尼姆的兵力部署漏洞百出，第二装甲师的 52 辆坦克中竟有一半停在维修车间。韦维尔指示尼姆，一旦遭受攻击，就撤回班加西。如果战况恶化，就放弃班加西，把坦克调到班加西东部的斜坡上。

3 月 19 日，隆美尔飞抵柏林，向陆军部请求进攻。陆军部给隆美尔的任务是防御，因为德国第十五装甲师还没有抵达利比亚。隆美尔说，必须攻下昔兰尼加省，否则没有战略纵深将无法守住的黎波里。陆军部下令，在 5 月底之前不准有任何行动。3 月 24 日，隆美尔指挥第三侦察营的坦克和装甲车向阿盖拉扑去。阿盖拉的英军主动撤到阿盖拉东北 48 公里的梅塞布列加。

3 月 31 日，隆美尔指挥德意联军攻打梅塞布列加。当时，第五坦克团是隆美尔的主力部队，在英军密集的炮火下无法前进。下午，隆美尔派第八机枪营从正面进攻，第二机枪营绕过山区从侧翼进攻。英军仓皇而逃。

1941 年 4 月 2 日下午 3 时 30 分，第五坦克团遭遇一群躲在贝都因人帐篷中的英国坦克。德军从震惊中反应过来，击毁了英军 7 辆坦克。英军第二装甲师剩下的坦克不足 50 辆了，开始了大溃退。德军在沙漠行进中

配合地面作战的德国空军战斗机

经常迷路，汽油短缺的情况十分严重。4月3日晚，德军占领班加西，因燃油问题停止追击。至此，英军进行了长达一周的800公里大溃退。

4月8日，德意联军攻下梅尼奇。与此同时，德军第八机枪营攻下德尔纳。4月中旬，隆美尔率军进驻利埃边境，占领了除托布鲁克以外的昔兰尼加省。4月11日，德意联军围攻托布鲁克要塞。不攻下托布鲁克港，德军的给养只能从班加西或者的黎波里穿过沙漠长途运输。

英军的所有食物、弹药和装备都在德军的轰炸下通过海上运送，德军掌握了托布鲁克的制空权。驻守托布鲁克的英澳联军，由51岁的澳大利亚少将莫谢特指挥。莫谢特的所属部队包括澳大利亚步兵第九步兵师及其特种旅、英国炮兵、英国防空炮队和工程兵小分队，还有几辆英国皇家坦克团的"马蒂尔达"坦克。莫谢特向部队下令："托布鲁克不是敦克尔刻，如果大家要出去，必须与德意联军作战。不准投降，更不准逃跑！"

远在开罗的韦维尔察看着一张地图，地图上标示着所剩无几的英军部队分散驻守在720平方公里的沙漠中。韦维尔电告驻守托布鲁克的莫谢特少将："在你与开罗之间什么都没有了。"

面积为352平方公里的托布鲁克比隆美尔想象的坚固得多。托布鲁克被称为"红色防线"的防御周长达48公里，到处都是相互缠绕的带刺铁丝网，连接着140座强大的火力点，地下掩体上修筑了钢筋水泥保护层，每个火力点可以住20人。"红色防线"后面3.2公里处是"蓝色防线"。"蓝色防线"上布设了许多地雷，穿越其间的铁丝网更多，每隔500码就有一个强大的火力点。

4月14日5时20分，德军第五坦克团的大批坦克没有遇到阻击就越过了托布鲁克以南的一道铁丝网阵地，因为藏在"红色防线"地下掩体中的澳军士兵不敢招惹德军坦克。

当德军步兵冲过澳军士兵的掩体时，澳军从德军身后疯狂扫射。德军坦克没有看到身后那些陷入绝境的德军士兵，继续威武地向前进攻，他们已经到达"蓝色防线",正在钻入危险的圈套中。突然,德军坦克兵发现他们已经被一道道强大的火力网包围了。在不远处,英军的野战重炮从两侧向德国坦克猛烈开炮。一位德国坦克兵后来回忆道:"我们能活着出来真是万幸。"

4月16日,隆美尔亲自指挥,增派"阿丽塔"师和意军一个步兵师攻打托布鲁克的西部阵地。刚刚遭到攻击,"阿丽塔"师就逃跑了。不管隆美尔怎样开导意军指挥官,他们就是不敢应战。澳大利亚军队发动反攻,意军纷纷投降。一辆英军侦察车竟押送整整一个连的意军走向战俘营。德军攻击英军侦察车,想给意军官兵创造逃生的机会。意军官兵却跑向英军的防线。

在两天的作战中,"阿丽塔"师失去了90%的坦克。4月17日,隆美尔下令停止进攻。隆美尔认为,只要第五装甲师的其他部队和第十五装甲师一到,他就能攻下托布鲁克。

每天夜里9时57分,两军官兵都会打开收音机,将频率调到"贝尔格莱德电台",收听勒贝·安德森演唱的《莉莉·玛莲》,这首歌变成了圣曲。

4月30日,第十五装甲师陆续向隆美尔报到。傍晚6时30分,德军向托布鲁克发动大规模进攻。德军坦克群再次钻入"蓝色防线",澳军士兵作战勇敢,伤亡惨重。夜晚,携带喷火器的德军工兵冲上去喷射火焰,把一些据点中的澳军士兵烧死。双方进攻和反进攻的拉锯战残酷地进行着,在滚滚风沙中,没有人能确切地有把握哪一方能取胜。5月4日,双方付出了开战以来一次伤亡最惨重的代价。由于北非德军兵力不足,德国陆军元帅布劳希奇命令停止向托布鲁克进攻,战役结束。1941年5月,驻埃及的英军包括第四印度师、新建第七装甲师及第二十二警卫旅。5月12日,4艘英国军舰抵达亚历山大港,又运来238辆坦克。

5月15日,英军一部从正面攻打哈法亚隘口以及塞卢姆防线,装甲部队从哈巴塔地区出发，先向西北再转向正北，攻打卡普措堡。

5月16日下午，英军以惨重的代价换来了哈法亚关隘。5月26日晚上，德军第八装甲团从西南方向进攻关隘，德军第一〇四步兵团的一个营从东北方向进攻关隘。英军奋起反抗，双方展开了肉搏战。27日，德军夺回哈法亚关隘。6月上旬，德国第十五装甲师全部抵达利比亚。

6月15日清晨4时30分，英军兵分两路，扑向德意联军的防线。英军拥有300辆坦克，116架战斗机和128架轰炸机，隆美尔拥有150辆坦克，60架战斗机和79架轰炸机，大炮数量明显少于英军。"战斧行动"的计划由佩尔斯中将指挥，英军的许多部队缺乏自信。6月15日拂晓，中路的英军坦克团冲向卡普措。该团装备"马蒂尔达"重型坦克，德军第八机枪营的反坦克炮弹无法射穿英军坦克的装甲。英军坦克来回碾压，把许多大炮碾碎，占领卡普措。

北路的英军也拥有"马蒂尔达"重型坦克，在德军反坦克炮弹面前丝毫未损，隆美尔急中生智，下令把6门88毫米口径的高射炮炮管放平，轰击"马蒂尔达"坦克。

几辆"马蒂尔达"坦克被打烂，后边的印度步兵被炮火炸飞，英军被迫撤退。

高射炮成为隆美尔战胜英军"战斧"计划的利器，把12门高射炮分为两组，一组放在最重要的哈勒法山隘口，另一组放在哈菲德岭。进攻哈菲德岭的英军坦克有60多辆变成废铁。夜晚，英军停止了进攻。德国第五装甲师和第十五装甲师于拂晓前绕到英军的侧翼。

16日午夜12时35分，第十五装甲师撤出卡普措，与第五装甲师一同插入英军侧翼。17日早晨8时左右，德军发起了突然袭击，英军陷入混乱。上午10时，英军撤回埃及。到此，"战斧作战"结束了。英军的伤亡人数不足1,000人，但损失了91辆坦克。8月末，新编第九十轻装甲师抵达利比亚。第五装甲师改编为第二十一装甲师。隆美尔下辖第十五装甲师、第二十一装甲师和第九十轻装甲师。这时，新任中东英军总司令是奥金莱克，绰号"海雀"。1941年7月，北非英军连吃败仗，奥金莱克接替韦维尔担任中东英军总司令，晋升上将。

虽然奥金莱克担任总司令只有1年的时间，但由于他的努力，英军顶住了隆美尔的进攻，度过了非洲战场上最艰难的时期。

1941年7月，来到北非后，奥金莱克把英军扩编为第八集团军，任命在东非作战有功的坎宁安中将为司令。第八集团军下辖第十三军和第三十军，奥斯汀中将担任第十三军军长，诺里中将担任第三十军军长。北非的英军共有4个师又3个旅，共13万人，装备710辆坦克。

1941年11月，奥金莱克在经过4个多月的充分准备后，发动"十字军"战役。奥金莱克下令：第三十军的装甲部队越过马达莱纳一带的埃及边境，呈大弧形向西北方向挺进，到达加布沙与德军装甲部队作战。在击败德军后，第三十军进入西迪雷泽附近的一块高地，与托布鲁克英军中的一支突围部队会师。同时，北翼的第十三军步兵部队坚守塞卢姆—西迪欧马防线，直到第三十军消灭德军装甲部队。

11月19日清晨，英军第七装甲师第二十二旅向比尔古比发起猛攻。第二十二装甲旅在意军反坦克火炮强大火力的重击下伤亡过重，仅4个小时就失去了半数以上的坦克，另有30多辆坦克因故障而瘫痪。几辆坦克冲进意军阵地，陷入重围，吓得调头而退。第二十二装甲旅残部退守托布鲁克。

这时，英军第七装甲师第二坦克团和第七轻骑兵队攻下了西迪拉杰特，破坏机场，对隆美尔的空中运输线造成巨大破坏。

隆美尔从第二十一装甲师中抽出一支由120辆坦克、12门野战炮和4门88毫米口径高射炮组成的纵队，去支援侦察部队。这支纵队与英军的第四装甲大队遭遇，德军把23辆英军坦克击毁，而德军损失了几辆装甲车。

德国 88 毫米口径高射炮

  下午，德军装甲部队突袭英军。西迪雷泽机场周围高地上的 88 毫米口径高射炮和反坦克大炮使英军损失惨重。英军第二十二装甲大队的 79 辆坦克中只剩 34 辆，第七装甲大队只剩 10 辆。在这次坦克大战中，南非第五大队全军覆没，损失了几乎所有的炮兵部队和反坦克大炮。德军 150 辆装甲车，损失了 70 辆。德军机械化步兵师半数以上伤亡。

  傍晚，德军第十五装甲师冲进英军第四装甲大队的指挥部，俘虏了 267 人和 50 辆坦克。

  西迪雷泽的坦克大战已经结束了，但激战仍没有结束。

  21 日夜，战斗逐渐停止了。英军第七装甲师师长戈特刚刚上任就一败涂地，就在戈特准备在天亮前发起突袭时，德军第十五装甲师已经迂回到第七装甲师的后面，占领西北侧的高地。

  22 日拂晓，德军第十五装甲师突袭英军第七装甲师。英军第七装甲师遭到德军坦克炮火的猛烈打击，整个防线崩溃。

  22 日是德国的"烈士星期日"，第一次世界大战的死难同胞唤醒了德军誓死报仇的力量。英军付出了自沙漠开战以来最惨重的伤亡。

就在奥金莱克苦无良策时，战场上出现了变化：隆美尔决定躲开英国第三十军，向西进发，"冲向铁丝网"，进攻英军的后方。

11月24日，隆美尔完全忽视了英军对侧翼的威胁，亲率德国第二十一装甲师追到利比亚边境地区，追击英军。这时，英军一片混乱，坎宁安决定撤回埃及。

11月26日，奥金莱克解除坎宁安的指挥权，由尼尔·里奇中将指挥英国第八集团军。坎宁安住进医院，患了严重的精神紧张症。

这时，德军第十五装甲师未能跟上，意大利机动部队被英军阻击部队拦在半路上。冲在最前面的第二十一装甲师由于出现故障、燃料和补给严重匮乏而无法前进。

11月26日，隆美尔被迫率第二十一装甲师撤退。

11月29日，德军第二十一装甲师遭到重创，英军新西兰师俘虏了第二十一装甲师的师长约翰·拉文斯坦将军。

英国源源不断地向北非增援坦克和部队，德国却忙于攻打苏联。隆美尔的部队得不到增援，逐渐被拖垮。

隆美尔的坦克数量只有英军的1/4。11月30日，德军再次形成了对托布鲁克的包围。这时，德军已经变成了强弩之末，英军具有将其歼灭的实力。隆美尔率军向加扎拉一带撤退。

12月13日，奥金莱克亲率英军向加扎拉发动大规模进攻。奥金莱克下令，第三十军主力从加扎拉防线发起进攻，第四装甲旅绕到德军纵深处，断其退路，力争歼灭德军。

在强大的攻势面前，隆美尔主动撤离加扎拉，退守的黎波里塔尼亚的边境城市布雷加港。隆美尔的第一个停留点是卡扎拉战线，大批尚未摩托化而又恐慌的意大利部队是个沉重的包袱。他们没有汽油或弹药再打回去，连最好的士兵也对隆美尔感到失望。

1.4万名官兵是隆美尔仅剩下的队伍了。12月28日以及其后的两天，隆美尔率军突然攻击英军第二十二装甲旅。第二十二装甲旅历尽艰辛才闯过沙漠的90辆坦克只剩下30辆了。

这场大溃退给德意两国的最高统帅部带来了一场危机，他们命令隆美尔守住防线。隆美尔拒绝服从，一路后退，1942年1月初，德意联军撤到布雷加港和艾尔阿盖拉，终于得到了燃料和弹药。隆美尔在与英军展开了一系列的较量后，又回到了原来的出征点。

"十字军"战役是第二次世界大战中英军对德军取得的第一次军事胜利。丘吉尔催促奥金莱克发动新的进攻，奥金莱克拒绝服从命令，抱怨英军的补给线太长，称需要足够的时间使装备和训练得到加强。

英军的后勤补给线绵延1,600多公里，而隆美尔从的黎波里得到给养的距离只有800公里。根据情报，隆美尔得知英军的补给困难，英国空军正在把飞机调往太平洋战场。

1942年1月5日，9艘货轮驶抵的黎波里港，给隆美尔运来了54辆坦克和2000吨航空汽油。隆美尔的坦克恢复到150多辆，新运来的坦克装甲厚度达50毫米，坦克炮性能大大提高。

1942年1月21日8时30分，德军发动了大规模进攻。隆美尔亲率先头部队穿越布雷区。英军第一装甲师缺乏战斗经验，坦克损失过半。

不过，英军的大部分坦克逃走了。1月25日，德军装甲部队再次出发，向姆苏斯方向追去，德军装甲部队多次追上英军装甲部队，把英军打得四散而逃。

1月26日中午，德军主力假装向梅尼奇进攻，以迷惑英军。隆美尔亲率几辆坦克和装甲车冒着大雨向班加西港进发。在班加西以北，通向德尔纳的公路上，一个印度师的长长纵队正在推进。隆美尔发起突袭，竟不到1小时就战胜了印度师。隆美尔占领班西加港，缴获大批战利品，包括1300辆卡车。

接着，德军越过昔兰尼加，7天后，德军先头部队靠近加扎拉防线。

1942年3月下旬，隆美尔重组了装甲集团。俾斯麦少将担任第二十一装甲师师长，瓦尔斯特担任第十五装甲师师长。这时，一些增援部队陆续到达。

加扎拉防线的英军在数量和装备性能上占有绝对优势。英军约有850辆坦克，德意联军约有560辆坦克，但其中竟有228辆是落后的意大利坦克。

1942年5月26日晚8时30分，隆美尔下令"开始行动"。27日凌晨3时，德军装甲部队抵达预定的贝尔哈凯姆沙漠以南的第一道停留线上，绕过加扎拉防线。

德军官兵信心十足，与英军中士气不振的气氛形成巨大的反差。当德军装甲部队发起进攻时，英国第八集团军却行动迟缓，各部队互不支援。战斗的第一天，英军边打边退。英军各自为战，但十分顽强。在经过了几次殊死激战后，德军的处境恶化：武器弹药和汽油快消耗光了。

28日，德军占领英军第七装甲师的指挥部。5月31日，隆美尔指挥部队向西迪穆夫塔突击，英军顶住了德军的进攻。隆美尔跑上前线，亲率先头排进攻，他变成了身手矫捷的老兵。6月1日，激战仍在进行，隆美尔改用稳扎稳打的战术，决定逐个占领英军的阵地。6月2日，贝尔哈凯姆位于加扎拉防线最南端。它是整个防御线中地雷埋得最多的地区，有1200个炮台可供机枪和反坦克大炮利用。3,600名英守军作战勇敢，意志顽强。

英军的抵抗使隆美尔感到震惊，隆美尔亲自指挥步兵部队攻打英军的每个据点。隆美尔认为，在多雷的地区，坦克很难发挥优势。他把装甲力量留在后方，亲率步兵部队，支援已于6月6日恢复进攻的第九十轻型装甲师。

3天后，隆美尔发动的炮击和轰炸从未停止过，英军仍在抵抗。6月

10日，经过两个星期艰苦奋战的英军已经疲惫不堪了，淡水和弹药奇缺。英军还遭到一支已渗透到据点北侧的德军小分队的不断攻击。约有2,700名英军在夜晚突围，与第七装甲师会师。丘吉尔在下院对议员们说："第八集团军已经尽了最大努力，抛开英国目前所遭受的灾难不说，隆美尔的确是位将才。"

1942年6月11日，隆美尔下令围攻托布鲁克。托布鲁克如今已经不同于1941年了。现在由35,000名战斗力弱的英军坚守，战壕已经淤塞了，很多地雷、坦克和反坦克大炮被用到别处去了。

6月18日，德军向利比亚边境进发，兵锋直指埃及。当德军到达托布鲁克东南方的指定地点后，挖出了去年埋藏在那里的炮弹，这些炮弹完好无损。6月21日凌晨5时20分，德军装甲部队和意军第二十军团，在德国海军的支援下，突然对托布鲁克要塞发动了进攻。

夜幕时分，这座坚守了近两年的海港要塞失守了。克洛普将军代表33000多名英军向隆美尔递交投降书。隆美尔吃惊地看着战利品，英军只来得及毁掉很少的一部分物资，留下了大量的燃料和2,000多辆车。被鲜花和名誉包围的隆美尔大声对官兵们说："我们要跨过美丽的尼罗河，征服埃及。"听到消息后，英国产生了恐慌。

千里大追击

希特勒许诺提供的新式武器和援兵，隆美尔一件都没有得到。

1942年6月30日，隆美尔的先头部队距离亚历山大只有80公里了，靠近一个叫阿拉曼的小村庄。开罗和亚历山大的市民都沸腾了。英军军官和政府官员们正忙着烧毁文件，英国大使馆和英军总司令部上空弥漫着浓浓的黑烟。许多道路上挤满了客车和卡车，一列列火车上挤满了难民。在亚历山大，担心金融崩溃的人们在一天内就从银行取走了 100 万英镑。

在开罗，商人们正在投机发国难财。有的商人囤积居奇，有的商人劝人们购买绷带以防止空袭。奥金莱克以超前的战略部署、杰出的指挥能力使英军终于守住了阿拉曼防线。在 7 月的苦战中，英军伤亡近 2 万人，阻止了德军前进的步伐。

英军在阿拉曼防线成功挡住了德军的进攻，德军装备、弹药和给养匮乏，部队严重减员，如果奥金莱克组织一次大规模的反攻，那么阿拉曼战役就很可能结束了。

奥金莱克下令停止进攻，整编军队，这给隆美尔以喘息之机。德军的给养和新兵是从的黎波里穿越 1,931 公里沙漠运来的。隆美尔要求继续进攻："再坚持一下，开罗就是我们的了"。

8 月中旬，亚历山大接替奥金莱克出任驻中东英军总司令，蒙哥马利

英军第八集团军司令蒙哥马利

出任英国第八集团军司令。亚历山大在那次著名的敦刻尔克大撤退中，曾镇定地坐在餐桌前慢慢地品尝着面包片和牛奶。军官们对"沙漠之鼠"蒙哥马利的评价为：谨小慎微，十分健谈，为人冷漠。

当时，英军第八集团军司令部正忙着焚毁档案，准备撤退。驻亚历山大港的地中海舰队已经逃跑了。蒙哥马利立即做了四件事：第一，宣布决不撤退；第二，砍掉普遍存在的"朽木"，换上大批年轻的军官；第三，改革了司令部，与前线指挥员保持密切的接触；第四，研究隆美尔。

阿拉曼防线北临地中海，朝南蜿蜒64公里到达卡塔腊洼地的盐碱滩。阿拉曼防线地势复杂，易守难攻，没有能够绕过的开阔地带，又很难从正面突破。

隆美尔的军事部署是大胆而新奇的，他命令德军第一六四师和意军的"特伦托"师和"博洛尼亚"师通过进攻来牵制阿拉曼防线北部的英军第三十六军。再以德军第九十装甲师、第十五装甲师和二十一装甲师、意军摩托化军（下辖"艾里特"师和"利托里奥"师）、"富尔戈雷"师和侦察大队，朝阿拉曼防线最南端的据点希迈马特的英军第十三军发动主攻。

希迈马特部是英军防御的薄弱处，阵地前只有雷区进行了封锁。通过认真研究后，隆美尔为德意联军的进攻计划积极准备。隆美尔的作战目的是，从南端冲过英军防线，部分兵力向东进发32公里抵达左侧的哈勒法山，再绕过山脊，对英军的主力部队形成包围，然后发起进攻。同时，部分兵力向北到达海岸，再向东进攻，切断英军的补给线，使英军原地固守，坐以待毙，或者朝西突围，退出埃及。

隆美尔的军事计划是完美无缺的，但根据英国"超级机密"所提供的情报，蒙哥马利对隆美尔的作战计划已经了解，忙调重兵坚守战线南端和哈勒法山地。

当时，英军的主力部队为8个师。北部阵地由第九澳大利亚师的主力坚守特勒埃萨突出部，第一南非师坚守第九澳大利亚师的阵地与鲁瓦伊萨特岭之间的地区，第五印度旅坚守鲁瓦伊萨特岭阵地，岭南的第二新西兰师坚守代尔穆纳西卜高地，第四十四师和第二十二装甲旅坚守哈勒法山，第七装甲师藏在东南部，作为预备部队。英军官兵士气旺盛，积极准备迎击德意联军，一旦德意联军发动进攻，马上给予痛击，让德意联军失去还手能力。另外，蒙哥马利派人布设了6个连在一起的地雷区，修筑了坚固的炮台。

当时，双方的实力对比是英军远远强于德军。英军有坦克1,200辆、火炮2,311门，拥有制空权，总兵力达19.5万人。德意联军装备坦克489辆、火炮1,219门，总兵力约10万人，但其中一半是缺乏战斗力的意军。

8月，英军获得的补给是德意联军的10倍。当时，英军的装备和官兵素质超过了非洲战争以来的任何时候，而德意联军在人员和装备补给上处于最低点，形势对德意联军是非常不利的。

8月30日晚10时，德军装甲部队开始向英军的地雷区进发。德军工兵下车在雷区排雷。忽然，英军的轻重机枪、火炮和迫击炮同时开火。密集的子弹射向在雷区的德军工兵，炮弹似雨点般不断地砸向德军坦克群。

凌晨2时40分，照明弹照亮沙漠，英国空军发动了大规模的空袭。激战至8月31日上午，德军冒着枪林弹雨，在英军地雷区中杀开一条道路。8月31日夜，照明弹再次把德军阵地照得通明，英国空军的轰炸机群疯狂地轰炸德军。

9月1日晨，英军以优势兵力对德军形成了包围。天黑前，德军发动了3次突围，都失败了。激战至9月2日上午，德军伤亡惨重，缺乏燃料，被迫退守阿拉曼以西的卡塔腊洼地防线。经此一战后，英军官兵的信心大增。在蒙哥马利的指挥下，英军各部队之间配合紧密，成功地击退了德意联军。卡塔腊洼地防线正面宽为60公里，纵深为20公里，北临地中海，南临坦克无法通行的卡塔腊洼地，两翼安全无忧。

英国第八集团军得到大批装甲部队，组成第十装甲军。德意联军得到

埃及阿拉曼港口

了少量的非机械化部队，隆美尔被迫把两支空降部队加入防线中。德军坦克和装甲车在沙漠上无法隐藏，成为英国空军轰炸机的攻击目标。

隆美尔在防线上建立了8～13公里宽的防御体系。隆美尔让部队坚守阵地，阵地最前沿埋设了大面积的雷区，构筑火力点，号称"魔鬼的花园"。9月份，300辆"谢尔曼"式坦克运抵埃及。

10月15日，根据英国"超级机密"提供的情报，蒙哥马利得知了德意联军的处境。这份报告说，隆美尔面临着的困难处境是无法想象的：食物只够吃3个星期，坦克的燃料只够用7天，运输车辆、零件和弹药都严重匮乏，10万名官兵大多数是伤员。这份情报对英军十分有利，蒙哥马利十分清楚隆美尔的防御体系，特别是一系列雷区，使他顾虑重重。

10月23日晚9时40分，英军发起总攻。千百门大炮朝德意联军的炮兵阵地发出震耳欲聋的怒吼。德意联军的前沿阵地变成了火海，地上沙尘飞舞，遮住了明亮的月光。

英军步兵排着密集的队形，像群蚁一样冲进了烟幕。22时，英军第三十军在德意联军的防线北部开始了冲锋。与此同时,英军在南部也发起了冲锋,与德军的装甲部队战在一起。

第三十军第九澳大利亚师和第五十一苏格兰师到达雷区后,正在地雷区开辟一条通路。在其南面,新西兰师和南非师到达雷区,也在开辟一条通路。第四印度师从鲁瓦伊萨特山岭上的突出阵地向德军发动进攻,迅速插入德军阵地。

在战线的北端,一个澳大利亚旅在特勒埃萨与地中海之间发起了冲锋。英军各部队不断地向前进攻,猛攻猛打。

英国空军在整个战场上空不断地飞行,把炸弹投向地面的德意联军,一个个德军的工事和着陆场被炸飞。面对英国空军的大规模空袭,饱受英国陆军追击的德国和意大利官兵,只能一边阻击英军一边慌不择路地躲避来自天空的袭击,他们真是惨透了。

25日深夜,隆美尔从奥地利疗养地赶回阿拉曼前线,除了身体稍微康复外,两手空空。希特勒许诺提供的新式武器和援兵,隆美尔一件都没有得到。26日清晨,隆美尔集中了所有的坦克向第二十九号高地发动了猛攻,战斗打得激烈非凡。夜间,一个意军营攻占了高地的东、西两面。英军仍然控制着第二十九号高地,成为重要的作战依托点。

很快,隆美尔投入了预备队第九十装甲师,于26日夜开往南部防线。德军第二十一装甲师带着部分意军和炮兵增援北部防线。一旦英军再攻打南部,燃料不足的第二十一装甲师就不可能返回,将有被全歼的可能。隆美尔必须顶住英军在北部发动的主攻。

28日,战斗打得更加激烈。英军以绝对的优势扑了上来,德意联军的弹药少得可怜。隆美尔清楚,如果战败了,德意官兵的生死只能凭命运的安排了。战败后的一切都会让人难以忍受。但他深信自己已经尽了最大的努力。

通过3天的连续进攻,英军伤亡6000人,损失了300辆坦克。这时,

第一章 哭泣的北非

蒙哥马利认为必须谨慎行事，决定于 10 月 27 日和 28 日停止大规模军事行动。

28 日上午 8 点 50 分，隆美尔宣布，凡违抗命令者，无论职位高低，一律就地处决。隆美尔命令指挥官们记住"增压"作战计划，然后再把计划书烧毁。

30 日夜，澳大利亚第九师发动了进攻。在德意联军发起的多次反攻中，澳大利亚第九师守住了阵地，占据着大片阵地。与此同时，蒙哥马利加快了"增压"作战计划的准备工作。

11 月 2 日凌晨 1 时，新西兰师在炮火的掩护下向意军防线发起猛攻，首先进攻的目标是第二十八号高地两侧的意军第二百步兵团。英军装甲部队立即率领步兵部队插入阵地，向西进发。

天稍微放亮后，隆美尔看到很多英军坦克排成纵队扑了上来，冲向大缺口。很多英军坦克越过了防线，这是德军防线崩溃前的预兆。

不久，英军坦克消失在德意防线的后方。英军坦克在后方疯狂地攻击德军补养部队。德意军队全线崩溃了。

当天夜晚，隆美尔只剩 35 辆坦克了！晚上 9 时 5 分，德意联军的所有部队都接到了撤退的命令。

11 月 4 日晨，德军在特尔曼斯拉建立了一道脆弱的环形防线。

黄昏时分，由于意军的大规模投降，越来越多的德军部队被消灭，隆美尔率德军向西撤退。

8 日晚，隆美尔的部队逃到利比亚。

经过 1942 年 12 月 2 日的海战后，意海军不再用运兵船运送部队了，那等于让部队葬身鱼腹。意海军改用护航驱逐舰，但每艘护航驱逐舰只能航渡 300 名官兵，护航驱逐舰的数量又少得可怜。

3 月 9 日上午 7 时 50 分，隆美尔旧病复发，在众多将军的欢送下，含泪登上了飞往罗马的飞机，离开这块熟悉的大陆，离开勇敢的"非洲军团"官兵。

为了向突尼斯运送兵员和给养,意大利海军将登陆舰、大小鱼雷快艇都用于护航。这样一来意海军的所有舰艇都用于护航了。

这时,驻守突尼斯的德意联军只能利用有限的补给和有利的冬季雨天,暂时减缓艾森豪威尔率领的盟军的推进。

5月7日,盟军占领德意联军在北非的最后两个海港——突尼斯港和比塞大港。德意联军逃到突尼斯北部的邦角。

几百人乘小型舰艇逃往西西里岛,5月13日,阿尼姆上将和梅塞元帅率24.8万人投降。至此,非洲战事结束,以德意军队惨败告终。

英国第八集团军把隆美尔的军队赶出埃及、利比亚,然后协同盟军把德意军队全歼在突尼斯。从阿拉曼到突尼斯相距约4,800公里,英第八集团军在短短3个月内攻下的黎波里,在6个月内攻克突尼斯。

第二章

波兰沉浮

均衡政策的破产

波兰对任何多边条约都加以抵制，使波兰陷入更加孤立的处境。

波兰位于欧洲的东部，东接苏联，西临德国，南靠捷克斯洛伐克，北濒波罗的海。公元10世纪，波兰建国。18世纪中叶，波兰从经济停滞中复苏，普、奥、俄三国担心波兰重新强大起来。波兰是一个多民族国家，拥有波罗的海以南、第聂伯河以西的广大地区，面积达73万平方公里，是欧洲的大国之一。

1772年，普鲁士（德国）首先瓜分波兰。俄国和普鲁士于1793年第二次瓜分波兰。1795年，俄、普、奥三国第三次瓜分波兰，波兰灭亡。1807年，法兰西帝国的拿破仑一世为波兰人建立了附庸于法国的华沙公国，波兰人把它视为独立的第一步。1812年，法国战败。1814—1815年的维也纳会议上，俄国、普鲁士、奥地利分割了波兰。

第一次世界大战中，德国和奥地利战败，俄国的沙皇被革命推翻，波兰趁机于1918年11月11日独立，建立第二共和国。波兰政府成立了，但是波兰的边界应划在哪里呢？

任何国家都要适应它所处的国际环境，波兰在这方面是最突出的国家。波兰领导人毕苏茨基要求以1772年波兰第一次被瓜分前的国界作为边界，恢复波兰为多民族国家。当时的战胜国英国不愿意看到欧洲出现一个强大的波兰，英国反对波兰过多收复被德国瓜分的土地，尤其反对波兰拥有过长的海岸线。根据英国的主张，《凡尔赛条约》确定了波兰西部的领土状况，把位于波兰主要河流维斯瓦河河口的主要港口格但斯克（但泽）变成自由市，既不属于德国，也不属于波兰，把附近的格丁尼亚作为波兰的出海口。由波兹南省和波莫瑞地区组成"波兰走廊"。

这样一来，德国就被割成互不相属的两部分。格但斯克在经济上受波兰控制，但居民是原德国人，倾向于德国。这样一种领土结构，为德波两国制造了不可调和的矛盾。

在波兰东部，英国主张波兰领土以波兰人聚居地区为限，乌克兰人和白俄罗斯人聚居地区仍归俄国。这就是著名的寇松线。1920年，俄波爆发战争，波军在乌克兰被击退。俄军展开反攻，在华沙战役中俄军战败。1921年3月，俄波在里加签订和约，西乌克兰和西白俄罗斯被割让给波兰。从此，俄波关系恶化。在波兰北部，波兰因占据维尔诺地区，与立陶宛关系恶化。在南部，波兰因扎奥尔霞地区与捷克斯洛伐克关系恶化。20世纪30年代中期，波兰面临两大敌人，西方的德国和东方的苏联都已从一战的破坏中复苏，经济发展很快。德国极力谋求侵略扩张，严重威胁着波兰的安全。苏联把波兰视为英、法两国向苏联进攻的堡垒。

苏联怀疑《德波互不侵犯条约》中隐藏着反俄的秘密条款，说不定哪天波兰就会同希特勒一道攻打俄国。

这一时期，波兰政府日益腐败，国民经济衰退，没有力量进行军事现代化建设。在国际上，波兰的主要盟友法国的国力下降，德苏两国正在秘密谈判，中欧小国由于波捷对立无法建立小国联邦体系，波兰在周边国家中变得孤立无援。

波兰被迫放弃毕苏茨基提出的建立以波兰为核心的小国联邦体系，转而奉行均势外交。这个政策的基本内容是拉拢英、法，不与德、苏任何一方结盟。波兰对任何多边条约都加以抵制，使波兰陷入更加孤立的处境。德国始终把波兰看成"季节性"国家，波兰的存在对德国来说是不能容忍的。消灭波兰成为德国历届政府的基本政策。战争狂人希特勒之所以相信自己是命中注定的世界统治者，全因年轻时短暂失明后接受的催眠治疗而起。

在1918年10月，希特勒参加第一次世界大战时还是个下士，他遭到芥子毒气袭击而双目失明，在帕瑟瓦尔克市军方医院接受催眠治疗后奇迹般地恢复了视力。

希特勒其实是因医生的一番话而对自己拥有超能力深信不疑的。根据诊治记录记载，精神病医生福斯特曾对希特勒说："你拥有某种罕有的力量，这是千年才难得出现一次的奇迹，耶稣是其一，穆罕默德是其二……平常人如果像你这种情况肯定会终身失明，但如果是有某种超能力的人则无可限量。你需要对自己有极强的自信，那么你就不会再失明……你也知道德国需要有超能力和极强的自信的人。"

福斯特做梦也想不到，自己的催眠术竟使希特勒从此发狂，开始了企图统治全世界的计划。1933年，纳粹领袖希特勒上台后，曾改变前政府对波兰的敌视态度，主动与波兰改善关系。1934年1月，德国同波兰签订互不侵犯条约。波兰政府认为，《德波互不侵犯条约》签订后，波兰可以不再依赖法国，执行独立的外交政策，并借助德国的工业来增强波兰的国防力量。希特勒一是想使波兰充当德国侵略苏联的小伙计，二是想使波兰成为德国进攻西欧时免遭苏联攻击的盾牌。这与波兰在德苏之间保持均衡的立场完全不相容。

1936年8月底9月初，德国派海尔曼·冯·劳默以私人身份来波兰，建议波兰加入反共公约。波兰人知道，一旦波兰投靠德国反对俄国，就会沦为德国的附庸国，听由德国摆

里宾特洛甫（左）与希特勒

布，因此利用种种借口推诿。

1939年3月15日，德军占领布拉格，吞并了捷克斯洛伐克。波兰处于德国的三面包围中。德国要求波兰归还但泽，并彻底解决"波兰走廊"问题，遭到波兰的拒绝。希特勒警告波兰，必须认清波兰不能在俄国和德国之间采取中间道路，如果波兰不同德国进行合作，总有一天华沙会出现马克思主义的政府。这时，希特勒逼迫捷克斯洛伐克总统签字投降的丑闻已传遍全球。波兰连忙向英国寻求支持，英国张伯伦政府也想争取波兰加入反德阵营。面对德军咄咄逼人的攻势，苏联积极谋求对波兰的安全负责，以便把波兰作为对付德军的盾牌，波兰奉行均衡政策，拒绝与苏联合作。

既然波兰拒绝合作，为了对付波兰的无礼，希特勒决定诉诸武力。3月23日，英法正式结成军事同盟，并于31日宣布对波兰的安全给予保证。波兰政府对德国的态度变得更加坚决。3月底，希特勒指示德军总部制定进攻波兰的"白色方案"，要求德军在1939年9月1日以前做好一切准备。

4月28日，德国宣布废除1934年的《德波互不侵犯条约》和1935年的《德英海军条约》。5月5日，波兰宣布废除《德波互不侵犯条约》，德波关系彻底破裂。与此同时，希特勒加紧了争取苏联的工作，由此形成了深刻改变欧洲历史进程的事态发展，并使波兰深受其害。

"白色方案"的战略企图是：利用快速兵团和优势航空兵实施突然袭击，一举灭亡波兰。波兰战役，是法西斯德国"闪电战"在战争中的首次应用。

希特勒计划用快速兵团和强大空军作突然袭击，闪电般地摧毁波军防线，占领波兰西部和南部工业区，然后长驱直入波兰腹地，围歼各个孤立的波兰军队，力求在半个月之内结束战争，然后回师增援可能遭到英法进攻的西线。

为此，希特勒共集中了62个师、160万人，2,800辆坦克，2,000架飞机，6,000门火炮和迫击炮，组成了南路和北路两个集团军群。

德军南路集团军群由陆军一级上将伦德施泰特指挥，下辖布拉斯科维兹上将的第八集团军、赖歇瑙上将的第十集团军和利斯特上将的第十四集团军，共8个步兵军和4个装甲军。

南路集团军群的任务是首先歼灭西里西亚地区的波军集团，而后从西南方迂回华沙。德军北路集团军群由陆军一级上将博克指挥，下辖屈希勒尔上将的第三集团军和克卢格上将的第四集团军，共5个步兵军和1个装甲军。

北路集团军群的任务是首先切断"波兰走廊"，彻底围歼集结在这里的波军集团，然后从东普鲁士南下，从背面攻击维斯瓦河上的波军，并从东北方迂回华沙。

波军统帅部为了对付德国，相应地制定了代号为"西方计划"的作战计划：如果德国进攻，乘德军主力未东调之机，首先向北进攻，夺取德国的东普鲁士，以此来消除北方的威胁，在西部和西南边境采取守势，以阻止德军的进攻，等待英法在西线发起攻击后东西夹击，打败德国。

波军共动员了40个师又22个旅、870辆轻型坦克、824架飞机和4300门火炮，组成了波莫瑞、莫德林、波兹南、罗兹、克拉可夫、喀尔巴阡、纳雷夫7个集团军，沿北部边境部署了2个集团军，沿西和西南部边境部署了4个集团军，另外1个集团军部署在维斯瓦河以东地区，作为预备部队。

为避免两线作战，德国在8月23日与苏联签订了《苏德互不侵犯条约》，达成了共同瓜分波兰的秘密议定书。希特勒想从地图上消灭波兰，苏联也反对波兰作为一个独立国家而存在，苏联的这一政策一直维持到1941年6月德军入侵苏联时才不得不放弃。

得到苏联的一纸保证后，希特勒当即下令于8月26日凌晨4时30分发起总攻。

但是，到了25日夜间，攻击令却被希特勒突然取消了，一些提前开动的部队被召了回来。原来，英波两国于8月25日正式结盟，意大利拒绝站在德国一边参战。

德国外交部长里宾特洛甫建议希特勒收回进攻命令，对局势作重新考虑。8月31日，希特勒决心破釜沉舟，甘冒单独与英法发生大战的风险，下达了第一号作战指令，命令德军于9月1日凌晨发起总攻。

〔1939年第一七〇号绝密文件〕

《第一号作战指令》：

一、通过和平方式消除东部边境德国不能容忍的局势的一切政治可能性既已告罄，我已决定用武力解决。

二、对波兰的进攻应按照为"白色方案"所做的准备工作进行，但陆军方面由于现在几乎完成了集结，因此有所变更。任务区分和作战目标未变。

进攻时间：1939年9月1日4时45分。

与此同时，也对格丁尼亚——但泽湾和迪绍大桥采取行动。

三、在西线，重要的是，让英国和法国单方面承担首开战端的责任。对于侵犯边界的小规模活动，暂时仅以局部行动对付之。对荷兰、比利时、卢森堡和瑞士的中立，我们曾经给予保证，必须认真予以尊重。

没有我的明确同意，不得在陆地上的任何一个地点越过德国西部边界。

这也同样适用于海洋上的一切战争的或可解释为战争的行动。

空军的防御措施，目前仅局限于无条件地拦阻敌人对帝国边境进行空袭。在拦击单机和小编队敌机时，应尽可能长时间地尊重中立国家的边界。只有在法国和英国出动强大攻击编队飞越中立国家领空进攻德国，西部的对空防御不再有保障时，方可在中立地区的上空实施拦截。

应将西方敌对国家侵犯第三国中立地位的情况，毫不迟延地报告国防军统帅部。这至关重要。

四、如果英国和法国对德国开战，国防军西线部队的任务是，在尽可能保存实力的情况下，为胜利结束对波作战创造前提条件。在此任务范围内，应尽可能地消耗敌人的武装力量和敌人的军事经济资源。无论在任何情况下，只有我才有权下达开始进攻的命令。陆军应坚守西线壁垒，并做好准备，以阻止西方列强（在侵犯比利时或荷兰领土的情况下）从北面包抄西线壁垒。如果法军进入卢森堡，则可炸毁边界上的桥梁。

海军应重点对英国进行经济战。为了增大效果，可考虑宣布危险区。海军总司令部应提出报告，说明哪些海域适于宣布为危险区以及危险区的范围以多大为宜。关于公告的文本可与外交部协商拟订，然后呈报国防军统帅部，由我批准。

必须防止敌人进入波罗的海。为达此目的，是否以水雷封锁波罗的海通道，由海军总司令决定。

空军的首要任务是，防止法国和英国空军攻击德国陆军和德国的生存空间。在对英国作战时，应准备用空军破坏英国的海上补给线，摧毁其军备工业，并防止其向法国运送军队。必须抓住有利战机，对密集的英国舰队，特别是战列舰和航空母舰，实施有效的攻击。至于对伦敦的攻击，则须由我决定。

为做好攻击英国本土的准备工作，必须切记，在任何情况下，都必须避免以不充足的兵力取得不完全的胜利。

阿道夫·希特勒

《苏德互不侵犯条约》的签署

突如其来的灾难

几分钟后,波兰人便第一次尝到了人类有史以来规模最大的来自空中和陆地上的突然死亡与毁灭的滋味。

1939年9月1日,历史永远不会忘记这一天。

扩音喇叭里传出了希特勒在德国帝国会议上那狂热的极富鼓动性的声音:"昨天晚间,波兰的正规军已经对我们的领土发起了第一次进攻。为了制止这种疯狂行为,我别无他策,此后只有以武力对付武力。我又穿上了这身对我说来最为神圣、最为宝贵的军服。在取得最后胜利以前,我决不脱下这身衣服,要不然就以身殉国。"

希特勒发表了所谓相当有节制的16点建议,要求波兰政府考虑,这16点建议仅供记录在案用。在建议送到华沙之前，希特勒就已经宣布它遭到了拒绝。希特勒企图利用这一欺骗手法来证明对波兰的猛攻是有理的。

凌晨4时45分，德军轰炸机群呼啸着向波兰境内飞去。波兰人尝到了人类有史以来规模最大的来自空中和陆地上的突然死亡与毁灭的滋味。波德边境上，飞机狂轰滥炸，万炮齐鸣，炸弹和炮弹如雨点般倾泻到波军阵地上。闪电战开始了！1小时后，德军地面部队从北、西、西南三面发起了全线进攻。

这时，停泊在但泽港外伪装友好访问的德国战舰"石勒苏益格—荷尔斯泰因"号也突然向波军基地开炮。德国专门用来对付波兰的部队共44个师，其中7个装甲师、4个轻装甲师、4个摩托化师，1,939架飞机，2,800辆坦克，总兵力88.6万人。当时，波军拥有7个集团军、4个战役集群、870辆坦克和装甲车、400余架飞机，共30个步兵师、11个骑兵旅、2个摩托化旅，总兵力100万人。

波军猝不及防，400余架第一线飞机没来得及起飞就被炸毁在机场，无数火炮、汽车及辎重来不及撤退就被摧毁，交通枢纽和指挥中心遭到破坏，部队陷入了一片混乱。德军趁势以装甲部队和摩托化部队为前导，很快从几个主要地段突破了波军防线。9月1日上午10时，希特勒兴奋地向国会宣布，帝国军队已攻入波兰，德国进入战争状态。希特勒的演说激起了议员们一阵阵狂热的欢呼。

在波德战争中，强大的德国空军不仅在数量上居于欧洲之首，而且在作战性能上也遥遥领先。

仅在首次作战中，德军就投入了2,000多架飞机，对波兰境内的21个机场进行了空袭，很多波兰的第一线飞机往往没有来得及起飞就被炸毁了。与此同时，德军飞机密集轰炸了波兰的战略中心、交通枢纽和指挥机构。由于波军主力部署在边境地区，纵深兵力少之又少，对德军大量使用

德军轰炸机群盘旋在波兰上空

航空兵对纵深要地进行闪电袭击茫然无知,加上没有任何对空防御准备,结果使德军飞机如入无人之境,完全自由地飞来飞去,到了想炸哪儿就炸哪儿的程度。德军飞行员就像过节日放鞭炮一样,投完炸弹,急忙返航,再装弹,再轰炸。

战况如此,德军空军的战果相对要差一些。因为,当天波兰北部上空一直浓雾弥漫,能见度极低,从而限制了德军对华沙的大规模空袭,也使得德国飞行员无法准确地搜索地面目标。

由于战事进展顺利,德军飞行员能发现目标就已满足了。在不得已的情况下,德军空军司令戈林打了退堂鼓,迅速给各航空队发出了"今天不实施'海岸作战'计划"的电报。

"海岸作战"计划,就是德军空军当天下午集结并攻击波兰首都华沙的暗语。华沙不仅是波兰全国的政治、军事中心,一个重要的交通枢纽,而且还是一个拥有好几家飞机和发动机工厂的飞机制造业中心。因此,要给波军以毁灭性的打击,就必须首先打击华沙。

当时，华沙上空 200 米以上全部是云层，云下的能见度不到 1 公里。对此，戈林也有些扫兴。花费几个月的时间，制定了一个动用大量人力、物力的计划，几百名参谋全力以赴地部署了每一个细节，执行这个计划的数千人都在集结待命，然而，最后却因天气原因不得不从头搞起。浓雾天气反复无常，只待天气晴朗，德国空军就会发起闪电式的攻击。

当时，德各空军大队和各团都在东部的出击基地集结待命。装好炸弹的飞机有 897 架，加上驱逐机、战斗机和侦察机，足有几千架。而且，训练有素的飞行员全部了解自己的作战目标，并都有精确的地图。但在波兰的南方，天气却异常晴朗。德国空军投下了第一批装有触发引信的小型炸弹。炸弹发出沉闷的爆炸声，将周围的建筑摧毁、烧毁。

这场空袭，在德军的战斗指挥部里可以看得一清二楚。

随后，德军著名的战斗机飞行员阿道夫·加兰德中尉的第二中队进入第一中队的攻击航线，进行轮番攻击。他们 3 架飞机一组，擦着树梢低空飞行，用机枪扫射。波军的防空武器开始反击了，有轻型高炮的射击，也有步兵武器的射击。爆炸声响成了一片，战斗打得异常激烈。

一批又一批的德军飞机走了又来，打得波军抬不起头来。同时，德国空军努力搜索着地面目标，希望完全消灭波兰空军。幸亏波军已提前将他们的很多飞机转移到辅助机场的跑道上，而且，剩下的飞机也勇敢地冲向了天空。

波兰的飞机和高射炮击落了超过 70 架德国轰炸机，这说明，德国的轰炸机在防卫武器方面是存在缺陷的，当时，一些轰炸机上的 3 部机枪就连防御波兰的轻型武装飞机也不够用。不幸的是，波兰空军的顽强抵抗虽使得德军空军付出了一定的代价，但根本不能减缓德军的猛烈攻势。

德国空军在数量、通讯和战术安排上，与波兰空军相比占尽优势。英勇的波兰飞行员只能进行局部的反击。

据德军的低空侦察机报告，波兰的轻型防空武器和小型炮火的威力是相当强的，但只要德国空军保持在一定高度，这些设施便只有等待被摧毁的命运了。

9月1日拂晓的这次空袭，是第二次世界大战中德国空军首次对地面部队实施的直接支援。当晚，德军最高统帅部在空军战果中加上了这样一条："几个强击机航空团有效地支援了陆军的进攻。"事实也是如此。

就在当天中午，波兰上空的能见度虽然不好，但德军的侦察机报告说：已侦察到波兰骑兵部队正在16军左翼前方的维卢尼附近大量集结。

此外，在琴斯托霍瓦以北，沿瓦尔塔河的贾洛申附近，也发现了敌人，并证实在兹杜尼斯卡·伏拉铁路线上也正在向同一个地点运兵。戈林意识到，是需要俯冲轰炸机的时候了。于是，坐落在沃波累附近的施泰因山上的第二俯冲轰炸航空团一大队起飞了，时间是12时50分。德军空军飞到一定高度后向东飞去。只见雾霭中浮现出一座较大的城镇，一定是维卢尼了。从飞机上看，公路虽然窄小，但清晰可见，宛如小青虫一样蠕动着的正是波军。空对地的进攻开始了。

轰炸机以一定的角度向地面俯冲，目标随着飞机的下降越来越清晰：车辆、人群和马匹。炸弹轰鸣，黑色烟柱冲天而起，地面上顿时一片混乱。接着，飞机做了个转弯动作，又继续爬高。这是一种摆脱对空炮火的动作。

德军空军的第二个目标是维卢尼北门。德军发现一所房屋很像敌人的前线指挥所，周围全是士兵，部队组成一个大方块队形。这一次，德军空军从1,200米高度开始下降，然后俯冲到800米时投弹。只见浓烟烈火立即吞没了地面。波兰骑兵旅被打得溃不成军，完全丧失了战斗力，残部向东溃逃。直到傍晚，才在遭遇空袭地点几公里外的一个地方汇集成几股小部队。当晚，德军占领了波兰国境线上的要地维卢尼。

这一天，对波兰首都华沙的打击终于提上日程。上午，德国空军从东普鲁士州撒姆兰的波温登出击，袭击了华沙的奥肯切机场。地面的能见度虽然差得惊人，但铺天盖地的炸弹还是有几颗命中了国营PZL工厂。这个工厂是波兰生产战斗机和轰炸机的基地。此后，为了等待好天气，戈林命令空军待命了好长时间。

德军空军的出击时间一个小时又一个小时地拖延着。终于，在13时25分，戈林下达了出击命令。17时30分，3个大队的飞机飞至华沙上空。从东普鲁士飞来的第一飞行训练团刚刚在两三分钟前轰炸完华沙的奥肯切、科克拉夫和莫科托夫3个机场。

维尔纳·霍茨尔上尉的第一俯冲轰炸航空团一大队袭击了巴比索和拉茨两座无线电台，而波兰空军也出来迎战了，第二次世界大战中的首次空战在华沙上空展开。

波兰"驱逐旅"派帕韦利科夫斯基上尉率领两个战斗机中队大约30架飞机出战。担任德国轰炸机护航任务的第一飞行训练团一大队的驱逐机立刻迎击。

负责指挥的施莱夫上尉发现离他很远的下方有一架波兰战斗机。于是，做了一个下滑动作，向敌机攻击，但波兰战斗机巧妙地避开了。有一架德机似乎发生了故障，准备低速脱离战场。波兰飞机立即咬住它。不料，螳螂捕蝉黄雀在后，却被背后的德军飞机击落了。

几分钟内，这类诱饵战术用了多次，击落了5架波兰飞机。见波兰飞机不再上当，德机不得不赶紧返航。9月1日凌晨4时17分，当剧烈的爆炸声把波兰守军从酣睡之中震醒时，德军特种攻击部队已经蜂拥而至。

停泊在但泽港的德国海军"石勒苏益格—荷尔斯泰因"号战列舰，以主炮向波兰但泽湾畔的韦斯特普拉特军需库猛烈开火。当时的但泽是国际联盟管辖下的自由市，市内驻防人员少得可怜。

战火映红了整个海面，这比德国地面部队入侵波兰的行动提前了28分钟。在此后的一个多月里，隆隆的炮声一直持续着。或许令人难以置信，波兰海军在开战前作出了舰船集体逃亡的决定。这是因为，波兰和德国的

华沙建筑物被德军投下的燃烧弹击中后燃起大火

海军力量对比悬殊：

德国海军拥有 2 艘战列巡洋舰、2 艘旧式战列舰、3 艘袖珍战列舰、8 艘巡洋舰、17 艘驱逐舰、20 艘鱼雷艇和 57 艘潜艇。而且，德国海军扼守波罗的海的出口，拥有南岸绝大部分海岸线，波兰海军的舰船根本无法与占压倒性优势的德国海军交战。为保存实力，波兰海军部长斯维尔斯基准备在战争爆发的前夜，让海军的主力舰船前往英国和法国避难。英国海军部代表劳伦斯海军上校也向波兰提出了前往英国基地的建议。

1939 年 8 月 30 日，波兰海军总司令约瑟夫·乌恩鲁格接到了华沙海军部发来的绝密电报，开始"逃亡计划"。当天凌晨 2 时 30 分，波军"暴风雪"号、"雷霆"号、"闪电"号驱逐舰秘密驶出格丁尼亚海军基地，前往海尔基地。黄昏时分，这三艘驱逐舰结伴而行，高速冲出波罗的海。午夜，这三艘驱逐舰向波兰海军部发去电报："我们正在穿越卡特加特海峡。"

德国的潜艇在波罗的海发现了这三艘驱逐舰，但没有发动攻击。因为此时战争尚未爆发，这三艘驱逐舰得以在 31 日安全抵达苏格兰的利思海军基地。此前，波兰海军的一艘训练舰和一条帆船也启程前往英国避难。波兰海军的这种做法也是出于无奈，本意是为了避免正面碰撞、保存实力，但却极大地削弱了波兰海军的实力，使得波兰海军从一开始就处于劣势。

德军海军选在但泽开战也是早有预谋的：

1939年，德国军队的铁蹄踏入布拉格，波希米西和摩拉维亚被宣布为德国的保护国，斯洛伐克也被置于德国的保护之下。同时，希特勒还允许匈牙利入侵，并吞东部的卢西尼亚，肢解了捷克斯洛伐克。

希特勒随即要求波兰归还但泽并解决"波兰走廊"问题，要求波兰把但泽"归还"德国，同时建造一条公路和一条双轨铁路经过"波兰走廊"，把德国同但泽及东普鲁士联结起来。遭到拒绝后，希特勒极为恼火，在制定打击波兰的"白色方案"时，提出了"歼灭或者打垮波兰海军"的作战计划。

8月25日，德国海军"石勒苏益格—荷尔斯泰因"号老式战列舰以"纪念一战阵亡将士"为名，对但泽自由市进行"友好访问"。"石勒苏益格—荷尔斯泰因"号战列舰舰长克雷坎普上校心里很明白此行的真正使命。在他接到的海军总司令雷德尔海军上将的指示上写道："在'白色方案'开始后，摧毁波兰海军；封锁波兰海岸，堵塞其港口，破坏波兰的海上航运；确保德国的海上安全。"

德国海军东部战区司令、海军作战部长阿尔布雷赫特海军上将指示克雷坎普将其军舰停泊在但泽市北边郊区、韦斯特普拉特要塞附近的有利位置，等待开战时刻的到来。

韦斯特普拉特是个古老的城堡，位于但泽以北6公里处，波兰人在那里有一处军事设施。此时，驻扎在韦斯特普拉特要塞的波军是隶属于第二〇九步兵团的182名士兵，拥有1门75毫米口径炮、2门37毫米口径炮、4门81毫米口径迫击炮和22挺重机枪。

而德军方面要远胜过波兰，他们至少有4门280毫米口径炮、10门

希特勒（前排中）与"石勒苏益格—荷尔斯泰因"号战列舰官兵

150毫米口径炮和4门88毫米口径炮。为了攻占要塞，德国人除了"石勒苏益格—荷尔斯泰因"号战列舰上的280毫米和150毫米炮之外，还调来了210毫米榴弹炮、105毫米加农炮和空中支援。德国方面开火后，韦斯特普拉特要塞的波兰守军同德军展开了英勇战斗。当时波军留给韦斯特普拉特要塞仅有的182名波兰驻军的指示是：在进行12小时象征性的抵抗之后，可以选择体面地投降。

但是，这182名波兰守军却借助要塞的巨石原木工事进行了顽强抵抗。在战斗中，他们多次击退了德国的地面进攻，有1/3的战士受了伤，16人阵亡。而德国方面则付出了20倍的代价，依然没有得手。

这182名波兰守军一直坚持到9月7日，即开战的第七天，就当时的形势来讲，继续抵抗已经毫无意义，指挥官苏卡尔斯基只好下令投降。

韦斯特普拉特要塞在战后成了波兰的圣地，为后人所景仰。此后，18架德国轰炸机摧毁了波兰海空军基地普克，摧毁了基地内的设施和全部水上飞机，只有一架水上轰炸机逃脱，但在10天后被德国空军击落。

在德军空军的袭击下，格丁尼亚海军基地和海尔基地的所有舰只全部疏散到海上，只有老式炮舰"马祖尔"号和"努雷克"号留在格丁尼亚守卫，用它们的5门75毫米口径炮支援但泽地区的波兰卫戍部队。

腹背受敌

德军以每天80～97公里的速度向波兰境内推进。

9月3日，华沙上空又进行了一场空战。这次迎战的波兰飞机大约也是30架。第一飞行训练团驱逐机大队击落了5架波兰飞机，自损一架。后来，该大队由于击落波兰飞机28架，在波兰战役后获得德国战斗机"特等功勋部队"的称号。

德军在第一天突袭的打击力度远远超过了波兰人的想象。德国的轰炸机投下成千上万颗燃烧弹，这种东西一旦击中目标就会燃起大火。

还有一种高爆炸弹，具有大规模杀伤力，重达50公斤。这种多用途炸弹可以炸毁建筑物，也可以在炸断铁路的同时留下深深的弹坑。轰炸机还摧毁了波兰的铁路系统，将近100万名响应波兰政府动员令而集结的士兵阻塞在铁路线上。

德军的俯冲轰炸机在空袭中成为"会飞行的炮兵"，在坦克进攻前，摧毁敌人的要塞，切断敌人的补给。在波兰境内，无数的工厂、学校、商店、军营被炸毁，30多个城镇发生大火。空袭，使波兰在瞬间变得一片狼藉。

无数士兵和平民被炸死，更多的人流离失所、无家可归。德军战斗机则使波兰的陆军陷于半瘫痪状态，增援部队、补给和弹药往往还没有抵达前线就被德军消灭掉了。

与德国人当初的设想并不一样，波兰空军没有在第一天即被打垮，而是尽其所能地进行了反击。保卫华沙的战斗机一直抵抗了3天，另外，一些波兰的巡逻战斗机直接轰炸了德国的东普鲁士。9月3日以后，情况就不同了，波兰空军走向全面瓦解，德国的轰炸机开始在没有任何阻碍的情况下横扫波兰。

在海军和空军的配合下，德军趁势以装甲部队和摩托化部队为前导，很快从几个主要地段突破了波军防线，向波兰纵深推进。

德军的3800多辆坦克，在其他兵种配合下，一路势如破竹，锐不可当。德军以每天80～97公里的速度向波兰境内推进。这是人类战争史上第一次机械化部队的大进军。

在波美拉尼亚和东普鲁士集结了由21个师编成的德军北方集团军群，其任务是首先切断"波兰走廊"，彻底围歼集结在这里的波军，而后从东普鲁士南下，从背面攻击维斯瓦河上的波军，并从东北方向迂回包抄华沙。

在德国的西里西亚和捷克斯洛伐克境内展开的由33个师编成的德军南方集团军群，其任务是首先歼灭西里西亚地区的波军集团，而后从西南方向迂回包抄华沙。两个德军集团军群分别由第一航空队（司令官为A·凯特林将军）和第四航空队（司令官为A·勒尔将军）实施支援。在全长2,816公里的国境线上，当德装甲师隆隆地驶向指定目标时，德国人的机关枪发出刺耳的嗒嗒声，与装甲机车运行时的轰鸣声混合在一起。与紧张的战争气氛相对的，却是谈笑风生的德国士兵，他们不时停下来破坏障碍，或者协助宣传队的摄影师推倒边界标识牌。

在北方，来自东普鲁士由屈希勒中将指挥的德国第三集团军发动了两个方向的攻击，所属第一军和伍德里格军向南朝华沙方向猛攻，所属第二十一军向西南"波兰走廊"底部方向猛攻。而由克卢格上将指挥的第四集团军，所属第二九军由海因兹·古德里安中将指挥，这个集团军向东突击，从波麦腊尼亚进入"波兰走廊"。

波兰境内被德军轰炸机炸毁的建筑

第一场恶战发生在曾贝堡以北、大克罗尼亚附近的地区，德国战车与波军直接遭遇，当时波兰的战防炮命中了好几辆德国战车，德国的1名军官、1名见习军官和8名士兵当场阵亡。由党卫队和当地自卫队组成的埃伯哈德旅，迅速占领了但泽，除了城市北部的韦斯特普拉特要塞外。

第四集团军穿越"波兰走廊"，进入较宽的底部，以便切断波军撤退的路线，同时与第三集团军会合。

这时，第三集团军向南穿过"波兰走廊"向华沙突击。在东普鲁士边界附近的马拉瓦，第三集团军遭遇到一些波兰最坚固的防御工事（装备有反坦克武器的混凝土工事）。

在这里，第三集团军有些性急，没有绕过这个城市迂回解决，而是妄想直接冲过去。不料，受到了重创，被迫停止进攻。在南方，第十集团军负责主攻，他们首先向东南挺进华沙。其左翼是第八集团军，向罗兹突击；其右翼则是第十四集团军，沿着维斯瓦河向克拉科夫推进。在那里，天气晴朗，大展身手的德军空军给予了地面部队很大的支持，装甲部队所做的只是绕过敌人的要塞继续前进。其余的都交给了空军。

甚至常常有这样的情况，德军坦克尚未抵达波军阵地，波军的防御已经被德军空军彻底击溃。就在德军发起闪电战的当天下午，第十集团军已经深入波兰24公里。在德军占领区内，派来维持的德方工作人员也是闪电式工作，边界自卫队和警察部队很快恢复了地方秩序，实现了对占领区的控制。

9月2日早晨，德军第四集团军的先头坦克部队、德军的精锐部队、古德里安的第十九军，汽油和弹药竟然全部耗尽。在波军尚未发现这个惊人的秘密之前，德国的支援纵队已经迅速跟进，使得德军的装甲战车重新启动。

这时，第四集团军已经封住了"波兰走廊"的底部，完全包围了波麦腊尼亚军团的两个师和波莫尔斯卡骑兵旅。

被包围的波军骑兵试图突围，以自杀的方式飞驰向德军的坦克，但是都失败了。波军显然还不了解坦克的性能，以为坦克的装甲是用来吓唬人的。于是波兰骑兵蜂拥而上，用他们的手中的马刀和长矛向德军的坦克发起猛攻。德军见状大吃一惊，但很快就清醒过来，毫不留情地用坦克炮和机枪向波军扫射，用履带碾压波军。

在马拉瓦受阻的第三军团肯普夫装甲师重新部署，成功地从侧翼包抄到马拉瓦防线的南部。在此之前，德国第三集团军的先头部队遭到了波军莫德林军团的阻拦。莫德林军团凭借坚固的防御阵地抵抗了3天，见德军突破了城东的环形防御圈，只好在9月3日全线撤退。有1万多名波军未能及时撤退，成为德军的战俘。

希特勒来到第十九装甲军团视察，古德里安在和希特勒谈论这次作战的主要经验时说："波兰人的勇敢和坚强是不可低估的，甚至是令人吃惊的。在这次战役中我们的损失之所以会这样小，完全是因为我们的坦克发挥了威力的缘故。"

古德里安对坦克集群的结论，给希特勒留下了深刻的印象。可以说，二战初期，德国人所取得的一系列重大胜利都应该归功于古德里安。因为，从当时的兵力和装备来讲，德国并不足以战胜任何一个欧洲强国，只是成功地运用了高速坦克战，才使得德国人的胜利显得如此辉煌。仅从入侵波兰来讲，在不到两个星期的时间里，古德里安和克莱斯特的装甲军的高速前进就使战术落后的波兰人陷入重围，德国步兵所起的作用就是围捕包围圈里的波军。

　　这时，负责其他地区军事行动的军队也被派给第三集团军，这些德军在向西进攻"波兰走廊"时，在维斯瓦河边的格罗坦兹遇到了波军的猛烈袭击，在向北突进的过程中，德斯查河附近的一座人桥又被波军拆毁了。

　　德军很快组织工程兵搭建浮桥，在维斯瓦河畔的梅威过了河。闪电战是德军制胜的法宝，但太过迅速地推进对于德军来说并非完全是好事。尤其在部队的军需补给上，德军面临着很大的压力。德军统帅部也认识到了这一点，迅速采取了新的战术。北方集团军的司令博克将军与陆军司令部的布劳希奇元帅他们更为担心的是，如果装甲部队进展太快，万一面临东西两线作战，补给就更成问题了。经过一番思量后，布劳希奇派第四军团的第十九军深入东波兰，彻底消灭波军。在南方，南方集团军在战争开始的两三天内已经突破了波军的警戒线。原处于先头部队中间位置的第十集团军的机械化师开始绕过坚固的防守点和大批向华沙方向撤退的波兰步兵，全速前进。在伦德施泰特将军的指挥下，德军南方集团军从西南越过波兰平原，以每天不超过16公里的速度缓慢向华沙推进。第十四军团的主体向克拉科夫推进，与此同时，其所属由斯洛伐克部队扩编的第二十二军穿过由精锐的波兰山地团把守的通道，从南面向克拉科夫进攻。在中部，赖歇瑙中将指挥的第十军团的第四装甲师的坦克，已经冲破波军的顽强抵抗。

其北方，勃拉斯科维兹中将的第八军团的两个步兵军正在向罗兹推进。闪电战让波军感到极度恐慌，因为德军坦克总能抢在波军溃败之前向纵深推进，而溃败的波军根本没有足够的时间来重新组织部队，更谈不上进行有效的反击了。

何况，天空中大批德军飞机呼啸着，炸弹如雨点般倾泻而下，炸散了他们刚刚组织好的编队。很快，华沙波兰总司令部和直接控制的7个军团失去了联系。

华沙波兰总司令部原以为境内的多条大河可以减缓德军的进攻势头。不料，跟在德军坦克后面的战地工兵，也具有闪电的速度，为德军，特别是机械化部队的前进，排除了一切障碍。那些德军工程兵几乎个个都是造桥高手，波军刚刚炸毁一座桥梁，德军工程兵就立即在河上搭建起一座浮桥。德军有一名优秀的工程兵，名字叫保罗·施特斯曼。每次部队需要渡河时，保罗·施特斯曼都不得不赶在先头部队到达之前组织士兵架桥，要知道，这种工程往往是在敌人的炮火下进行的。

德军机械化部队踏过波兰军民的血肉之躯开进波兰首都华沙

保罗·施特斯曼写了一本回忆战争的书，记述了当时他们为军队搭建浮桥的情况：

我们带着木材，坐着橡皮艇前行，各式的枪炮向我们袭来。即使是我们自己人向隐蔽在树林或村庄里的残垣断壁中的波兰军队射击时，我们也感到十分恐惧。我们冲向河中央，用许多绳子捆缚住漂浮不定的树干和木排搭建浮桥。这时，炸弹、枪炮激起的尘土在我们的头顶上飞扬。在我们的步兵过河之后，我们又必须为坦克搭建一座更结实的桥。但当我们刚刚前行到深水域的时候，一挺机关枪向我们猛烈开火，离我最近的一个人被打死了。我看见他掉进水里，漂向远处，但我却无能为力……

过了一会儿，敌人的炮火逐渐减弱，我知道一定是我们的俯冲式飞机收拾了敌军。我们继续架桥，终于建好了一座能够让士兵通过的桥。我们刚刚放好最后一块木板，士兵们就冲上了桥，迅速过了河。就在那时，我朝四周一看，才发现我们的指挥官和其他几个人都不见了（在搭桥过程中牺牲了）。

对我们这些战地工程兵来说，面对着敌军的猛烈进攻，建造一座浮桥是多么困难啊！

9月5日，德国第四集团军和第三集团军在格鲁琼茨地区会师，切断了"波兰走廊"。至此，"波兰走廊"战役结束。德军突破波军防线后，每天以50～60公里的速度向波兰腹地突进。伦斯德的南路德集团军群以赖歇瑙的第十集团军为中路主力，以利斯特的第十四集团军为右翼，在左翼勃拉斯科维兹的第八集团军掩护下，从西面和西南面向维斯瓦河中游挺进；而博克的北路德集团军群以克卢格的第四集团军为主力，向东直插"波兰走廊"，以屈希勒尔的第三集团军从东普鲁士向南直扑华沙和华沙

第二章 波兰沉浮

后方的布格河。这是人类战争史上空前规模的机械化部队大进军。

德军闪电式的进攻使波军完全陷入了被动挨打的境地，这是波兰人，也是全世界第一次领教"闪击战"的滋味。

"闪电战"已经超出了波军的想象。波军原以为战争会像以往那样缓慢地展开：敌军先以轻骑兵进行前卫活动，然后以重骑兵进行冲击。波军对德军大量使用坦克和航空兵的"闪电战"毫无准备。9月6日，波军总司令斯密格莱·利兹元帅下令所有部队撤到维斯瓦河以东，组成维斯瓦河—桑河防线。当日，波兰政府仓皇撤离华沙，迁往卢布林，战争大势已定。德军冯·伏尔曼上校对希特勒说："剩下来的只不过是打一只兔子，从军事角度看，战争已经结束。"

在德波战争中，德军把75%的步兵师、93%的装甲师和摩托化师用于第一梯队，使得步兵比波军多50%，飞机多35倍，坦克多14倍。当然，波兰的速败还有很多原因，比如军事观念的落后。在二战爆发前，速射机枪、坦克、潜艇、航空母舰、无线电设备等一大批新式武器问世，战争正在进入机械化时代，但波军对此似乎一无所知。

更让人觉得可悲的是，波兰骑兵竟然不了解坦克的性能，误以为坦克的装甲不过是些用钢板做成的伪装物。

尽管波兰的骑兵十分勇敢，如狂风般席卷而来，马蹄声、喊杀声也响成一片，但在德军坦克部队的枪炮绞杀下，还是一排一排地倒下去，连坦克的边都没碰到。

看到英勇的波兰人，前面的倒下去了，后面的又补上来，坦克里的德国人也不得不佩服起来。但战争是无情的，这里是战场，不投降、不后退的波兰军人还是一个接一个、一排接一排地倒下去。战马与坦克的碰撞，血肉之躯与钢铁之身的碰撞，是落后与先进的碰撞、愚昧与文明的碰撞。当波兰骑兵被德国坦克碾成肉泥时，曾几何时，战争中的天之骄子——骑兵离开了军事舞台。

华沙沦陷

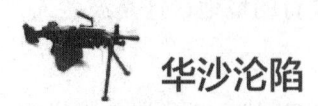

华沙被占领后，驻守华沙北部的莫德林军团仍在顽强抵抗德军。

9月15日，德军第十集团军和第三集团军分别从南方和北方包围了波兰首都华沙。当时，华沙城里的波军弹药充足，市内被毁坏的地方成了很好的炮兵防御阵地。

华沙城里的防御部队不仅有常规军队的士兵，也有一支士气高昂的国民自卫队。

希特勒暂时不想对坚固的华沙发动总攻，因为这样一来，德军的伤亡必定很大。

9月16日，德军向华沙散发传单，要求波军放下武器投降，但遭到拒绝。于是，德军开始了对华沙的大规模轰炸，集中兵力摧毁华沙市内的供水系统和发电站。同时，第三集团军和第十集团军轮番对该市进行炮轰。

德军侦察部队找出了波军防御的弱点，第十集团军和第三集团军曾试图进攻华沙。但波军在罗梅尔将军的指挥下英勇反击，使德军几乎无法前进一步。

9月17日，德军在完成华沙的合围后，限令华沙当局在12小时内投降。而此时的波兰政府和波军统帅部早已在16日逃往罗马尼亚了。9月17日凌晨，苏联白俄罗斯方面军和乌克兰方面军分别在科瓦廖夫和铁木辛哥大将的率领下，越过波兰东部边界向西推进。

9月18日，德苏两国军队在布列斯特—力托夫斯克"胜利"会师。在德军的强大攻击下，尽管波兰政府临阵脱逃，但波兰人民还是与波兰军队一起，跟德军展开殊死战斗。

9月22日，希特勒来到第三集团军的司令部，视察了部署在华沙东部郊区普拉加的炮兵部队，为迟迟不能摧毁华沙而大为恼火。希特勒把进攻华沙的任务交给了刚刚消灭完库特诺口袋地区波军的第八集团军。

为了尽快攻下华沙，德军必须首先保证任何人都无法突出重围，这样一来，波军对食品的需求量就会增加，食物供给必然紧缺。

德国空军继续轰炸华沙的自来水过滤站和抽水站，毁坏市内的正常供水系统。这样，华沙城里的人就不得不直接饮用维斯拉河中的水，从而可能会很快染上伤寒或肠胃病。

德军还切断了华沙大部分发电站的电源，烧毁该市的面粉加工厂，逼迫饥饿的守军和居民投降。9月26日上午，在德国第三集团军从北面轰炸华沙的同时，第八集团军对华沙发起了总攻。德国步兵终于冲破外围防线，取得进展。经过一天的殊死激战，波军败迹已现，要求停火休战。希特勒拒绝了这一要求，因为他的要求是华沙守军无条件投降。

罗梅尔将军和参谋们见败局已不可扭转，为保护民众不受到更大的生命威胁，被迫接受德军的条件。

9月27日下午2点，14万波军放下了武器。

驻守华沙北部的莫德林军团仍在顽强抵抗德军。德军用进攻华沙时的大炮对付莫德林军团。

9月27日，德军发动了一场渗透到波兰外部防线的总攻。

9月28日由于严重缺水，食品储备也越来越少，莫德林驻军的指挥官汤米将军要求休战。此后，除少数几支分散的小规模部队仍在波兰的密林丛中坚持游击战外，波兰仍在抵抗的地方就是波罗的海沿岸了，在这里驻扎着几支拥有防御基地的波兰军队。尽管有关南方波军被摧毁的坏消息频频传来，但他们仍然极为顽强地战斗着。

直到10月11日，海军少将安鲁格接受了德军的投降要求，余下的波

波兰俘虏

军才被迫沿半岛撤退。

10月份的第一个星期内，除几场小的战斗以外，德国对波兰的战争已经全面结束了。德军入侵波兰仅用36天就全部结束了。波军死亡6.6万余人，伤13.3万人，被德军俘虏69.4万人，10万人逃至邻国；德军死亡1万余人，伤3万余人，失踪3,400余人。

波兰战败的原因很多，主要有下列三点：

第一，力量悬殊。德国吞并捷克后，领土面积增加30%，达到63.2万平方公里，人口8,600万，而波兰仅有38.8万平方公里的领土和3,500万人口。

波德两国的军事力量对比为步兵1∶1.8，炮兵1∶5，坦克1∶6.5，空军1∶7。

第二，战前波兰政府奉行"均衡政策"，不会与苏德任何一方结盟，结果腹背受敌。

第三，法国和英国背信弃义。当时德国在西线只部署了20多个师，而仅法国就有100多个师，却拒不出兵。

1939年9月30日，瓦迪斯瓦夫·西科尔斯基将军在法国巴黎建立波兰政府。11月22日，迁到翁热。波兰流亡政府由国民党、劳动党、农民党和社会党组成。波兰流亡政府成立后，开始在国内建立秘密军事组织。

波兰被瓜分后，波兰人民没有被征服，他们从国家灭亡的第一天起，就开始了抗击德军、解放祖国的抵抗运动。广大的波兰人民英勇奋战，牵制了35个师的德军兵力，使德国被迫多花了半年的时间来准备对法国的战争。

复国之路

在华沙起义中波兰有20万人死亡，几乎每个家庭都有人惨死。

第一次世界大战前，波兰人民遭受了123年的亡国苦难，现在又受到德国更加野蛮的血腥统治。为了把波兰变成殖民地，德国采取了一切暴力和种族灭绝的手段。

1939年10月8日和12日，根据希特勒的两个命令，波兰的西部土地被并入德国版图，其面积为9万多平方公里，人口约1,000万。在其余的18万平方公里的波兰土地上，德国设置了总督区，由汉斯·弗兰克任总督。

总督府位于克拉科夫，分为四个省：克拉科夫、华沙、卢布林和腊多姆，人口约1,200万。德军大批逮捕和屠杀波兰人。法西斯的屠刀首先砍向波兰知识分子，尤其是犹太人。希特勒企图消灭波兰的科学和语言。1940年春，在并入德国的西部土地上，德国建立了600多处杀人刑场，每处有几千人被杀。

德国在总督区建立了几千个集中营和死亡营，1940—1945年，被杀害的有来自30多个国家的400万人。

德国在各个城镇把犹太人集中起来，建立犹太区，对犹太人进行集体屠杀。据最低统计，在集中营和死亡营中，被杀害的犹太人近500万人，波兰人近410万人。另外，在大搜捕中被屠杀或在监狱中被折磨死的波兰人近170万人。还有250万波兰人被赶到德国从事苦役。波兰人遭到前所未有的灾难。波兰人的抵抗运动是自发的，主要形式是帮助波军官兵隐蔽起来或者藏军火，然后组成游击队，分藏在西里西亚、喀尔巴阡山和基埃尔策的森林里。游击队十分活跃，经常重创德军。

1939年9月27日，波军高级军官在华沙建立了军事组织——"为波兰的胜利服务"。11月13日，波兰流亡政府把"为波兰的胜利服务"改组为"武装斗争联盟"，由罗韦茨基领导。1942年2月14日，"武装斗争联盟"被改组为国家军。1939—1940年，农民党在国内建立"农民卫队"，又改名为"农民营"。农民营的战士主要是农民，总司令是弗·卡敏斯基。

波兰共产党在极端困难的条件下，建立了很多秘密抵抗组织。在总督区，参加抵抗运动的波兰人约10万人，建立了300多支游击队。波兰人民的抵抗运动在战争中不断壮大，波兰游击队不断袭击德军的餐厅、咖啡馆、电影院。华沙、克拉科夫等大城市是游击队的战场。游击队的活动造成了德军的重大伤亡，使德军经常出动正规军来围剿。1944年，波兰游击队与德军进行了大规模的战斗。

在第二次世界大战期间，波兰参加抵抗运动的人数在100万人以上，游击队51万人（国家军30万人，农民营15万人，人民近卫军6万人）。1944年7月，苏军再次越过波兰边界，身份与5年前不同了。苏军进入波兰，后来扶植一个被称作卢布林委员会的政权。当德军以屠城报复华沙起义时，卢布林的人正在莫斯科受训。

1944年8月1日17时，流亡政府发动了华沙起义。波兰国家军总司令科莫罗夫斯基将军下令向德军进攻,当时,驻守华沙的德军只有2万人,起义发动后,德军增加到5万人,拥有飞机、大炮和坦克、装甲车等重装备。起义者中的2.5万名国家军只有4.4万枚手榴弹、400支步枪、650支机关枪、1.2万枚燃烧弹。华沙市民靠从德军士兵手中夺取武器来战斗,而且粮食和药品的储备只够一个星期之用。

在华沙的2,000名人民军战士宣布起义,投入战斗。华沙100万男女老幼参加起义。起义军民用汽油瓶、砖头、石块进攻敌人。经过4天血战,起义军民占领了市中心的若干据点和几个区,但仍未攻下重要据点和维斯瓦河上的大桥。双方进行了残酷的巷战,华沙军民同德军进行了血流满地的英勇搏斗。

8月5日起,德军调集一个军的兵力赶到华沙。起义军开始防御,战斗空前惨烈,在大炮和飞机的轰炸下,德军坦克长驱直入。仅8月5、6日两天,就有5万华沙军民惨死。德军占领沃拉、奥霍塔和古城。起义军民在维斯瓦河西岸的狭长地带继续奋战,起义军民伤亡惨重,激战一直继续到10月2日。波兰流亡政府只好向英国、美国请求空军援助,英国派波兰飞行员冒死向华沙空投军火,遭到德军防空炮的猛烈打击,伤亡惨重。罗斯福要求苏联允许美机利用苏占区机场着陆和加油,以便对华沙进行空投,遭到斯大林的拒绝。

8月20日,罗斯福和丘吉尔联名致电斯大林,再次请求苏联开放机场,供美机空投华沙使用。

9月15日,波兰人民军第一师的渡河作战遭到惨败,不是被德军歼灭就是被俘虏。华沙起义军民得不到外援,弹尽粮绝。9月下旬,美、英、苏向华沙集中空投,但许多物资落入德军之手,起义军民得到的军火少得可怜。起义军民伤亡惨重,断水断粮,被德军重重包围。10月2日晚9时,科莫罗夫斯基将军率起义军民向德军投降。在华沙起义中波兰有20万人死亡,几乎每个家庭都有人惨死。德军损失2.6万人。起义失败后,希特勒命令彻底毁灭华沙城，把一座美丽的城市夷为一片废墟。1.2万名起义军官兵被德军俘虏，被流放到德国做苦役或者关进集中营。

波兰人民从惨痛的教训中得出结论："如果我们不能自己救自己，那么谁都不会救我们。"华沙起义被镇压后，苏军发动冬季攻势，1月17日，苏军占领华沙。1945年5月9日，波兰士兵越过柏林以东的德军防线，把波兰的白红国旗插在勃兰登堡的城门上，报仇雪恨。在柏林战役中，波兰人伤亡2.7万人。

波兰内部是分裂的，左派倾向苏联，右派倾向英美，波兰人无法掌握自己的命运。苏、英、美三国经过反复争论，确定了波兰的领土和未来政府的组成。

6月28日，波兰政府成立。根据英、美、苏三国确定的波兰边界，波兰得到西部3.1万平方公里的土地，这是公元10世纪波兰建国初期的波兰领土。这样，波兰与德意志民主共和国的国界长460公里，与捷克斯洛伐克的国界长1,310公里，东面与苏联的国界长1,224公里。波兰的海岸线长524公里。

1945年8月16日，苏联与波兰签订边界条约，西白俄罗斯、西乌克兰原属波兰的17.9万平方公里的土地划归苏联，原属德国的西里西亚以及北部但泽（格但斯克）自由市共约10.2万平方公里的土地划归波兰作为补偿。

波兰也是战胜国之一，但与"二战"前相比，国土面积损失约7.7万平方公里，现在的波兰领土面积约31.2万平方公里。

波兰是二战中欧洲遭受损失最惨重、流血最多的国家之一。1938年，波兰人口约3500万人，"二战"中损失600多万人，平均每千人中牺牲220人。其中530万人是在监狱、集中营和大规模屠杀中死去的。1945年，波兰只剩2930万人。20世纪70年代末，波兰人口才恢复到3,500万人。

第三章

犹太人的泪

犹太人的苦难史

在每个时代，人们总要群起而攻击我们，企图摧垮我们。

在3,000多年的漫长历史中，犹太人的大部分时间都是在流亡和漂泊。经过一再的迁徙，犹太民族成为散布全球的民族。

1939年9月前，全球的犹太人已达1,600多万人，分布在五大洲。欧洲900多万，其中苏联和波兰各300多万人，美国的犹太人约500万人。犹太人向世界各地的迁移始于犹太国被巴比伦王国征服时，后来犹太人遭到亚述人、罗马人的迫害，被掠到异邦。在此后的2,000多年中，犹太人始终是受到迫害的民族。

每当犹太人云集犹太会堂纪念一年一度的逾越节时，他们总是说："在每个时代，人们总要群起而攻击我们，企图摧垮我们。"

公元12世纪，犹太人向东迁入亚洲西部的帕提亚帝国，11、12世纪向西迁入北非，又迁入摩尔人统治的西班牙。自13世纪向欧洲扩散，持续了四五个世纪。中世纪，欧洲人民把犹太人口的增长看作在欧洲社会蔓延的灾难。犹太教及其宗教活动在欧洲基督教社会中间广泛产生了恐惧感。西方社会驱逐、迫害犹太人的主要理由是：犹太人是出卖耶稣的叛徒；犹太人是杀害基督教徒的凶犯；犹太人亵渎圣饼；犹太人在大瘟疫期间指使麻风病人在基督教徒的饮用水中投毒。

罗马教皇英诺森二世组建十字军进攻欧洲的犹太人。犹太人惨遭屠杀。迫害犹太人的浪潮在欧洲各地兴起，十字军东征时号称："杀一个犹太人，就能拯救自己的灵魂。"

15世纪初，德国开始驱逐和迫害犹太人，此后很多欧洲国家都驱逐和迫害犹太人。犹太人大量逃离西欧，迁到东方的奥斯曼帝国。一些犹太人逃到东欧。犹太人在东欧的波兰，受到了前所未有的欢迎。波兰允许犹太人从事各种职业。

16世纪末，波兰已有150万人犹太人，成为世界上最大的犹太人居住地。波兰吞并乌克兰后，犹太人作为波兰的代理人迁到乌克兰。

1648年，乌克兰人爆发起义，一年半时间里，300多个犹太城镇毁于战火，10万人波兰犹太人被屠杀。这在犹太历史上被称作"1648和1649年的神意"。18世纪，西欧的犹太人进入近代基督教社会，但仍然有无形的犹太人居住区，非犹太人继续把犹太人限制在犹太人居住区。

在西欧，犹太人在法律上获得了人权，但反犹主义浪潮有增无减。不管在哪里，只要当地人口中犹太人对于非犹太人的比例稍微增加，就有反犹浪潮的兴起。

19世纪中叶，犹太人在欧洲工商业中成为重要的力量。犹太人善于理财，擅长投资。犹太人开办大工厂、大公司，开垦大庄园，控制着大量的报刊，经营大批的企业。

这个古老的民族正在焕发出新的生机。就在人类社会逐渐走向理性的时候，一场人类历史上最黑暗的浩劫却降临到犹太民族的头上。这场大浩劫开始于中欧的德国。犹太人为德国的崛起发挥了重要的作用。近代以来，大部分犹太人住在大城市，比较富有。

德国犹太人中有诗人海涅、作家伯尔尼、生物学家欧利希、化学家哈伯、共产主义创始人马克思。德国犹太人改信基督教，与当地日耳曼人通婚。

19世纪后期，德国出现大量的反犹出版物，涌现出一些反犹政治党派。1933年，希特勒成为德国总理，犹太民族再次陷入苦难的深渊。希特勒是根深蒂固的泛日耳曼主义者，极端的反犹主义分子。希特勒在童年和中学时，就已经成为反犹主义者了。

18 岁那年，希特勒来到奥匈帝国的首都维也纳，这是富丽堂皇的大都市。

发行量很大的《新维也纳报》《新维也纳日报》，都是犹太人的。每 4 个记者中就有 3 个是犹太人。维也纳的许多大剧院，也是犹太人或半犹太人的。维也纳舒适的设施，多半是犹太人的。

希特勒在这 5 年中，先是当临时工，后来当小画家。他靠闲逛来消磨时间，整天饿得要命。夏天，希特勒睡在街上；秋天，他住在单身汉客栈内。

1913 年春天，24 岁的希特勒离开了维也纳，多年的流浪生活在他的心头酿成无比的仇恨，特别是对"犹太人的马克思主义"的刻骨仇恨。

希特勒对犹太人的刻骨仇恨在《我的奋斗》中得到了宣泄。《我的奋斗》原名《四年半来对谎言、愚蠢和胆怯的斗争》，是希特勒于啤酒馆政变失败后在慕尼黑服刑期间写成的。

《我的奋斗》长 782 页，成为后来的第三帝国的蓝图，号称"纳粹圣经"。这本书的每个字，后来使 155 人丧生；每一页，使 4,700 人死亡；

一位德国妇女走过被党卫军杀害的犹太人尸体时惊呆了

每一章，使 120 万人丧命。

纳粹党党报党刊充斥着反犹文章、言论，希特勒在民众中摇旗呐喊，煽动反犹情绪。在纳粹宣传中，犹太人是罪犯，是叛徒，是马克思主义者，是国际资本家。纳粹的反犹书刊常有一幅描绘一个色眼迷迷的犹太人在阴暗角落伺机强奸日耳曼金发姑娘的漫画。

施特赖歇尔从 1922 年起，就是希特勒最忠诚的随从。他创办了一份黄色周刊《冲锋队员》，专门刊载犹太人的"性罪行"，其文字之淫秽，连很多纳粹党人都不屑一顾。

施特赖歇尔主编的《风暴》杂志在全国发行，画着犹太人的色情漫画。施特赖歇尔还出版专供儿童阅读的书刊。这种书刊称"犹太人是人形魔鬼"。1938 年 9 月，在一篇社论中，施特赖歇尔把犹太人比作瘟疫，"为了人类利益必须铲除的寄生虫——疾病传播者"。

他还预言，在 50 年内，犹太人的坟墓将会证实，杀人犯和强奸犯组成的犹太民族终于罪有应得。

迫害和灭绝犹太人的累累罪行，是希特勒的反犹主义恶性发展的必然结果。

党卫军的迫害

为了配合战争，德国掀起了新一轮的反犹运动。

1933 年希特勒上台后，一场有组织的全国性的迫害犹太人的种族战争打响了。5 月 11 日晚上，德国各地成千上万狂热的大学生在大学校园里高举火炬，游行示威，播放军乐，发表演说，焚烧"非德意志精神"的著作、书信和唱片。

35岁的纳粹宣传部长戈培尔亲临柏林广场，登上讲坛，向学生发表演说："犹太主义已经死亡，而纳粹主义则披荆斩棘……德意志民族之魂重新抬起……"

一批又一批的书籍被投入火堆化为灰烬，学生们高唱《全民族武装起来》《霍斯特·韦塞尔之歌》（纳粹国歌）。

纳粹执政期间，除了个别作家的早期作品外，没有一个在世的德国作家出版过新作，重版过作品。1939年，德国只印刷了2万册书。

但犹太作曲家的作品被禁止演奏，交响乐团和歌剧院中的犹太人被一股脑儿地清洗出去。在音乐厅和歌剧院的门上，挂着"犹太人不得入内"的牌子。

冲锋队大队长伯恩哈特·卢斯特成为科学、教育与人民文化部部长。犹太人被禁止担任教职。所有教师都必须宣誓"效忠阿道夫·希特勒"。

德国的教育不仅限于文化，还要进行政治训练和军事训练。德国的教育很快就纳粹化了。在新的教科书中，日耳曼民族成为主宰种族，犹太人成为万恶之源。

在柏林大学，兽医出身的新校长在种族学方面一下子就开设了25门新课程，最终开设了86门与兽医有关的课程。在纳粹科学家看来，发明相对论的爱因斯坦博士是头号恶棍。

纳粹科学家认为，全世界对爱因斯坦的赞扬是对犹太人统治世界局面的来临表示高兴，爱因斯坦的相对论将迫使日耳曼人沦为奴隶。

帝国内政部部长威廉·弗里克发表讲话说，德国面临种族退化的危险，危险来自矮而粗壮的外国人，尤其是与犹太人通婚。为此，德国必须与遗传学上的劣种人做斗争。

《后代遗传病预防法》于1934年1月1日起正式生效。这项法律剥夺了生活在德国领土上的犹太人的生育权，规定凡是德国领土上的犹太人、吉卜赛人、黑人，都要做绝育手术。理由是："劣种人"在生育上的无节制给社会造成了威胁。成批的"劣种人"被强迫做了绝育手术。约有50%的妇女死于强制绝育，约90%的男性死在手术刀下。

德国法律禁止犹太人与德国公民结婚，或者发生非婚姻的性关系，禁止犹太人雇佣45岁以下的德国公民或日耳曼血统的女仆，禁止犹太人使用德国国旗的颜色和其他规定的颜色。如若违反，大多数人将被处以死刑。

德国犹太人的公民权丧失后，德国开始有组织地驱逐犹太人，乃至屠杀。

希特勒上台后，纳粹党第二号人物赫尔曼·戈林掌管空军，同时兼管警察部门。上任后，戈林把刑事警察中的政治部门、政治警察、谍报警察合并成秘密国家警察处（缩写为"盖世太保"），归他直接领导。

"盖世太保"可以任意抄家、逮捕、没收财产、窃听电话和拆查私人信件。没有比"盖世太保"权力更大的警察机构了。党卫队是根据希特勒的旨意从纳粹党冲锋队中抽调骨干组成的，成为希特勒的保安部队，只有

赫尔曼·戈林（前排左三）成为"盖世太保"第二号头目

280人，而冲锋队作为纳粹党的附属武装组织当时多达6万人。

党卫队于1925年组建，希特勒于1929年1月任命海德里希·希姆莱掌管党卫军。

党卫军领袖希姆莱想控制德国正在扩建的警察机构，一次次地冲击戈林的警察机构，但都遭到了失败。

为了使党卫军达到精锐的目的，与冲锋队招收的大多数是穷困潦倒的成员不一样，希姆莱招收了许多精悍的人。到1930年底，党卫军已达3000人。后来，党卫军与冲锋队之间的敌对情绪愈演愈烈，希特勒多次进行干预。希特勒害怕冲锋队可能对他不忠，转而支持党卫军。

1933年，党卫军已达到5万多人，至二战前夕，党卫军已接近25万人。1933年夏，冲锋队领袖罗姆利用几百万冲锋队员对纳粹政府的失望情绪，煽动制造恐怖声浪，一场权力争斗在纳粹党内部展开。

戈林感到大难临头，连忙与希姆莱握手言和，经过讨价还价，戈林被迫把"盖世太保"（秘密警察处）让给希姆莱的亲信海德里希。

海德里希原是舰队旗舰的中尉通讯军官，因私生活不检点，尤其是沉湎于女色，被海军辞退，流落街头。1931年，海德里希投靠了希姆莱。党卫军的保安（情报）处及其所属的保安队，其代号为"极端恐怖"。该处控制着包括全德国和整个欧洲占领区的监视系统，由海德里希领导。

罗姆原是希姆莱的上级，但心狠手辣的希姆莱是绝不会顾及情面的，此时罗姆的野心过大，几乎得罪了所有人。希特勒感到如芒刺在背，除掉罗姆才能使各个实权集团满意。

希特勒于1934年6月17日签署的一项法令，解决了希姆莱与戈林之间长达两年的权力之争。希姆莱成为党卫军和警察的总监。

杀掉老战友，成为希特勒唯一的选择。希姆莱在全国范围内大屠杀，党卫军火并冲锋队，使德国差点处于内战边缘。短短一周时间，几百万冲锋队武装土崩瓦解。

1934年6月30日夜，希特勒亲率党卫军与正规军血洗冲锋队总部，枪决包括罗姆在内的200多名冲锋队领导人，被杀的还有1000多名冲锋队员。此次事件被称为"长刀之夜"。

几天后，希姆莱对警察机构进行重组，成立普通警察总署和海德里希领导的保安警察总署。普通警察由郊区农民以及城市警察组成；保安警察由政治警察（盖世太保）和刑事警察组成。

当海德里希的"盖世太保"对全国布下统治黑网时，其与保安处之间的争斗愈演愈烈。双方都想扩大地盘，控制德国。两支力量经常挤在同一领域内进行侦查缉捕，相互牵制。

海德里希发布了一项职能划分命令，划分给"盖世太保"的业务范围是：马克思主义者、叛国犯，流亡者。划分给保安处的业务范围是：科学、民族和民族学、艺术；教育、党和国家、宪法和行政、国外、共济会和社团。

海德里希野心很大，但在希姆莱面前低声下气。海德里希的父亲布鲁诺是犹太人。希姆莱早就了解海德里希的身世，希特勒也知道了海德里希的身世，但他们都同意海德里希留任。德军进驻奥地利和苏台德区。1938年10月，希特勒对波兰外交部长贝克说："但泽永远是德国人的，迟早要成为德国的一部分。"

为了配合战争，德国掀起了新一轮的反犹运动。施特赖歇尔领导的《冲锋队员》报大声疾呼：欧洲各国联合起来驱逐犹太人，关闭各自的边界。迫害犹太人的浪潮波及德国。

1938年10月6日，波兰宣布：凡波兰护照持有者须在月底前办理特别签证手续，过时不办者，其护照作废。纳粹德国一眼就发现，波兰政府想把众多的波兰籍犹太侨民甩给德国。

德国党卫军逮捕1.7万名波兰籍犹太人，用闷罐车把犹太人拉到德波边境，赶出德国。

党卫军平时受希姆莱（左一）领导，实际只效忠希特勒（左二）

11月10日夜，在犹太人聚居的城镇，街上成为一片废墟，犹太教堂被烧毁，犹太人的住宅和店铺被示威者洗劫，许多犹太人遭到屠杀。在戈培尔的挑唆下，示威者扛着希特勒的画像，高唱纳粹党歌，到处游行。

至11月12日，犹太人店铺遭到洗劫的不少于7,500家，几万犹太人被党卫军逮捕。戈培尔的命令造成了巨大的经济损失，使主管经济的戈林十分恼火。戈林在内阁会议上咆哮："我受够了！"这些示威游行使德国无法完成为战争服务的四年经济计划。

戈林向希特勒告戈培尔的状，而希特勒却给戈林送去一封信，警告内阁在犹太人问题上要与纳粹党步调一致。经过4个小时的争论，戈林主持的内阁会议，一致同意以下决定：把犹太人从德国的经济生活中彻底排除出去。

戈林签署了三项法令，向犹太人社团征收10亿马克的罚款，相当于犹太人全部财产的20%；命令犹太人偿付这次骚动对国家经济所造成的一切损失，即扣发犹太人应得的保险赔偿金；禁止犹太人从事任何交易，不得担任企业的经理和其他行政职务。

德国吞并奥地利之后，在冲锋队员的威逼下，18万犹太人清扫沟道、人行道、公共厕所，犹太人的财产被没收。犹太人为奥地利的工商业做出了极其重要的贡献，等待他们的竟然是驱逐出境、集中营、灭绝营。要离开奥地利的犹太人必须交纳巨额的赎金。1939年夏，离奥地利而去的犹太人达4.5万人，加上战争爆发前离开的犹太人，超过10万人。

解决剩下的奥地利犹太人的方法，就是屠杀。

1939年1月24日，戈林授权海德里希可以使用一切必要措施，来加速在德国的犹太人出境。短短几天，几千名犹太人被押至达豪、布痕瓦尔德和在毛特豪森新修建的集中营。所有接受移民的国家都采取严格的限制犹太人入境措施，犹太人入境十分困难。

1939年，只有7.8万名德国犹太人移民出境。由于犹太人的数量庞大，很难在短期内离境，德国为了便于迫害犹太人，强行把犹太人押送到若干个"隔离区"。

隔离区里的犹太人由政府组织他们进行生产，警察和党卫军从精神、物质到肉体上，丧心病狂地迫害犹太人，直至对他们彻底消灭。所有的人，从他成为"盖世太保"的"客人"的那一天起，等待他的就是非死即残的命运。让被捕者开口说话的方式是：跪尖桩、反吊、拳打脚踢、鞭打、锉牙齿、拔指甲、火烫，用通电电线接触身体的敏感部位……

民族大浩劫

海德里希认为,该是对元首的"最后解决"的命令加以执行的时候了。

1939年9月1日,德军入侵波兰,第二次世界大战爆发。在希特勒的《我的奋斗》中,早就把消灭犹太人与战争联系在一起了。"二战"爆发后,美国、英国对移民关闭了大门。澳大利亚也关闭了大门,还嘲笑犹太人是胆小鬼。战争的混乱给希特勒带来秘密屠杀犹太人的遮掩浓雾。波兰被瓜分,给希特勒实施灭绝犹太人的计划提供了机会。

9月21日,海德里希向党卫军的特别行动队发出指示,波兰不仅是解决犹太人的"发源地",而且是执行"最后解决"的地方。

海德里希下令:以最快的速度把波兰犹太人赶到城市;把德国的犹太人和吉普赛人运到波兰。

1939年10月12日,德国在波兰建立以汉斯·弗兰克为总督的占领区政府。波兰犹太人总数为347.4万人,党卫军在波兰各城市为犹太人划定犹太居民隔离区,便于集中管理。隔离区通常设在最破旧的市区或城郊。自1939年10月至1942年10月,党卫军在波兰划分了399个隔离区。大多数犹太人被屠杀后,又设立12个隔离营,居住着身强力壮的犹太人。

隔离营的犹太人从事奴隶般的劳动,其中一些所谓的"囚犯"被押送到死亡营,或就地被屠杀。党卫军行动队对犹太人在波兰的1万多个居民点进行破坏,几千个犹太居民点消失了。仅1939年12月1日至17日,就有8.7万多名波兰犹太人被装进80列闷罐货车驱逐到卢布林。正当隆冬时节,犹太人被迫集体走上公路,只准他们携带少量行李,推着婴儿车、独轮车和手推车、自行车。

犹太人被禁止携带仅有的必需品,饱受风吹日晒和饥饿。至1940年底,华沙收容了从700个居民点来的犹太人;彼得库夫的犹太人口从8000人猛增到12000人;约33万名犹太人成为难民或乞丐。

进入华沙,德国人向饥饿的难民分发菜汤,借此榨取了100万兹罗提。这个协定适用于华沙市所有的饥饿者,德国人竟把犹太人从饥饿队伍中赶走,并挑唆队伍中的波兰人驱逐犹太人。德国挑拨说:"犹太人夺去了波兰人的菜汤。"在饥饿的威胁下,犹太人和波兰人兄弟般的友谊消失了。基督教徒和犹太教徒之间,变得十分对立。

德国人没收了犹太人的商店和工厂,有时,犹太人的商店被允许开业,只是为了便于德国人前去抢劫。开着军用卡车的德国人,抢走犹太人商店和工厂中的货物。

德国人绑架犹太人,以此勒索了大量金钱,即使他们交出赎金,被抓去的犹太人也很少生还。

集中营几乎每天都运出大量犹太人的尸体

波兰各地的犹太教堂被付之一炬，德国人在各地屠杀犹太人，甚至逼迫波兰人辱骂、伤害和屠杀犹太人。犹太人随时都会遭到屠杀和毒打。

德国人从苏联人手中抢来的东部占领区，迫害犹太人的活动也进行着，规模越来越大。

当德军入侵苏联时，成千上万犹太人在维尔纳、科夫诺、里加、比亚韦斯托克、明斯克等几百个城镇消失。立陶宛、白俄罗斯和乌克兰的约7000名犹太人被党卫军的特别行动队屠杀；在科夫诺，约7000名犹太人被屠杀；在维尔纳，约2万名犹太人被屠杀，大部分犹太人被德国人赶到波那利矿井中窒息而死。

犹太人经受着严重的肉体和心灵创伤，情绪降到最低水平。在琴斯托霍瓦，"盖世太保"包围了一处犹太人居民点，他们在喊："犹太佬，滚出来！"

几千名穿着半裸体的男人和女人被赶到大广场上，许多人遭到毒打。犹太人站在露天地长达几小时，忍受着严寒。一些年轻的犹太姑娘被拖进犹太教堂，遭受着残忍的性折磨。

德国人对虔诚的犹太教士、穿着传统的犹太服装的人、那些蓄着胡须的典型犹太人更是残忍。他们强迫一些犹太人去破坏犹太教的神圣物品，焚烧犹太教堂。

德国人冲进商业大厦，逼犹太人放火烧毁大厦，逼犹太人围着建筑物跳舞、唱歌，直到被烧死。

德国人喜欢捉住蓄胡须的犹太人，再把犹太人毒打一顿；拔掉犹太人的头发或者胡须，把犹太人拽进理发店，逼他们剃掉胡子；用军用刺刀割犹太人的胡子，经常连着下巴一齐割。犹太人在他们的家里，被随便抓去参加苦役。犹太人被抓走后，被迫清扫大街上的碎石块，擦洗德国人的地板，装卸沉重的货物等。有时，犹太人干了一天后，只要被管制一周或者两周才放回。

德国人在一些大城市的郊区建立了劳工营，例如特雷布林卡和马伊达内克等，最后都变成集中营。犹太人被强迫修建那些集中营，当完成劳动定额回家后，就变成了病人。在德占区，党卫军建立了约125个强制劳动营，犹太人毫无道理地被枪杀或者毒打。凡是逃跑的工人都遭到枪杀，只有一些累倒或者饿死的人，才能停止劳动。耗尽了所有的力气或者染上重大疾病的犹太人被德军屠杀。

冬季，犹太人被冻伤，甚至被冻死。在夏季，犹太人浑身起疱和溃烂，腿和肌肉都肿起来。华沙和罗兹是波兰两个最大的犹太人隔离区，是被封锁得最严密的地区。从外面输入食物，以救济隔离区内快要饿死的犹太人，这违反德国的既定方针。

德国禁止以出卖或赠予等任何形式，把食物运进犹太人隔离区。如果发现有卖给或赠予的情况，则要处以重罚，并强制有关的人员参加劳动。饥饿首先使犹太人在智力、心理和体力上受到折磨，容易变老和衰弱。由于缺乏营养，疲劳不堪、头晕目眩和绝望的情绪，犹太人的身体受到严重摧残。

1940年，91名犹太人饿死。1941年，约11,000名犹太人饿死。饥饿不算是大凶手，但它使犹太人衰弱，长期饥饿的折磨，使无数犹太人患了重病。当犹太人快饿死时，德国人给他们萝卜、甜菜，上面爬满了蛆，长满了蚜虫，许多犹太人染上伤寒而死。

1941年拥入华沙避难的难民约13万人，接近隔离区人口总数的三分之一。许多人流落街头，成为乞丐，使原隔离区的犹太人的处境更加艰难。

饥饿、疾病和贫困是犹太人的伴侣，毒打和死亡是犹太家庭唯一的"来访者"。很多犹太人赤裸着身体死在床铺上，很多犹太人死在大街上的乞讨中，或在风雪中停止了呼吸，他们的僵硬的躯体卧在隔离区的大街上。

犹太人仍未放弃生存的希望，他们把"巴勒斯坦"看成是犹太民族幸存的王国，牢记犹太教虔诚的教导和犹太民族的古老名言："上帝会帮助我们保护'以色列'……'以色列'的大声呼唤已能听到……要挺身拯救民族，因为民族就是我们的上帝……"这就是犹太人在绝境中的心情写照。

在二战期间，家庭成为犹太人的堡垒。对父母的尊敬、子女的爱护、血缘关系的责任，是犹太人得到宽慰的源泉。在隔离区里，家族的亲戚关系进一步深刻。家庭成员包括祖父母、姑姑和叔叔，结了婚的兄弟和姐妹。他们过去分居，但现在租一套房间。他们平均分配住房和食物，相依为命。

在最后残存时期和维持犹太民族的生存上，犹太人团结得像一个人似的，谁都不能把他们消灭。1942年1月，海德里希认为，该是对元首的"最后解决"的命令加以执行的时候了。

海德里希在柏林的警察总部主持了万湖会议，向与会者传达戈林的指令，向在座的高级官员、警察、党卫队领袖说明，元首派他执行"最后解

集中营内用于防止犹太人越狱的隔离墙

决"犹太人问题。

海德里希解释说:"最后解决欧洲犹太人,涉及1100万犹太人。在德国原有版图上还剩13多万犹太人,在俄罗斯还剩500万,在乌克兰还剩300万,在波兰总督区还剩225万,在法国还剩75万,在英国还剩30多万。移民的办法彻底失败了,各国都不要犹太人……"

党卫军每到一个城市,那里的犹太人就眼睁睁地被屠杀。法西斯的魔爪伸向各地,集体屠杀犹太人的恐怖事件此起彼伏,成千上万的犹太人被枪杀或活埋。

1942年3月,党卫军开始了灭绝犹太人的运动。每个犹太居民区凡外出未归者,一经查出,一律屠杀。德国人可以任意闯进犹太人家里,烧杀、奸淫妇女,无恶不作。

华沙犹太区内有50万犹太人,7月24日,德国占领当局开始驱逐华沙犹太人,按原定计划每天驱逐6,000人。当搜捕来的犹太人够一列火车装运的数量后,德国人先从里面挑出数百名看上去身体健壮的人,准备送往集中营,其余的逐一通过由党卫军军官和士兵组成的检查口,然后被犹太警察粗暴地推搡进车厢里,送往死亡营。

许多人试图以死亡接受德国人的挑战。拒绝移居的、对德国人大吵大闹的、骂德国人的、打德国人嘴巴的、向德国人扔石头或用棍子打德国人的犹太人当场被枪毙。数以千计的犹太人,因支持不住最后走上了自杀的道路。据德国人统计,大约有5,000名犹太人当场被打死。

8月份,德国人改变了围捕的战术,在大量党卫军的配合下,各地的警察组成了"歼灭行动队",使用了机关枪。他们集中人力把犹太人从建筑物中赶出来,押着他们通过大街……

9月5日,党卫军发布一项命令:华沙所有犹太人,在第二天早上带着两天的饮食去登记注册,然后到达临时留居地,不服从命令者就地枪决。被围剿的犹太人隔离区,四周有党卫军或警察把守,这次围剿持续了

1个星期，每天约有1万犹太人被运走。

从7月到9月12日，约40万犹太人被押送到特列布林卡等死亡营，一下火车就被送进毒气室，再投入焚尸炉。

在罗兹地区，当德国人命令犹太民族委员会提供第一批被驱逐的犹太人名单时，犹太民族委员会劝说德国占领当局划掉了老年犹太人的名单。老年犹太人自愿返回被驱逐的行列，以换取犹太民族的繁衍。

在1944年，当德军在苏德战场上节节败退时，德国加快了集中营杀人的速度。1945年4月7日，当盟军接近布痕瓦尔德时，集中营长官发布命令，半小时后将带走3000人，如果该命令遇到障碍的话，那么党卫军就把所有人都屠杀掉。

纳粹集中营

海德里希对党卫军的一些负责人说："我们已经夺取了犹太人所有的财富。"

1938年11月10日，党卫军一夜间逮捕了约8000名奥地利犹太人，其中5000人被押送至德国的达豪集中营。达豪城坐落在慕尼黑西北11公里处，矗立在一座山上。早在1933年3月，希姆莱在达豪城的一家工厂开设了可容纳5000人的集中营，它是第一所纳粹集中营。战争期间在营内还建造了一座焚尸炉，修建了一间毒气室，但在达豪毒气室未曾使用过。

犹太人被押去干活，一天12个工时。苦役令人精疲力竭，而晚饭通常是一份清汤，稀汤薄油，漂浮着虫子。

起初，犹太人睡在铺麻袋的地上。后来，睡三层床，床铺必须收拾平整。伴随着喝令"整理床铺"，犹太人拼命也要把床铺弄整齐。这就是德式秩序。1938年，囚徒们必须在夏季5时或冬季6时起床。1938年以后，囚徒们必须凌晨3时15分起床，入冬后稍微晚一点。在45分钟内，囚徒们必须完成洗漱、整理床铺、收拾柜橱、去厕所全部事情。

褥子必须没有褶皱地对叠起来，形成一个长方形。被单包住褥子，枕头必须摆成水平垂直成线的正方形。囚徒们挤在一起，经常搞乱床铺。许多人害怕进入焚尸炉，干脆睡在地上，免得搞乱床铺，这也是违禁的。

纳粹党剃掉犹太人的头发，剥掉他们的衣服，就连他们的姓名也变成号码。

1941年夏天，从汉堡来的两个人到达奥斯维辛集中营，向管理员传授使用氰化物气体的技术。1941年9月，在布洛赫Ⅱ号大厦中，从医院转送来的250多名病人和600多名俄国战俘，以及海德里希的党卫军抓来的犹太人，被毒气杀害。这是德国人第一次用毒气杀人。

罗兹地区的第一个集中营位于海乌姆诺，它离罗兹60公里，主要用于屠杀罗兹隔离区的犹太人。1941年12月8日，海乌姆诺开始杀人。该营备有使用汽车废气和瓦斯气杀人的毒气车。海乌姆诺还负责屠杀谢姆林和塞尔毕亚两个隔离区的犹太人。德军已经占领谢姆林和塞尔毕亚，但还没有来得及建立集中营。

卢布林地区的贝乌热茨集中营建于1941年12月，在1942年2月开始杀人。卢布林附近的马伊达内克劳工营建于1940年底，最终变成集中营。距华沙80公里的特雷布林卡劳工营，最终变成集中营。自1941年下半年起，刽子手们接管了装有毒气设施的大楼，使用汽车废气、一氧化碳或者氰化物气体在死亡室中杀害犹太人。

刽子手们经常在一起交流经验。1941年初秋，在海乌姆诺工作过的刽子手们，送给驻乌克兰的党卫军一辆毒气车，供党卫军通过用新办法杀人取乐。

1942年春，党卫军向集中营再要一辆毒气车，没有得到满足。党卫军特别行动队的领导人赫斯因屠杀犹太人患了精神分裂症，他喜欢毒杀而不喜欢枪杀，恐惧带血屠杀。

对犹太人的屠杀，从计划、手段、后果、经验到技术、设备都被党卫军严格保守秘密。1941年12月，德国在波兰已有6个集中营，包括臭名昭著的奥斯威辛和特雷布林卡。选择这些地点是因为它们是铁路的交汇点，不是军事要地，德国人可以秘密地屠杀犹太人。

德固赛是从事金属精炼和化学品生产的大型公司，在二战中曾与法本公司合作生产用于毒气室的齐克隆B，为纳粹原子弹计划提供过铀。

德固赛公司拥有一份党卫军独家合同，为其熔化铸造金属物，例如犹太人的金牙。在奥斯维辛集中营中，专门建造了一座小型熔炉。奥斯维辛集中营的黄金日产量高达24磅。

1942年1月20日的万湖会议，落实了犹太人问题的解决方法后，德国人加速屠杀犹太人。德国人用列车车厢，把犹太人押送到6个集中营。被运到的犹太人经过挑选，做苦工的男女犹太人被送到劳工营，剩下的会被分批送到毒气室。犹太人被送到浴室，才发现浴室的喷头是用来放毒气的。

即使犹太人被允许在集中营短期生存，他们的劳动也没有任何报酬，他们的劳动价值被德国人榨取。当犹太人被屠杀后，德国人没收了犹太人留下的一切财产。

在一次会议上，海德里希对党卫军的一些负责人说："我们已经夺取了犹太人所有的财富。"据有关资料统计，仅1942年，在奥斯威辛集中营的比克瑙区西部就建了30处木板房。木板房里堆满了东西。

木板房的周围，未来得及清理的物品堆积如山。

抢劫来的物品装满350个仓库，纳粹分子撤离时只烧毁了29个仓库。

第三章 犹太人的泪

从剩下的仓库中,人们发现了约 800 万件女人衣服、350 万件男人西服、40.4 万双鞋、1.4 万张地毯和其他物品。

人们还发现了 7,000 公斤女人的头发,经专家统计,这是从 14 万名妇女头上剪下来的。法西斯分子曾组织的大规模"集资行动",就是有系统地拍卖从犹太人那里掠夺的物品,卖得的钱和掠夺的现金存入党卫军控制的经济企业和"经济与管理总署"。

外币、贵重金属、珠宝和金牙、零星的黄金,都送入党卫军"经济与管理总署",再转交给帝国银行。

犹太人的钟表、钢笔、铅笔、手动与电动剃须刀、小刀、剪子、手电筒等,都先送去估价,再卖给部队。犹太男人的衣物、靴子,先满足集中营的纳粹人员,剩下的再卖给部队,所卖得的钱转交帝国银行。

犹太女人的衣服、鞋子和孩子们的衣服,被送到福利总署卖掉。真丝品、被褥、毯子、围巾、雨伞、暖水瓶、推车、梳子、皮带、购物袋、烟

进入毒气室前,犹太人被迫脱下的衣服、鞋子

斗、镜子、刀叉餐具、皮箱，等等，都被送到福利总署卖掉。

1942年4月1日至1943年12月15日，这一次的"集资行动"，德国收入约1.8亿帝国马克。

犹太人被送进贝乌热茨、海乌姆诺、马伊达内克、索比鲍尔和特雷布林卡等集中营，遭遇残酷的迫害，最终被屠杀。例如奥斯维辛集中营，挑选强壮的犹太男女参加劳动，剩下的人被押到毒气室门口，脱掉外衣，女人被剃掉头发，由警察用皮鞭、棍棒把他们赶进毒气室。

毒气室被标名为淋浴室，犹太人挤满屋子，每平方英尺1个人。放毒气时，时间长短视毒气的种类而定。一次，施放毒气30分钟后，犹太人像黑色的柱子一样，一个个站在毒气室里。

犹太人的尸体被扔出来，尸体上沾满汗水、尿水、粪便和污血。一群工人用铁钩把死者的嘴扒开寻找金牙，其他人在肛门里寻找珠宝首饰。

接下来是把人皮制成灯罩，头发制成褥垫，脂肪制成肥皂。把尸体扔进壕沟，壕沟一般建在毒气室旁。这些尸体几天后就会肿胀，消肿后，尸体被堆在铁路枕木上，加上柴油，烧成骨灰。

火葬场烧尸体使周围地区充斥着恶臭。几公里以外，夜里都能看见奥斯维辛集中营被大火染红。

在集中营被屠杀的人数不能做出准确的统计。奥斯维辛集中营是德国建造的最大集中营，很多犹太人一下火车就被赶进毒气室，这种情况确实无法精确记载。

仅1941年6、7月至1943年年底间，奥斯维辛集中营就毒死了200万人。被杀害的多数是犹太人，还有几千名非犹太人。

1944年，当希特勒知道第三帝国的气数已尽的时候，下令加快杀人的速度。其中包括集中营。当盟军在1945年初解放波兰时，发现了这些集中营。整个二战中，约580万犹太人被德国人屠杀。

在欧洲，经过德国人的血手，到底有多少人在第三帝国的"夜雾"

中消失，已经无法得出准确的数字，只能说："千年易过，德国人的罪孽难消！"

以色列国的建立

整个华沙犹太人隔离区变成了一座公墓。

在德占波兰所有的犹太人区和东欧其他国家的德占区，随着"大屠杀"高潮的到来，犹太人家破人亡。

犹太人产生了难免一死的预感，激起了对德国人的极端仇恨。在比亚韦斯托克，犹太复国主义同盟和赫鲁兹等犹太人秘密组织的成员自称为"死神的信徒"。他们决心拿起武器武装自己。

每个犹太人尤其是年轻人已经意识到，他们用斧头、刀子、棍棒是远远不能与党卫军对抗的。每个犹太人都知道，即使单独犹太人的武装反抗，区内的犹太人也会遭到德国人的血腥报复。犹太人反抗的表示多是向感情发泄方面发展，没有人相信这样的反抗能拯救自己。

1942年1月1日，犹太人第一个反抗组织在维尔纳建立，150名年轻的犹太复国主义者号召"自卫"："我们绝不是供德国人屠宰的羊。"犹太人地下组织中心，在几个星期内制定了正式的法律章程，劝告区内的犹太人不要做德国人的走狗，号召犹太人杀死犹太警察首领。

每个犹太人尽量把自己武装起来，例如用斧头、刀、腐蚀性物质、易燃物质等。在东欧各地，犹太人采取的抵抗行动力量很小，但是如果情况允许可以对孤立的德国人进行攻击，切断电讯线路、破坏军事设施。

犹太人面临的主要问题是缺少武器，没有武器的话，对德国进行的战争只会自取灭亡。1942年末至1943年的1月22日，波兰犹太抵抗运动中心获得59支手枪和50颗手榴弹的援助。犹太人通过各种手段从波兰人那里购买武器。在西里西亚,犹太人从意大利士兵那里购买武器。各地犹太人委员会为犹太人抵抗组织提供军事开支,为其运送手榴弹和炸药,华沙犹太人委员会秘密募集100万兹罗提,捐给抵抗组织。

在德国人对犹太人隔离区进行围剿时,所到之处几乎都遭到犹太人的反抗,犹太人利用地形或高大的建筑物攻击德国人。

1942年12月12日,德国人屠杀全体犹太劳工时,劳工们用路障挡住了德国人的装甲车,用自制手榴弹攻击德国人。德国人放火烧毁整个建筑物,犹太劳工集体跳进火海。

在普通犹太人隔离区内,犹太人采取躲藏的方法来对付德国人的屠杀。很多人在地下挖掩体,可供百余人在里面生存几个月。有些掩体里接上自来水管道,设有食物库房。

很多掩体都有通道来往,在隔离区的地下,形成了四通八达的居住场所。1943年1月18日,德国人突然包围了华沙的犹太人隔离区,犹太复国主义联盟第五支队进行反抗,打死打伤50多个德国士兵,抢来部分轻型武器。3天后,德国人的驱逐行动停止了。

这次战斗鼓舞了犹太人的士气,面包店老板给犹太复国主义者送去面包,皮革工人为他们的武器制作了皮套,走私犯和黑市小贩给他们提供食物。

对犹太复国主义者来说,最重要的是购买武器的钱。1943年2月,5名为德国党卫军服务的犹太人被处决。此后,华沙的犹太复国主义联盟由6个支队发展到10个支队,并配备了一些枪支。许多队员用木棒等作为武器。

华沙的犹太人抵抗组织通过无线电于1943年1月21日向纽约的国际犹太人总部领导人发出呼吁:目前数百万犹太人正受到最残酷的死亡威胁,仍幸存的犹太人委托我们向你们表明立场:坚决向德国人复仇;阻止德国人的大屠杀；团结众多的国家；提供50万美元的援助。

2月7日，崩得派地下抵抗组织的领导人通过无线电向伦敦的波兰流亡政府报告情况。3月14日，犹太工人捣毁工厂、烧毁车间、破坏机车的行动此起彼伏。

1943年4月，华沙犹太区只剩7万犹太人了。为了灭绝犹太人，德国竟决定把犹太人都送进死亡营。

1943年4月19日，华沙犹太战斗组织在波兰人民近卫军和波兰国家军的援助下，领导犹太人举行了"二战"期间规模最大的起义。当天凌晨2时，党卫军和立陶宛、乌克兰自卫队包围华沙犹太人隔离区。6时，2,000名党卫军冲进隔离区。犹太复国主义联盟抵抗支队与拥有坦克、装甲车的德军相对抗。

犹太复国主义者视死如归，用燃烧瓶摧毁了坦克，杀死德国人。傍晚5时，200多名德军死亡，德军被迫撤离。当犹太人看到德国人的血时，他们兴奋地狂欢。尽管犹太人最终会继续遭到屠杀，然而，犹太人仍然狂欢着。

4月19日成为犹太人的节日。4月20日，犹太复国主义者向党卫军增援部队投掷手榴弹和爆炸物，约300名德军中有100多名被炸死。午后，德军动用了坦克、野战炮和高射机枪。德国人向建筑物开炮，不再供应电、气和水。犹太人把路障和建筑物点燃，阻挡德军的坦克。

4月21日，德国人调来大批坦克、野战炮和高射炮。犹太人躲进地下。整个华沙都被战火吞噬着。

4月22日，上百万犹太人从地下掩体中逃了出来。德军士兵用火焰喷射器和警犬去搜捕犹太人。被德国人抓住的犹太人遭到毒打后，被押进集中营。4月23日，战斗转向波兰北部的波尼亚图夫，8,000名工人参加了起义。他们渴望得到飞机、大炮和机枪。

犹太抵抗运动中心向全体波兰人发布公告："从现在起，让波兰的每个地方都变成堡垒。我们宁愿全部牺牲，也不屈服。"

波兰各地爆发起义。4月29日，在斯契乌尔茨工厂，抵抗组织的战斗队员和工人把设备搬到路上，阻止德军的进攻。5月8日，100多名德军冲了进来，开始了血腥的屠杀。

5月10日，整个华沙犹太人隔离区变成了一座公墓。1943年11月，犹太人幸存者大大减少，在特拉夫尼基和波尼亚图夫，犹太人只剩1,000人左右；在波罗的海沿岸森林中，只剩15,000人左右……

波兰警察、恶棍、"盖世太保"和德国警察一直在追捕犹太人。在波罗的海沿岸森林中，农民和反犹的波兰人、乌克兰和苏联人的游击队捕杀犹太人。

集中营根本没有犹太教堂和犹太学校，没有维持犹太人生存的必要条件。波兰犹太人对德国人的英勇反抗，在犹太民族历史上留下了光辉的一页。

犹太人遭到血腥的屠杀，幸存者被送到特列布林卡死亡营，在那里

德军用火焚烧躲在房间中的起义者

被集体枪杀。与此同时，在比亚威斯托克和维尔纽斯的犹太区也爆发了起义。

在20世纪中，犹太民族经历了两个重大事件，即1939—1945年的纳粹大屠杀和1948年以色列国的建立。如果以色列国建立在纳粹大屠杀以前，就不会有那么多的犹太人惨死了；如果没有纳粹大屠杀，欧美各国人民就不会理解为什么犹太人那样迫切地需要建立自己的国家。

第二次世界大战期间600万同胞的惨死，成为犹太人要求建立以色列国的强大动力，成为世界上必须有一个犹太人国家的最有力的理由。正是有了这种动力和理由，以色列诞生了。

犹太复国主义运动采取两个步骤：一是帮助犹太人向巴勒斯坦移居；二是争取大国对犹太人建国的支持和国际社会的承认。

从1882年起，约有6万名犹太复国主义者从俄国和东欧等地移居巴勒斯坦。犹太人把这种活动称为"上升"。

英国由于自身需要，于1917年11月发表了《贝尔福宣言》，宣布支持在巴勒斯坦建立一个"犹太民族家园"。

第一次世界大战后，巴勒斯坦成为英国的托管地。英国允许犹太人移居巴勒斯坦。1939年，巴勒斯坦的犹太人口增加到40多万，建立了农场、工厂、学校、医院、行政机构、政治党派和军事组织。

1921年、1929年，在耶路撒冷、雅法等地爆发了犹、阿两个民族之间的流血冲突，造成几百人的伤亡。第二次世界大战爆发后，犹太人站在英国一边参加了战争，他们秘密地帮助欧洲的犹太人偷渡到巴勒斯坦。战争快结束时，犹太人要求英国取消对移民的限制，结束英国在巴勒斯坦的殖民统治。

此时，世界舆论对犹太人的不幸充满了同情，对英国政府的冷漠态度持强烈的批评态度。犹太人极其强烈地要求打开巴勒斯坦的大门，让几十万大屠杀的幸存者进入巴勒斯坦，建立以色列国。

巴勒斯坦位于地中海中部，它的地理位置西起地中海东岸的沿岸和沿海平原，东至约旦河谷，南达格夫沙漠，北部包括加利利地区。犹太人曾在这里建立过以色列国和犹太国。后来，这里成为阿拉伯人的家园。

此时，美国把支持犹太复国主义运动作为自己替代英国控制中东的重要工具，而巴勒斯坦是美国进入中东、排挤英国的特殊跳板。

英国无力与美国对抗，把巴勒斯坦问题交给刚成立的联合国去处理。1947年11月29日，联合国大会进行了表决，结果是33票赞成，13票反对，11票弃权，分治方案获得了通过。

1948年5月14日，英国正式结束对巴勒斯坦的统治。下午，犹太建国协会宣告"以色列国建立"。

希特勒曾一再吹嘘说，他的第三帝国将持续一千年，实际上它只存在于短短12年便可耻地覆亡了。而他意欲斩尽杀绝的犹太民族，在战后不仅依然存在，并且再一次显示出他们旺盛的生命力，又在欧洲繁荣起来。更重要的是，犹太民族还有了自己的主权国家——以色列。

第四章

凯旋门受辱

梦断马奇诺

> 法国前总理勃鲁姆宣称:"我们的体系虽然不宜于进攻,但在防守方面却是呱呱叫的。"

1918年11月,法国在贡比涅森林接受了德国的投降,向德国提出过于苛刻的停战条约。法国对德国的勒索,埋下了对方复仇的种子。20年来,德国拼命地积攒力量,准备报仇雪恨。

"一战"后,法军的将领们大多思想保守,被曾经带给过他们荣誉的旧观念所深深禁锢,新的人才和军事理论根本无法得到重视。法军的军事指导思想是以防守为核心的消耗战略。马奇诺防线是法国在第一次世界大战后为防止德军入侵而在其东北边境上构筑的一个永久防御工程。

马奇诺防线是法国参谋部长期苦心经营的一条坚固筑垒防线。它于1929年始建,1940年全部竣工,耗资2,000亿法郎。整个防线上共建有5600个永久性工事。该防线以陆军部长马奇诺的名字命名。

马奇诺防线绵延于法国东部的全部国境线上。自卢森堡附近的隆维起,经提翁维尔、维桑布尔,再循莱茵河西岸南下,经斯特拉斯堡,到瑞士边境的贝耳福,全长750余公里。

防线内密布各种大大小小的防御工事,由许多火力据点聚结成为一个一个的防御区域。各火力据点相互配合,组成绵密的火力封锁通道,并设置有各种防步兵和防坦克障碍物。

马奇诺防线共构筑各种用途的永备工事5,800个。防线基础为工事群。其中,大型工事群,正面约1,200米,纵深为1,500米,守备兵力为1,100~1,200人;中等工事群,守备兵力为500人;小型工事群,守备兵力为 200 人。

工事群内主要武器有 75、120、135 毫米口径的火炮，25、37 毫米口径的反坦克炮，50、60、81 毫米口径的迫击炮。装甲炮塔能旋转 360 度。

工事群有坑道，位于地下 20～90 米深处。地道宽 6～8 米，高 3～6 米。弹药补给可由地下铁道电动车运送，并经升降机送到地面工事的弹药室内。在主要作战方向上，马奇诺防线还筑有堡垒据点数处，多数堡垒据点内配有 75 毫米口径的火炮数门、机枪 10 余挺。

各种火器皆安置在可以旋转的钢塔内，可以左右旋转，侧射据点之间的死角。据点的上面筑有钢筋水泥掩体，厚达 3 米。据点四周筑有外壕，据点内部架设铁栅，以防步兵强攻。各据点之间有地下走廊相通，可以相互支援。在各地道中装有多道铁门，如遇火警等意外事故，铁门可自动启闭。据点内还设有完善的卫生设备、外科手术室和输血室等。地下室内还有大型现代化防毒措施。

在马奇诺防线法国炮兵阵地上，一群士兵正在搬运炮弹

就当时来讲，马奇诺防线可谓世界上工事构筑最完善、障碍设置最完备、火力配置最严密的防线之一。

因此，法国军界人士普遍认为依靠马奇诺防线可以高枕无忧，万无一失。法国前总理勃鲁姆宣称："我们的体系虽然不宜于进攻，但在防守方面却是呱呱叫的。"

1938年，贝当元帅在3月1日出版的《两大世界评论》杂志上发表了一篇文章，表明他对马奇诺防线有十足的信心，说有了这条防线就无须担心装甲部队的进攻。

同年，他还在为德肖维诺将军所著的《侵略仍是可能的吗》一书而写的序言中，宣称他对法国军队阻击入侵者的能力感到满意。战事爆发后，法国统帅部依然陶醉在"不可能侵入"的幻想中，他们认为只要坚守在马奇诺防线内，与德军长期对峙，逐渐消耗德军兵力，就可挫其锐气，御敌于国门之外，就可赢得战争的胜利。

另一方面，纳粹德国用了7年的时间，迅速完成了军备的扩充和改革。1933—1940年，德国军队总人数由10万增到400余万，成为欧洲最强大的军队。

1939年，德国征服波兰后，希特勒向英法提出和平建议，被英法拒绝。英、法、荷、比组成盟军，由法国陆军将领甘末林任总指挥，盟军共有147个师，约3,100辆坦克、3,800架飞机、75毫米及以上口径的大炮14,500余门，并可利用英国1,000多架飞机支援战斗。

德军由陆军元帅布劳希奇任总指挥，共有141个师，其中包括10个装甲师、4个摩托化师、2,445辆坦克、3,700架飞机，另有运输机600架、75毫米及以上口径的大炮7,378门。

1940年5月9日晚，德国出动飞机对大学城弗赖堡进行空袭，造成几百人死伤。德军诬陷此次袭击是比利时和荷兰干的。

1940年5月10日拂晓，德国在从瑞士边境至北海岸边800公里的战线上，发动了"闪电战"攻势。

当德军轰炸机对荷兰、比利时的飞机场、桥梁、铁路和仓库狂轰滥炸时，在马奇诺防线驻守的英法士兵还在睡梦之中，殊不知德军的坦克已经冲进荷、比国境。

当英法士兵睁开睡眼的时候，德军的飞机铺天盖地而来，袭击了法国的加来、敦刻尔克、贝尔克、阿尔卑来赫、梅斯、埃塞—莱—南锡、布龙、沙托鲁机场和瓦尔达翁军营。

德国A集团军群的精锐部队已经穿越比利时和卢森堡的阿登山区，向法国东北部发起进攻。接到比利时、荷兰的求援后，英法联军按"D"计划迅速展开，第一集团军群主力火速开赴荷兰的布雷达地区和比利时。

同时，法军第二集团军坚守色当至隆居永之间的防御阵地；第九、第二集团军的5个轻骑师（每个师装备马匹和坦克各半）迅速渡过马斯河，阻击通过阿登山区向马斯河进攻的德军，由于英法两军判断失误，加上部署不当，战争一开始，联军就陷入了十分被动的地位。当天，卢森堡就宣布投降了。

比利时人也有一个引以为豪的军事要塞——埃本—埃马尔要塞。这个易守难攻的要塞的防御工事建在山上，有1座装有2门120毫米口径加农炮的旋转炮塔、2座各装有两门75毫米口径加农炮的炮塔、4个暗炮台（配有12门65毫米口径的加农炮）、12门60毫米口径反坦克炮的发射阵地和大量机枪掩体。

要塞地面上的炮楼、观察所、机枪火力点都用混凝土筑成，暗炮台和旋转炮塔都是装甲结构，地下有一系列钢筋混凝土浇灌的交通壕，壕内备有供30天用的粮食和弹药。

要塞有1200名士兵，监视着马斯特里赫特附近的马斯河和阿尔贝特运河上的桥梁。比利时军认为，它比马奇诺防线上的任何工事都更加坚固，并可以长期固守。

10日凌晨，78名德国空降兵分乘滑翔机悄悄降落在埃本—埃马尔要塞顶部，比利时的哨兵个个被吓得目瞪口呆，竟没有发出警报。德军突击队员用手榴弹和炸药包连续快速地逐个对炮塔、碉堡、坑道口进行破坏，用冲锋枪进行扫射。躲在要塞内的比利时守军被炸得晕头转向，大批德军轰炸机对要塞的道路进行轰炸和扫射，封锁所有通道。上午7时，德军第二梯队从天而降，300名伞兵空降到要塞顶上。德军还在广大地区投下了假伞兵，这些假伞身上安装了自动点火炸药。收缩在要塞内部的比军痛苦地忍受着德军的折磨，有的德军伞兵从高达40米的悬崖上把炸药吊下去爆破。

　　德军仅以死6人、伤19人的代价，就打死打伤比军110多人，俘虏1000多人，攻下了这个号称"欧洲最难攻克"的工事。

　　埃本—埃马尔要塞的失陷，标志着阿尔贝特运河至马斯河的防线全面瓦解。法国人开始怀疑马奇诺防线是否真的攻不破？德国军大肆渲染

德军占领马奇诺防线上的一个碉堡

第四章 凯旋门受辱

说,埃本—埃马尔要塞是被德军最新式的"秘密武器"攻克的,搞得神秘莫测。

1940年5月12日下午,德军不费吹灰之力拿下了色当,开始在色当西北24公里长的马斯河北岸集结。至16日晚,古德里安的装甲部队已向英吉利海峡方向推进了80多公里,将步兵远远地甩在了后面。17日,古德里安受到了戴高乐上校指挥的第四装甲师的阻击。

戴高乐指挥部队往北推进了19公里,前行至塞尔河沿岸的蒙科尔内,顽强抗击敌人,迫使德军装甲部队放慢推进速度。黄昏时分,当戴高乐发现左右两侧都受到威胁时,被迫撤到拉昂以北的集结地。

19日,戴高乐继续挥师西北,向塞尔河畔的克雷西出击,同德军展开激战,击毁德军许多坦克,而自己几乎未受损失。下午,戴高乐撤到埃纳河以南地区,以阻止德军向南进犯兰斯。戴高乐指挥的第四装甲师虽然没有从翼侧切断德军的前进道路,却让德军统帅部受到了震动。21日,英法联军在阿拉斯附近组织了一次有限的反击。2个英军师和1个装甲旅曾迫使德军向南收缩了几公里。当法军的2个师稍后向此地反击时,英军却停止了反击,朝着海岸撤退了。

在这里,英军每天所需的2000吨弹药及补给品全部经加莱和敦刻尔克等沿海港口运来,但这些港口正在严重地受到空袭,英军面临被全面包围的危险。

于是,英军迫于时间和补给问题的考虑,不顾盟国的计划,于22日晚把英国远征军撤出阿拉斯地区。德军各装甲部队继续北进,于23日攻占了沿海重镇布洛涅和加来,于24日进抵格拉沃利钠和圣奥梅尔之间的阿河一线。英法联军的几十万大军,被德军牢牢地围困在敦刻尔克地区。

27日,比军已经陷入山穷水尽的困境,比利时国王利奥波德三世接受了德国提出的无条件投降的要求,于次日凌晨4时投降。

敦刻尔克地狱

兵多船少的问题解决以后，撤退的工作效率大大提高。

敦刻尔克，一个名不见经传的法国港口城市，在二战期间，以世界上一次最大规模的撤退而闻名于世。1940年5月下旬，位于敦刻尔克的英法联军的命运危在旦夕。

5月21日，形势更趋恶化，为加强撤退的准备工作，上级部门拨给拉姆齐30艘渡船、12艘蒸汽渔船和6艘海货船。

22日，情况发生剧变，加来和布洛涅港受到德军装甲部队的围攻。只剩下敦刻尔克了。

事态的进一步恶化，使拉姆齐进一步认识到，必须立即采取果断措施。在此后几天，拉姆齐及其参谋人员在一座被称为"发电机房"的指挥部里废寝忘食地工作着，他们要求海运部把东、南海岸所有可用的船只集中起来；向指挥部要求更多的驱逐舰；向南方铁路要求专用列车；向海运部要求拖船、医药品、弹药、给养、发动机、绳索、柴油、空白纸和船员、机械师……

拉姆齐先后筹集了693艘舰船，加上盟国的船只，总共860艘之多。从巡洋舰到小帆船和荷兰小船，各种各样，编成舰队，随时准备驶往敦刻尔克。

至24日晨，在英法联军的北面，德军B集团军群即将突破比军防御阵地；在英法联军的南面，德军克莱斯特装甲集群已攻克布洛涅并将其包围加来，进抵格拉沃利讷至圣奥梅尔的艾尔运河一线，距离敦刻尔克仅仅30公里。

第四章 凯旋门受辱

古德里安和赖因哈特的2个装甲军在阿河彼岸建立了5个登陆场,准备和从东北方向包抄过来的B集团军群(含第六、第十八集团军)三面夹击,彻底围歼退至敦刻尔克狭小地带的英国远征军9个师、法国第一集团军的10个师和比利时军队。

就在德军即将包围近在咫尺的联军并取得这次战役的最大胜利时,希特勒却下达了"停止前进"的命令,让20多万英军和10多万法军死里逃生。

德军装甲部队停止进攻2天,给英法联军带来了绝处逢生的转机。

5月25日,英国远征军司令戈特既没有请示法军司令部,也没有等待英国方面批准,不顾被围困的危险,擅自把在阿拉斯受到威胁的英军各师撤向敦刻尔克。

英军的撤退,极大地扰乱了联军的作战部署。位于索姆河南岸的法军向北实施反突击没有多大意义了,而北线的法比军队只能根据变化了的情

英军向敦刻尔克方向撤退

况独立奋战。

5月26日，魏刚被迫命令法国部队朝敦刻尔克方向撤退，重新部署，掩护这个滩头阵地。

英法联军向敦刻尔克撤退的指导思想是不同的，英军是主动撤退，法军则是被拖着走的；英军撤退，是准备从海上逃往英国，而法军撤退，则是想在这里继续战斗，最后创造奇迹。戈特从本国利益出发撤兵，很快得到英国政府的批准。26日，英国陆军部来电，同意他撤往敦刻尔克。

当天，丘吉尔急忙带着总参谋长乘机赶往巴黎，甘末林神色忧郁地说："大批德军装甲部队杀了过来。"

丘吉尔问："战略预备队在哪里？"甘末林耸耸肩，摊开双手说："一个也没有。"这确实是甘末林的失职，一个要防守法国的司令官竟然没有给自己准备战略预备队。作为英法联军的总司令，甘末林将军却忽视了如此重要的常识。丘吉尔认为，这是一生中最使他吃惊的事情之一。

马奇诺防线本来是可以使军队得到节约使用的，它可以使大批的部队留作后备力量。这本来是法国建造马奇诺防线的初衷。

5月26日晚6时57分，英国海军部下达了"发电机"行动的命令，英军的撤退行动开始。

海滩上，英法联军的士兵们木然地排成一行一行的，向前缓慢移动，走进没踝的、没膝的、齐腰的、齐胸的海水里，最后由小船上的人把他们拉上去。

海潮涨落时，同伴们的尸体撞到他们身上，这些人有的是被敌人的炮火打死的，有的是由于救援船只沉没而溺水身亡的。

第一批出发的船只有129艘。第一艘前往敦刻尔克的是"莫纳岛"号，它在26日晚9时驶离多佛尔港，午夜抵达敦刻尔克的盖尔海岸。希特勒对戈林的轰炸效果和B集团军群的推进速度产生了怀疑，加上A集团军群要求恢复装甲部队进攻，希特勒在中午前后允许德军各装甲部队恢

英法联军向敦刻尔克港撤退

复进攻。

  这时候,最有利的进攻时机已经错过了,撤退下来的英法联军早就做好防御部署,完成了从海上撤退的准备工作。

  27日清晨,执行第一波轰炸任务的两个轰炸航空团和两个歼击航空团从德国西部直飞敦刻尔克,目标是轰炸敦刻尔克港口和主要码头。通往港口的道路上挤满了各种各样的车辆和惊慌的人群。一架架俯冲轰炸机扑向英法士兵，炸弹像雨点般倾泻，地面上火光冲天，血肉横飞。

紧接着，一个黑压压的机群铺天盖日蜂拥而至。它们忽而俯冲，进行低空轰炸，忽而投下威力巨大的高爆弹。

接到报告后的英国空军立即出动了两个中队的"喷火"式战斗机和"飓风"式战斗机，当英机群赶到时，德机早已消失了。英机群离开几分钟后，德国的第二波机群出现了。它们对英军舰船进行密集的轰炸。德机连一些民用小船都不放过，将一艘艘小船掀翻。

1小时后，英军的40多架战斗机飞向敦刻尔克。这时，德军战斗机冲向英机群，一场空战开始了。德军轰炸机投掷完炸弹，掉头就逃。这次，德军的大部分炸弹都丢到海里或沙滩上，英军损失了11架战斗机。这一天，德军投下了1.5万枚高爆炸弹和3万枚燃烧弹。

5月27日这天，驶抵敦刻尔克的船只总共撤走了7,669人。照此速度计算，要把全部远征军撤回国内起码需要40天。兵多船少，又成了撤退中亟待解决的问题，尤其是容易靠岸的小船极为短缺。

因为从敦刻尔克到拉潘尼的整个海滩是渐次倾斜的，即使是海水涨潮时，大船也很难靠岸，更何况大船转舵不灵，容易造成拥挤堵塞。所以，小船的需求量猛增。

为解决这一难题，英国海运部把泰晤士河两岸的各种小船场的驳船、帆船、摩托快艇和渔船都征集过来，组成预备队。为加强对"Y"航线的掩护，击退德军空袭，保证运输线的畅通，拉姆齐向海军部发出紧急呼吁，取消驱逐舰的其他任务，专为敦刻尔克撤退行动护航。

兵多船少的问题解决以后，撤退的工作效率大大提高。5月28日，他们撤走17,804人，29日撤走47,310人，30日撤走53,823人，前4天总共撤走126,606人，大大超出了海军部原来希望的4.5万人。

5月29日，法国第一集团军奉命正式撤退。英军最初拒绝让法军登上英国的船只，因为附近没有法国船只，这就等于将法国人丢在那里。雷

第四章　凯旋门受辱

诺知道后甚感不安。

5月31日,在巴黎召开的盟军最高军事会议上,雷诺坚决主张英法联军共同撤退。丘吉尔表示同意共同撤退,并说:"仍在敦刻尔克的3个英国师,将同法国人在一起,直到撤退完成。"

5月31日和6月1日是"发电机"行动成绩最显著的两天,尽管德军连续不断地炮击和轰炸,英国船只白天不便靠近敦刻尔克,仍撤出了13.2万人。

但是,在撤退过程中,船只的损失很大。仅6月1日这天,就有31艘船沉没,11艘船被击毁。有2艘满载2,700名法国士兵的英国运输舰沉没后,舰上人员只有2,100人被小船救走。

听到这个消息后,丘吉尔发电报给雷诺,建议"于今夜(6月1日)停止撤退"。雷诺大为发火,魏刚则坚决要求英军的3个师留下来。

此时,德军的包围圈收得更紧了,德军的炮火已延伸至敦刻尔克附近海域,撤退只好改在天黑后进行。

德国空军对此无可奈何,只好对巴黎等地进行大规模空袭。德军地面部队开始进攻敦刻尔克,但为时已晚。

6月2、3日夜间,剩下的英国远征军和6万名法军冒着敌人的炮火撤了出来。

在法国的坚决要求下,英国同意将"发电机"行动延长到6月4日。

在这场生死较量中,双方兵员损失惨重。空中、地面、海中,硝烟滚滚,陈尸遍地,血流成河。到处都是飞机的轰鸣声、子弹的狂啸声和炸弹的爆炸声。

法兰西在燃烧,在流血,美丽的敦刻尔克港变成了人间地狱!到处是地狱般可怕的喧闹声。

空战进行得相当残酷,英机群与数倍于己的德机周旋着。狡猾的德国人改变了战术,他们利用大编队英机群离开的机会,以部分战斗机牵制住警戒的小股英机，轰炸机则飞抵敦刻尔克上空，从高宽对面进行投弹后立即逃跑。

6月4日早晨，阿布里亚尔和拉姆齐在多佛城堡见面，都同意撤退工作告一段落。当天上午11时，法国政府也批准该决定。下午2时23分，英国海军部正式宣布"发电机"行动结束。

截止到6月4日下午5时23分，这次行动除了没来得及撤出的法军第一集团军的4万人投降外，共有33.8万名英法士兵撤出了敦刻尔克，其中有21.5万名英国人，12.3万名法国人和比利时人，另有5万人是由法国海军救出的。撤退中被击沉的各种船只共243艘，其中英国的226艘，法国和比利时的17艘。英国远征军丢下1,200门火炮、1,250门高射炮和反坦克炮、6,400支反坦克枪、1.1万挺机枪、7.5万辆摩托车和180架飞机。

负责最后掩护的几千名英军和4万名法军被俘，他们在德国的集中营里度日如年。在空军方面，英国损失110余架飞机，但德国空军损失150余架飞机。

法兰西在流血

雷诺痛心地说："意大利人真是多么高贵的民族，这个时候在我们背上插了一刀。"

大海阻挡了德军坦克的前进，德军转头南下，深入法国腹地准备进攻巴黎。6月5日夜间，法国总理雷诺改组政府，任命戴高乐为国防部次长。

戴高乐是6月6日知道这一消息的。对此，戴高乐显得很平静，他事先已有耳闻。因为6月1日，走马上任不久的总司令魏刚将军召见他时，他曾顺道拜访过雷诺。

雷诺虽然希望战斗到底，希望法国最后获胜，但是他的周围是一大群失败主义者，包括掌握军政大权的高官们，甚至极受他宠幸的情妇德波尔泰夫人。雷诺要戴高乐去见丘吉尔，让他向英国政府表示法国将继续战斗，更重要的是让他设法从伦敦获得可靠保证，保证皇家空军特别是战斗机将继续参加法国的战斗，并探询一下撤离敦刻尔克的英军还需要多长时间才能重新装备起来，回到法国作战。

在为访问作安排时，戴高乐又一次拜访了魏刚。戴高乐在《战争回忆录》中说："差不多句句都深深地印在我心头。"

当时，魏刚虽然镇定自若，但是已经甘心失败，决定停战了。魏刚甚至说："法兰西帝国那只是一个玩笑而已！至于全世界，当我在这里被打败以后，英国人用不着一个礼拜就会和德国谈判。"

戴高乐（左一）与丘吉尔（左二）一起慰问"自由法国"战士

戴高乐很吃惊,但他告诉魏刚,他的看法与政府的意图正好相反,纵使战争失利,政府也不应该放弃斗争。

在魏刚的总部所在地,戴高乐与来请示工作的各个参谋部的熟人交流了看法,大家都一致认为这场战争输定了,尽快结束战争是最好的解决办法。这也难怪作为欧洲强国的法国为什么会败得如此之快、如此之惨了。

戴高乐又见了雷诺一次,并开门见山地建议撤销魏刚的总司令职务,换上洪齐格尔将军。然而,雷诺的回答却含糊其词。雷诺原则上同意了戴高乐的意见,但认为这时候进行人事变更是不可能的。6月6日,希特勒离开设在德国西部边界一个小山坡上的战地司令部,"起驾"前往比利时南部的一片森林里,那里刚刚赶造了他的新大本营,代号为"森林草地"。

6月7日,德军突破了法军奥尔努瓦—普瓦防线(突破口长达15公里),继续朝福尔日莱索和鲁昂推进。6月8日,霍特装甲军推至巴黎以西60公里处,在鲁昂地区逼近塞纳河。法军第七集团军被迫后撤。博韦弃守,贡比涅受到了威胁。6月9日,伦德施泰特的A集团军群在战线东端的苏瓦松至阿登山脉之间的150公里地带也发起了攻击。

这时,法国政府仍在是否在巴黎抵抗的问题上悬而未决。而为保卫首都巴黎集结的1万名法军却在等待他们的命令。这些法军配备有200门反坦克炮和数百挺机枪,驻守在通向首都交通要道上新修的地堡内。30辆坦克,长达数公里的反坦克障碍物和壕沟,都静静地等待在那里。

戴高乐到机场送别英国斯皮尔斯将军,在飞机起飞的刹那间,戴高乐纵身跳上了舷梯,进入机舱内,和英国将军一起飞到了英国。戴高乐无法阻止政府投降,决定流亡国外继续抗击德国侵略者。

在英国,戴高乐与丘吉尔会晤时说:"只要贝当公开宣布投降,我就通过英国广播电台向全世界宣布:自由的法兰西将继续战斗。"6月10日,德军装甲师在塞纳河下游两次强渡成功,致使驻守巴黎以西和以北的法军

第四章 凯旋门受辱

全面后撤,法军整个防线面临着崩溃。

6月9日,魏刚命令部队沿"巴黎城防工事"建立一道防线,由巴黎卫戍司令皮埃尔·赫林将军指挥新编的"巴黎集团军"负责。6月11日,尽管丘吉尔极力劝说法国当局不要放弃巴黎,但是魏刚却悲观到了极点,没有组织更大规模的巴黎防御战,从而导致巴黎被德军轻易攻克。

意大利的"西方"集团军群对法开战。"西方"集团军群共有22个师,32.5万人,约3,000门火炮和3,000余门迫击炮。而这时的法军已经撤走了一部分,投入到索姆河和埃纳河一线对德作战,法意边界上的法军只有6个师,总共17.5万人,远不如意军人多。

法军占据着有利地形,加上意军的无能,意军在战场上没有取得什么显赫的战果,但这给法国增加了压力。雷诺痛心地说:"意大利人真是多么高贵的民族,这个时候在我们背上插了一刀。"

6月12日,在巴黎西南,德军、法军防御阵地的西段强渡塞纳河,从韦尔农附近直扑埃夫勒,然后进逼德勒。在巴黎东面,德军在马恩河地区以南进抵蒙米赖。巴黎处在了东西两面夹击之中。当晚,赫林根据上级命令,未经战斗就放弃了巴黎以北的防御。

6月13日,丘吉尔乘飞机到了法国,这是法国投降之前丘吉尔进行的最后一次访问。法国政府这时已撤到图尔,形势更加紧张。从乡下赶来的雷诺显得十分沮丧,因为魏刚向他报告,法军已经精疲力竭了。贝当也认为,趁法国还有足够的军队维持秩序到和平来临的时候要求停战。

雷诺任命84岁的贝当为副总理,期望能借助贝当元帅昔日的功绩和声誉,拯救法国于危难之中。可惜的是,此时的贝当已非一战时的英雄了,此时的贝当思想退化、保守,常常陶醉于昔日的光荣历史中。

对于法国目前的处境,贝当认为已无可挽回,法国要打赢这场战争是毫无希望的,但他可以成为一个战败民族的保护人。此时的贝当已经没有丝毫斗志。魏刚在连吃败仗之后,力主同德国停战谈判。

以副总理贝当和总司令魏刚为首的投降派宣布巴黎成为"不设防城市",向德国政府正式提出停战请求,出卖了法国和法兰西人民。

　　13日,法军护城部队撤至巴黎以南的朗布依埃—儒维西一线。下午5时10分,德军先头部队抵达巴黎北郊,随后,德军B集团军群所属部队包围了巴黎。

　　巴黎城防司令不战而交出巴黎,严令镇压人民反抗,并向群众宣布:凡从事抵抗者格杀勿论。或许,抵抗确实只会引发可怕的破坏和大量的伤亡,但放弃首都无疑是对法国人民心理上的沉重打击。当听到政府要放弃保卫首都的命令时,法国作家莫鲁瓦这样说道:"就在那一刻,我知道一切都完了,法国失去了巴黎,成了一个无头的躯体,我们战败了。"

　　6月14日早晨,德军第十八集团军一部开进巴黎,法国政府大厦的

德军骑兵仪仗队通过凯旋门

上空和埃菲尔铁塔顶端升起了"卍"字旗。

B集团军群司令博克在香榭丽舍大街举行了阅兵仪式。这个丰富、快活、喧闹的大都市竟成了死城。除了警察外,很难找到人,70%的法国人逃到了县市和乡间,30%躲在家里。

协和广场前,没有了车水马龙按着喇叭的汽车,没有尖声叫喊的卖报人,没有了一本正经的警察,没有了愉快聊天的行人。

这些,原是这个壮丽广场的景色,现在都没有了。只有一片沮丧的沉寂,不时被德国军官座车的声音所打破,他们正驶向克里隆旅馆——当地德军司令部匆匆设立的总部。

这家旅社的旗杆上,德国国旗在微风中招展。协和广场的现象各处都有。以前充满了生命力的林荫大道、两旁排列的咖啡馆,往常坐满了为促进食欲而品啜咖啡的巴黎人,现在却杳无一人,香榭丽舍大道只有一家咖啡馆开门;巴黎素负盛名豪华而灿烂的旅社,都隐没在百叶窗的后面。

在艾菲尔铁塔顶端、外交部和市政厅的旗杆上——最奇怪的是在凯旋门上——德国国旗取代了三色旗。

进入巴黎时,恰恰在入暮以前,德军在市区中心作了一次缓缓地巡行。第一处有历史性意义的位置是凯旋门,献给无名英雄的纪念碑和"长明火",全巴黎唯独在这里聚集了极多的人,他们都是难以形容的可怜人——悲戚的母亲和妻子、低声饮泣的孩子和泪流满面的白发老翁。

布鲁森将军麾下素负盛名的一个师,通过凯旋门,在香榭丽舍大道举行仪式,进入福熙路。对法国人来说,这就是羞辱;对德国人来说,这是自从《凡尔赛条约》以后,每一个德国民族主义分子美梦的实现。

当时,巴黎这座著名的大城市几乎空了,3/4的居民离开了这里。法国国内难民多达600万人,在法国各地道路上川流不息。

希特勒对于占领巴黎,摆出一副"猫哭耗子"的姿态。

希特勒的一位秘书抄录他的话道:"我个人无法相信6月之后战争还

将继续下去。昨天在巴黎开了一个军事会议：魏刚宣布巴黎之战败了，并提议单独和解，贝当支持他的提议，但是雷诺和一些其他成员声色俱厉地向他提出抗议：……准确地知道战争态势，却仍然命令你的士兵继续战斗，直至战死，这说明完全缺乏道义。"

巴黎的陷落，令法国人民产生了巨大震动，许多人都为祖国的前途和命运担忧。但是，也有不少人仍然对取得战争胜利抱有很大希望，他们寄希望于"马奇诺防线"。

6月13日，德军对马奇诺防线发起总攻。经过两天的战斗，德军占领了萨尔布吕肯地区前面的全部堡垒，突破了主要防线。6月15日晨，法国北部边境的马奇诺防线已被突破，法军节节退却。

6月15日，法国政府从图尔迁往波尔多。

经过7天的战斗，到19日，整个马奇诺防线全部被德军攻占。50万法国守军如釜底游鱼，大部投降，只有极少数部队逃入瑞士境内。马奇诺防线不可战胜的神话彻底破灭了。

在法军防线全面崩溃、失败主义情绪笼罩内阁、英美无法提供直接援助的情况下，一向主张抗战的雷诺总理感到力不从心、无计可施，于6月16日晚宣布辞职。

勒布伦总统任命贝当为内阁新总理。在他的就职演说中，贝当宣称："愿把自己献给法国，来减轻它的痛苦。"

实际上，贝当早被德军不可战胜的神话吓破了胆。1940年5月18日的时候，贝当在离开马德里回国就任副总理时就流露出求和念头。他对佛朗哥说："我的国家被打败了，他们叫我回去谋求和平并签订停战协定……他们叫我回去照管这个国家。"

回国任职后，他没有很好地辅佐雷诺总理阻挡德军的进攻，而是利用自己的威望和影响，经常散布一些失败主义情绪，与魏刚一起，支持停战谈判。6月12—13日，贝当在内阁会议上和魏刚将军一唱一和，反复论证停战的必要性，并试图说服雷诺政府仍然留在国内，不要迁到北非继续抵抗。

从当时的情况看，法军的处境虽然危险，但法国仍有 2/3 的领土没有落入德军之手，仍然可以集中起为数众多的士兵和坦克，还有 400 架完好无损的飞机。

此外，法属北非三国（阿尔及利亚、突尼斯和摩洛哥）拥有丰富的人力、物力资源，占世界第三位的法国舰队仍享有航线自由、海外港口安全等便利条件。法国的委任统治地叙利亚和黎巴嫩，控制着通往伊拉克、伊朗和阿拉伯等国油田的咽喉要道。

在太平洋上的新喀里多尼亚岛和塔希提岛是重要的战略基地。因此，法国仍有大量的抵抗手段和回旋余地。

1940 年 6 月 16 日晚，贝当在新内阁第一次会议上宣布："政府已经组成。它的首要任务是毫不迟延地——因为已经丧失了很多时间——请求德国政府提出停止敌对行动的条件。"

6 月 17 日午后不久，贝当通过电台对法国人民发表讲话。他沙哑着喉咙说："今天，我怀着沉重的心情告诉你们，我们必须停止战斗。"这一广播使还在继续作战的法军士气沮丧。贝当不等德军指挥部答复就发出这一号召，实际上就是下令停止抵抗。德国人抓住这一点，立即把贝当的号召书印成传单，通过飞机等工具，在法军阵地上广为散发。德军的坦克打着白旗去俘虏那些停止抵抗的法军士兵。法国大本营参谋长杜芒克将军急了，为了保存军队的战斗力，他不得不给部队发了一份电报："停战协定尚未签订。敌人利用白旗企图突破尚在我方防守之中的地段……各地必须全力作战，保卫祖国领土。"

然而，贝当一意求和。6 月 18 日，贝当下令各部队不战而放弃所有 2 万人口以上的城市。不仅在各城市内禁止军队进行抵抗，而且在城郊也不准进行抵抗和破坏。德国的《人民观察家报》颂扬贝当的投降政策,说他是"一贯正确的老战士,当今唯独他一人还能给法国人民带来慰藉"。在英国广播电台的播音室里,下午6时,戴高乐向全世界也向沦亡的法国,发表了具有历史意义的"六·一八"演说。戴高乐宣告:"法国并非孤军作战。它有一个庞大的帝国做后盾。它还可以与控制着海洋并在继续作战的不列颠帝国结成同盟,也可以像英国一样充分利用美国巨大的工业资源。"

戴高乐号召:"我,戴高乐将军,现在在伦敦。我向正在英国领土上和将来可能来到英国领土上的持有武器或没有武器的法国官兵发出号召,向目前正在英国领土上和将来可能来到英国领土上的一切军火工厂的工程师和技术工人发出号召,请你们和我取得联系。"

戴高乐说:"无论发生什么情况,法兰西抵抗的火焰决不会熄灭!"

他的声音震撼着3,000万法国人民的心灵。在戴高乐的旗帜下,集中了来自法国各方的自由战士,在战胜德国的过程中作出了重要贡献。

在开始时,戴高乐的事业所得到的最重要支持来自英国。

6月20日,贝当向希特勒求降。贝当求和的消息通过西班牙传给了希特勒。20日早晨,希特勒要求法国停战谈判代表团到图尔附近的卢瓦尔河的桥上同德国的代表会晤。

21日,在德国人的引导下,代表团来到了希特勒选定的停战谈判地点——贡比涅森林。贡比涅森林正是22年前第一次世界大战结束时,德国向法国及其盟国投降被迫签订停战协定的地方。

德国人选中此地报复法国人,是为了增加报仇雪恨的甜美滋味。

根据停战协定,法军大部分被解除武装;法国北部包括巴黎在内的2/3的工业区由德国直接占领,南部由贝当政府管辖,首都设在维希,史称"维希政府"。

从第一次世界大战到第二次世界大战,曾经涌现出了无数的杰出人物,但没有谁像法国的贝当元帅那样,在经历两次世界大战后,受到人们

第四章 凯旋门受辱

截然相反的评价：第一次世界大战后，作为指挥法国军队的杰出战将，贝当元帅成为法国的民族英雄，受到人们的欢迎和致敬；而第二次世界大战后，贝当元帅由于与纳粹德国合作，由民族英雄变为军事法庭上的被告。如此强烈的反差，真令世人为之感叹。

6月23日，英国政府发表了公告，不再承认贝当"政府"是法国的政府。6月25日1时35分，法国全境停战。至此，法国战局以法国惨败、屈辱投降而告终。

为了削弱德国的海上力量，丘吉尔制定了"弩炮"作战计划：解除法国舰队的武装，夺取、控制法国海军的舰艇，或使之失去作用，在必要时将其击毁。

由法国海军让·苏尔将军统率的一支舰队，停泊在地中海西端奥兰附近海面上。这是一支具有强大实力的舰队。这支舰队包括：法国最优秀的巡洋舰"敦刻尔克"号与"斯特拉斯堡"号，以及1艘航空母舰、2艘战列舰和一大批驱逐舰等。7月2日，英国"H"舰队萨默维尔中将要求与让·苏尔面谈，遭到拒绝。在持续一整天的谈判毫无结果的情况下，17时24分，英国海军直布罗陀舰队向法国舰队发起了攻击，最后法国海军的作战能力基本丧失。

英国政府在6月28日正式宣告：英国认为戴高乐将军是世界各地的自由法国人的领袖，为前来投奔戴高乐的人提供方便。6月30日，法国海军中将爱米尔·米塞利埃来到伦敦，表示拥护戴高乐。在利物浦附近驻扎的法国阿尔卑斯山轻步兵师内服役的军官也来投奔了戴高乐。

在伦敦，戴高乐接到召他回国的"命令"。他立即给魏刚复信，说只要不投降，他愿意参加组织起来的任何法国抵抗力量。贝当政府发了一道命令，命令戴高乐到图卢兹的圣米歇尔监狱去"自首"，听从"战争委员会"的审判。这个委员会先是判处戴高乐4年的有期徒刑，然后根据伪政权国防部长魏刚的指示，改判为"死刑"。

战斗的法国

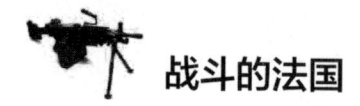

在德军占领下，法国国内各地人民成立了许多地下抗德组织。

7月14日，是法国国庆日。那天，第一支"自由法国"队伍组织起来了。在白厅广场上，戴高乐检阅了他的战士。一星期后，戴高乐的第一批空军对德国鲁尔区进行了轰炸。至7月底，戴高乐已经动员七千之众。

8月7日，《丘吉尔—戴高乐协议》发表了，协议载明戴高乐是"自由法国"武装力量的最高统帅。10月27日，是法国一个具有历史意义的日子。戴高乐在这天发表了《布拉柴维尔宣言》，指出："设在维希的贝当政府已经沦为敌人的御用工具。因此，必须建立一个新的政权来承担领导法国投入战争的重担。形势把这一神圣职责交给了我，我将义不容辞。为了完成我的使命，就在今天，我组成了一个帝国的防务委员会。这个委员会由正在法国各地行使职权的人，或者集中了本民族的最高智慧和道德价值观的人所组成，它将和我一起代表为生存而战斗的国家和帝国。"宣言最后指出："我们将为了法国去完成这项伟大的任务，竭诚为它服务，确信取得胜利。"

防务委员会将行使政府的职能，"自由法国"自此有了它的政权机构。1941年9月21日，戴高乐领导的第一任自由法国民族委员会像政府那样组织起来了。委员会健全了经济、财政、外交、军事、司法、教育等机构，还任命了部门官员。戴高乐理所当然地成了委员会主席，即政府首脑。

1942年7月，"自由法国"改为"战斗法国"。

戴高乐经过了几年的奋斗，实力和影响有了突破性的发展，戴高乐成了国内外公认的抵抗运动的领袖和旗帜。北非各地均通电支持"战斗法国"。"战斗法国"在国内的影响迅速扩大，戴高乐派往国内的抵抗运动代表让·穆兰已经组成了包括各种派别在内的全国性抗战运动委员会。该委员会表示拥护戴高乐，要求在阿尔及尔迅速成立以戴高乐为主席的临时政府。

法属北非包括法属摩洛哥、阿尔及利亚和突尼斯。

摩洛哥地处非洲西北端，东与阿尔及利亚交界，南与西属撒哈拉沙漠接壤，西临大西洋，北隔狭窄的直布罗陀海峡与西班牙相望，面积约45万平方公里。1912年，摩洛哥沦为法国的殖民地。另外，狭长地区和南部的一个地区沦为西班牙的殖民地。

阿尔及利亚地处非洲西北部，北临地中海，与西班牙、法国隔海相望，东与突尼斯、利比亚接壤，南与尼日尔、马里、毛里塔尼亚交界，西

戴高乐在阿尔及尔的演讲取得了轰动性的效应

部与西属撒哈拉相邻，面积为238万平方公里。1830年，阿尔及利亚沦为法国的殖民地。

突尼斯地处非洲北端，北、东临地中海，隔突尼斯海峡与意大利相望，东与利比亚交界，西与阿尔及利亚交界，面积约16万平方公里，1881年成为法国的殖民地。

1940年法国战败以后，德国出于政治上的考虑，让法国维希政府保留了对法国南部和法属北非殖民地的统治。法国战败后，英国海军竟然攻击了在法属北非的法国舰队，使法国损失惨重。法国人认为英国人背信弃义、倒行逆施，极其憎恨英国人。

为了对付北非隆美尔指挥的德意联军，盟国决定发动"火炬"计划。法国维希政府驻在北非的军队装备了500架飞机和14个师20万人，达尔朗海军上将是法国的副元首和驻北非的法军总指挥。在北非各港口还有法国舰队的残部，只要北非法军决心抵抗，他们完全能够阻止盟军登陆。

在卡萨布兰卡和奥兰都有法国军官秘密配合盟军的登陆作战，北非法军已经四分五裂了。1942年11月5日晚，盟军舰队通过直布罗陀海峡进入地中海。盟军的第三支舰队从美国本土出发，进攻突尼斯。

7日晚，盟军舰队到达预定海域后，趁夜向南改航，驶向北非。8日拂晓，一队登陆部队在阿尔及尔以东约30公里的马提福角附近登陆；另一队在距离阿尔及尔20公里的西迪费鲁希角登陆；第三队主要是英军官兵，在向西65公里的卡斯蒂利奥内登陆。

凌晨1时，英军在卡斯蒂利奥内附近海滩登陆，上午9时，登陆部队进驻利达机场。

在阿尔及尔东面登陆的部队十分混乱，但许多法军部队只作象征性抵抗，登陆部队于凌晨6时占领了白屋机场。在进攻阿尔及尔时，东面登陆的部队遭到法军小股部队的顽强抵抗。马提福角的法国海军岸防炮兵炮轰盟军登陆部队，再加上载运美军的运输船被海浪冲离海岸几公里，造成了

第四章 凯旋门受辱

混乱。天亮后，美军开始登陆。盟军登陆后立即向阿尔及尔的内陆推进。午后，在盟军舰炮和飞机的联合攻击下，炮台守军才投降。

攻占阿尔及尔港的战斗进行得更不顺利。英国驱逐舰"布罗克"号和"马尔科姆"号载着美军，担任攻占港口的任务。

在漆黑的夜晚，2艘英国驱逐舰找不到通向港口的航道。后来，2艘英国驱逐舰刚刚驶入航道，就遭到了海岸大炮的猛轰。"马尔科姆"号受到重创；"布罗克"号冲过炮火，把部队送上岸。在火炮的不断袭击下，"布罗克"号受重创后逃离，法军包围了登陆部队。午后，美军被迫投降。

西迪费鲁希角附近的登陆也不顺利，一些登陆艇迷路了，登陆部队在西面的海滩上登陆。还有很多登陆艇被海浪打坏或者出现故障。盟军分散在近30公里长的海岸线上，无法集中兵力。由于拥护盟军的法国军官前来接应，盟军才没有遭受太大的损失。

虽然法军的防御工事坚固，但大多数前线法军的抵抗只是象征性的。美国一支部队攀越一座悬崖，等他们爬上悬崖后才发现，法军已经等他们很长时间了。在美军的同意下，法军朝天开了一炮，以示进行了"抵抗"，然后投诚了。

11月8日下午5时，达尔朗致电贝当："盟军已经进入市区，我已命令朱安将军就阿尔及尔投降一事举行谈判。"下午7时，驻阿尔及尔的法军投降。

10日，奥兰的法军司令官听说阿尔及尔正在进行谈判，已经无心作战。盟军由东西两面进攻奥兰城，盟军的步兵部队再次受挫。法军的火力被东西两面的盟军步兵吸引住了，盟军两支轻装甲部队趁机从南面攻入城内。中午以前，盟军轻装甲部队占领法军司令部。奥兰法军司令官投降了。

11月11日凌晨3时30分，巴顿接见一位前来谈判的法国军官。巴顿告诉法国军官："你对米什利埃将军说，他再不投降的话，我会把卡萨布兰卡夷为平地。"

　　法国军官走后两个小时，仍没有消息。巴顿下达了进攻命令。6时25分，美舰载机群呼啸着飞向卡萨布兰卡，美国舰队抬高了舰炮群。正在这时，法国驻摩洛哥长官诺盖听说达尔朗已经下令停火，宣布投降。

　　6时48分，法军投降了。美军占领卡萨布兰卡。

　　盟军占领法属北非后，立即向突尼斯进发，驻法属北非仍由达尔朗统治。12月1日，在北非登陆的盟军已达25万多人，其中英军10万多人、美军14多万人。

　　1943年5月13日，梅塞元帅率24.8万德意联军投降。在非洲战场上，盟国战胜了轴心国。

　　让·穆兰在1943年5月27日主持召开了全国抗战运动委员会的第一次全体会议，正式声明：一个以戴高乐为主席的临时政府将在北非成立。英国和美国的广播电台转播了这一声明。

丘吉尔（左）与戴高乐（右）

戴高乐在离开伦敦前往阿尔及利亚的前夕，在伦敦广播公司发表了简短讲话，号召所有法国人民，"为了法国的战争，团结起来！""为了法国的伟大，团结起来！""为了法国的复兴，团结起来！"

此后，戴高乐的拥护队伍迅速扩大，很多后来曾在法国政治生活中起着重大作用的政治家，比如爱德加·富尔等人，都投奔了戴高乐。这一下，大大增加了民族解放委员会中戴高乐派的力量，戴高乐得以在委员会中组织了一个以他为主席的军事委员会。7月31日，民族解放委员会由"双头领导"（吉罗与戴高乐）正式变为由戴高乐单独领导。吉罗仍然是总司令，但他的上头有一个由戴高乐任主席的国防委员会。

当日，对戴高乐来说是个很有意义的日子，它标志着戴高乐最后战胜了吉罗。吉罗虽然仍是总司令，在法兰西民族解放委员会的文件上还有副签的资格，但是，吉罗必须服从戴高乐的领导。

7月初的时候，法属西印度诸岛归附了戴高乐。

盟军在各条战线的胜利，尤其是苏联红军在斯大林格勒保卫战中所取得的伟大胜利，不但改变了欧洲战场的面貌，还使盟军由防御变为反攻。戴高乐决心领导武装力量在解放法国的战役中发挥最大的威力。

戴高乐和吉罗在9月18日签发了一项备忘录，分别送给了美、英、苏三大国，坚持法国军队参加地中海沿岸及未来的横渡英吉利海峡的战役。另一份备忘录则提出，盟军解放法国时应与"战斗法国"的行政机构合作。戴高乐担心会被盟国关在解放以后的法国政府外，沦为盟国的附庸。

法国在德军占领下，国内各地人民成立了许多地下抗德组织。很多工人都投奔了"马基"（法国科西嘉岛语"丛林"的意思）。从此，"马基"在法语词汇中成了"游击队"的称呼。"马基"组织示威和游行，破坏敌人的军火库，破坏铁路并袭击敌人。仅1943年，"马基"在铁道上进行了2009次出击和破坏活动，使德军疲于奔命，防不胜防。

巴黎光复

8月25日，巴黎解放。

为了直捣德国的老巢柏林，以英、美为首的盟国决定发动"霸王"战役。

1944年3月21日，戴高乐发布命令：法国本土一旦有足够的领土获得解放，法兰西民族解放委员会就立即迁回法国，行使其职权。3月27日，戴高乐明确指出：民族解放委员会将成为法国临时政府；在恢复民主的进程之中，临时政府"绝对地"只听取"民族意愿"，凡"不是来自法兰西民族的任何教训"，全部不予理睬。4月8日，戴高乐自任法国武装力量的统帅。

在横渡英吉利海峡战役即将开始时，丘吉尔邀请戴高乐到英国去。6月4日，戴高乐乘丘吉尔派来的专机从阿尔及尔飞往伦敦。此时与戴高乐一年前离开伦敦前往阿尔及尔时，形势已经发生了根本的变化。此时，美国、英国、加拿大等盟国军队正在厉兵秣马，准备横渡英吉利海峡。

英国已完全沉浸在了大战前的紧张气氛之中。丘吉尔在指挥部会见了戴高乐。戴高乐对他们的谈话有感兴趣的地方，即解放欧洲的战役即将开始，美国和英国虽然在制定诺曼底登陆方案时，把戴高乐完全撇在了一边，但是戴高乐重返祖国的日子却越来越近了。

1944年6月4日22时，盟军舰队启航了。6月5日，登陆编队横渡英吉利海峡。1944年6月6日凌晨，随着艾森豪威尔将军的一声令下，近300万盟军开始了登陆。

7日，在诺曼底滩头，盟军的空降兵与登陆兵共176,000人踏上了法国的土地，2万辆各种车辆驶上了诺曼底大地。盟军以伤亡与失踪8,000人的代价，换来了德军苦心设置的"大西洋壁垒"。

登陆成功以后，艾森豪威尔下令实施大规模的地面进攻。计划由蒙哥马利从卡昂发起进攻，占领法莱斯，打开巴黎的大门；布莱德雷在圣洛西南突破德军的防御，向布列塔尼半岛根部的阿夫郎什推进。

英、美部队进攻代号分别为"赛马场"与"眼镜蛇"行动。1944年7月18日，美军攻占了交通枢纽圣洛，分割德军"B"集团军群。

当美、英、加军顺利抵达卡昂、科蒙、莱赛后，形成了正面150公里、纵深13～35公里的登陆场。

英军首先发起了"赛马场"行动，英第二集团军的第二师、警卫装甲师与第七装甲师从卡昂向西南打去。

为了支援英军的进攻作战，盟军出动4,500余架飞机，投弹达7,000多吨。

英军装甲师的坦克集群在炮弹的呼啸声之中，冲向了法莱斯。但是，隆美尔受伤前曾在这里设下重重陷阱，令英军坦克心惊胆寒的88毫米口径的高炮群，早已部署在了各要点上，并拼命地还击，使英军坦克

美军"谢尔曼"M4坦克群

寸步难行。

盟军飞机轰炸时，德军迅速把它们隐蔽起来，飞机一走，又把它们推了出来，把英军坦克打得不是爆炸就是起火。

到20日下午，英军以损失400多辆坦克的昂贵代价，只换来了向前推进12公里的成果。此时，天降暴雨，蒙哥马利只好命令部队暂停进攻。

7月25日，布莱德雷率美第一集团军开始实施"眼镜蛇"行动。上午9时45分，盟军出动2,430架飞机向目标区投下了4,000吨炸弹与燃烧弹。

德军阵地被盟军炸得一塌糊涂，通信线路被炸，重型装备损失殆尽。

事实上，李尔装甲教导师已被轰炸机消灭。

轰炸结束后，美第七军军长柯林斯中将挥师向前推进。同时，其右翼的第八军与左翼的第十九军也发起了攻击。

美军坦克大多装有发光识别板与对空联络电台，遇到地面抵抗就会呼唤空军支援，由于地空的默契配合，美军前进速度非常快。7月27日，美第八军与第七军将德国党卫装甲师团团包围，德军突围不成，遭到盟军飞机轰炸。

7月30日，这个德国装甲师全军覆没，士兵几乎无一生还。

当晚，美第八军占领阿夫郎什，进入布列塔尼半岛，打开了进入法国腹地的通道，为后续部队进攻创造了条件。

8月1日，美军组建第十二集团军群，布莱德雷任司令，下辖巴顿的第三集团军（第八军、第十二军、第十五军、第二十军）及霍奇斯的第一集团军（第五军、第七军和第十九军），共5个装甲师、16个步兵师，约40万人。

第三集团军的4个军刚在阿夫郎什集结完毕，巴顿就命令各军呈扇形展开，第八军向西直扑布列塔尼半岛顶端的布雷斯特，其余部队向东推进。

3天的时间，第十五军就向前推进了110公里，抢占了通往勒芒的公路。面对盟军绝对优势兵力的强大进攻，克卢格只能退到塞纳河一线防守。希特勒不相信克卢格，甚至怀疑西线德军没有尽力作战。

于是，希特勒把加莱十五集团军的几个师调到诺曼底，并从法国南部调来兵力，准备和盟军决一死战。

8月3日，希特勒将代号"吕希特"的作战计划下达给克卢格，命令克卢格带领全部装甲师从莫尔坦向阿夫郎什进攻，把向东突进的巴顿军团的交通线切断，将美军"掷回大海"。

如果德军拥有制空权，这倒不失为一个合理的计划，但德军没有制空权，因此这和自杀无异。8月7日，克卢格集中了5个装甲师与2个步兵师向莫尔坦发起了进攻，并迅速占领了该地，但当他继续向阿夫郎什推进时，遭到了美军装甲部队的抵抗。

中午，盟军出动数百架轰炸机，对莫尔坦一阵狂轰滥炸，炸毁德军60辆坦克与200辆汽车，剩下的钻入了树林。此时的德军已失去了还击的能力。

当日夜间，蒙哥马利命令加拿大第一集团军向法莱斯突击，布莱德雷也下令正向东进攻的巴顿军团调头北进，合围德军主力。

克卢格见情势不妙，想放弃"吕希特"行动，可是希特勒不同意，他只好拼死执行。

8月13日，巴顿率领的第十五军推进到与英、加军队分界线阿让唐以南12公里的地方，此时加拿大部队仍在法莱斯以北10公里外苦战。

巴顿打电话给布莱德雷，要求越过分界线占领阿让唐与法莱斯。布莱德雷考虑到盟国部队之间的关系，下令巴顿不得越界。在巴顿的力争之下，蒙哥马利同意让美军先于英军占领了阿让唐。勒克莱尔将军率领的"战斗法国"第二装甲师在诺曼底登陆后，参加到了解放巴黎的战斗中。在法国，"马基"的武装力量纷纷响应，对溃退的敌人进行了有力的打击。

解放巴黎的时机已经成熟了，18日，戴高乐从阿尔及尔经直布罗陀回国。

巴黎起义是在华沙起义之后半个多月举行的。从盟军的全盘战略考虑来说，巴黎的毁灭、部队作战能力的受限和拖延向莱茵河进军，都是决不允许发生的。

如果巴黎发生起义，整个部署将被打乱。华沙城烧成一片火海的消息震惊了巴黎，当盟军于8月15日在法国南部里维埃拉登陆后，巴黎人要起义的冲动已不可遏止。当盟军禁止起义的指令送达国内抵抗组织时，起义准备已经就绪。

法国共产党巴黎小组和戴高乐派在8月19日清晨先后起义。这座世界城市的命运是个格外沉重的问题。德国将军冯·肖尔铁茨为此犹豫不决，担心犯下一桩历史永远不会宽恕的罪行。

不顾希特勒的镇压命令，肖尔铁茨下令德军暂时停火，戴高乐派竭尽全力争取实行停火。停火在不断发生战斗的情况下维持了两天。

肖尔铁茨竟敢抗令！恼羞成怒的希特勒派来埋设地雷和炸药的爆破专家已经到达巴黎。前来毁灭巴黎的几个党卫军师正开赴巴黎……

巴黎得救的唯一希望是盟军立即攻打巴黎。22日，艾森豪威尔同意向巴黎进军。应法国人的请求，巴顿指挥的美国第三集团军停止前进。执行进军巴黎任务的是美国布雷德莱将军下属的法军第二装甲师。艾森豪威尔下令，不准使巴黎城遭受严重破坏，禁止任何轰炸或炮击。

23日，就在起义者弹尽粮绝时，第二装甲师正向巴黎进发。24日，当几个党卫军师赶到巴黎时，法军第二装甲师和美军第四步兵师先后进入巴黎。

8月25日，巴黎解放。

戴高乐在25日下午从巴黎的奥尔良门进入了市区。戴高乐在市政厅

第四章 凯旋门受辱

巴黎解放之后，戴高乐在凯旋门前走过

即兴致了贺词，他说："巴黎！被敌人蹂躏过的巴黎！横遭破坏的巴黎！受尽千辛万苦的巴黎！同时也是解放了的巴黎！巴黎自己解放了自己，巴黎是它自己的人民在法兰西军队的协助下，在全法国、战斗的法国、唯一的法国、真正的法国、永久的法国的援助和支持下解放的。啊！盘踞巴黎已久的敌人终于投降了，法兰西又回到了巴黎，它又回到了自己的家里。虽然法兰西遍体鳞伤地回到了巴黎，但它却被锤炼得十分果断坚定。法兰西回到巴黎，巨大的教训让它清醒过来，它对自己的义务和权利，比任何时候都要看得更明确。"

同时，戴高乐呼吁全民族团结："法兰西的所有儿女，应当像兄弟一般携手并进，奔向法兰西的目标。"他高呼："法兰西万岁！"

26日下午，戴高乐来到凯旋门，成千上万的巴黎市民向他欢呼。这是他渴望已久的时刻，在少年时代就梦想的一刻。戴高乐在凯旋的乐声中一点也不怀疑，他亲手建立的"自由法国""战斗法国"、法兰西民族解放委员会，成了法兰西民族的代表，他将会成为法兰西共和国的当然总统和缔造者。戴高乐在将领们和抵抗运动的领袖簇拥之下，从凯旋门沿着香榭丽舍大街，步行前往协和广场。戴高乐在他的回忆录中记述道：

"啊！简直是人的海洋！也许有200万人。屋顶上黑压压的一片人。窗口里密密地拥挤着人，人群中间夹杂着许多旗帜。梯子和柱子上边甚至也爬满了人。凡是能看到的地方，都是阳光灿烂、国旗飘扬下的人群的巨浪。"

戴高乐处在了荣誉的顶峰，他睥睨一切——罗斯福的傲慢、丘吉尔的权术，都不曾令他屈服；希特勒的疯狂也不能让他却步。在1940年6月18日，他还只是一个"零"，现在却掌握了整个法国。1949年9月9日，法国临时政府在巴黎正式成立了。

1970年11月9日傍晚，戴高乐逝世。11月20日，遵照戴高乐的遗嘱，葬礼默默地进行，但法兰西的儿女们已是哭声一片！

第五章

硝烟下的不列颠

血的教训

德国坦克刚刚出现在阿登山口时,丘吉尔在英国下院发表就职演说,表示要把热血、眼泪、辛劳和汗水贡献给英国人民。

18世纪,工业革命使英国强大起来,英国拥有强大的战列舰队,成为世界霸主。英国建立了人类历史上最大的殖民帝国,殖民地遍布世界各大洲,世界上1/4的面积和人口屈从于英国的统治。

19世纪末,美国海军崛起,英国虽然对美国摆出不屑一顾的姿态,但明显地感到了威胁。

随着欧洲一些帝国的衰落,新兴的工业强国、威廉二世统治的德国出现了。1907年,德国成为世界上第二大海军强国,正一步步走向战争。

1911年,德国威廉二世与英国乔治五世举行了会晤,他们是一对表兄弟,特殊的血缘关系缓和了两国之间的战争气氛。

不久,丘吉尔出任海军大臣,力排众议推动战列舰的建造。同时,丘吉尔在"伊丽莎白女王"系列战舰上改变了战舰的动力。

第一次大战结束后,英、法、美、俄等战胜国进入相对和平的时期。德国倾家荡产,巨额战争赔偿使德国的经济崩溃了。

1933年,纳粹党领袖希特勒上台后,德国加快了扩军备战的步伐。1937年5月28日,内维尔·张伯伦继任首相。张伯伦主张推动德国向苏联开战,这样就能消灭苏联,使德国无力与英国争夺利益。1938年,希特勒要求瓜分捷克斯洛伐克,张伯伦打算满足他的要求。1938年9月底,张伯伦前往慕尼黑,参加四国首脑会议,签订了《慕尼黑协定》,把捷克斯洛伐克的苏台德区割让给德国。几个月后,捷克斯洛伐克被德国吞并。

第五章 硝烟下的不列颠

1939年9月1日，德军突袭波兰，英国一片哗然。这时候，丘吉尔，一个曾经名不见经传的名字，随着二战的展开，愈来愈深刻地影响着历史，并最终改写了历史。

早在"二战"开始前，丘吉尔就坚持不懈地批评英国首相张伯伦的对外政策。丘吉尔提出的批评多为事实的发展所证实，因此在英国社会舆论中深孚众望，人们把丘吉尔看成是抵抗德国侵略的权威。

波兰遭到德国入侵时，英国本该根据同波兰订立的同盟条约给波兰提供援助，张伯伦却试图同德国谈判解决波兰问题。

1939年9月2日，下院发表了一场危及政府的辩论，议员们要求英国政府履行对波兰的义务。

在德国进攻波兰的当天，丘吉尔接到了张伯伦的邀请，晚上来到唐宁街10号。张伯伦提议丘吉尔进入政府工作，成为战时内阁成员。丘吉尔立即表示同意，并乘机把自己的几个追随者拉入内阁。

希特勒在苏台德地区检阅军队

9月3日,张伯伦被迫在下院宣布英国同德国处于战争状态,丘吉尔在内阁中任海军大臣和阁员。丘吉尔并不满足,他想得到首相职位。丘吉尔认为,能否取得首相职位,很大程度上取决于下院压倒多数的保守党。

因此,与德国开战后,丘吉尔不再批评保守党领袖张伯伦,而是极力表明,他在内政、外交以及战时政策的一切问题上都要同张伯伦真诚合作。

英国虽然同德国宣战了,但张伯伦不想打仗,历史上把这段时间称为"奇怪战争时期"。

丘吉尔对此并不赞赏,可是他并没有公开批评张伯伦,只是小心翼翼地进行着抗德工作。丘吉尔在海军部的工作非常紧张。"奇怪战争"期间,只有英国的海军活动最积极。

在丘吉尔的领导下,英军把商船队编入海军护航舰队,制定了对德的海上封锁计划,组建新军舰,并搜索德国潜艇。丘吉尔比以往任何海军大臣都更关心海军部以外的事情。因为他坚信,他会当上首相,需要熟悉各方面的情况。

张伯伦原本希望看到苏德两国二虎相争,但出人意料的是,苏德竟结成了事实上的同盟,对英法及其盟国构成了威胁。

波兰被瓜分后,希特勒又占领了挪威和丹麦,这种局势激起了英国人民和下院对张伯伦的强烈不满。紧接着,德军闪击荷兰、比利时、卢森堡,入侵法国。控制了自挪威北角到西班牙的大西洋沿岸地区,形成了对英伦三岛的新月形包围圈。德军进攻西线的枪炮声,飞过波涛汹涌的英伦海峡,震动了英国首相府官邸,把一心推行绥靖政策的张伯伦惊得目瞪口呆。

这时,不论是执政党还是反对党的议员,都把矛头对准了张伯伦。怒不可遏的英国人民群起而攻之,要求张伯伦"辞职""滚蛋"的吼声响彻英伦三岛。张伯伦再也混不下去了,只好挟着他那把曾在慕尼黑露过面的黑阳伞，灰溜溜地下台了。

张伯伦垮台后，英国由反对"慕尼黑政策"、主张对德国采取强硬政策的海军大臣丘吉尔出任首相，时间是1940年5月10日。这时候，战争阴影笼罩着整个英国：入侵、轰炸、背叛、化学战和细菌战……英国人能打赢这场战争吗？

丘吉尔的血管里流着战争的血液，是战争问题的专家。当丘吉尔接过英国这艘战舰时，它已是遍体鳞伤，即将面临灭顶之灾。

1940年5月13日，德国坦克刚刚出现在阿登山口时，丘吉尔在英国下院发表就职演说，表示要把热血、眼泪、辛劳和汗水贡献给英国人民。

丘吉尔傲然地说："我能奉献给你们的只有鲜血、劳苦、眼泪和汗水……你们问，我们的方针是什么？我要说：就是用上帝赐予我们的全部力量，从海、陆、空三路拼命作战；同在黑暗、可悲的人类犯罪史上空前的专制暴政作战。这就是我们的方针。你们问我们的目标是什么？我可以用一个词来回答，这就是胜利，不惜一切代价来取得胜利，无视任何恐吓来取得胜利，胜利——不管道路可能是多么漫长，多么艰苦……"

丘吉尔的决心、意志，感染了在场的每一个人。雷鸣般的掌声在会议厅里久久地回荡。

英国人第一次领略到丘吉尔身上所具备的那种坚定无比的品格。

在英国历史上，还没有任何一位首相像丘吉尔这样简明扼要地陈述自己的施政纲领。

这个口不离烟斗、貌不惊人的矮胖老头，在希特勒眼里的农夫，使整个英国的士气为之一振。

希特勒并未想过入侵英国的问题，他天真地相信，法国一旦被击败，英国就会接受和谈。5月18日，法军临阵换将，派73岁的魏刚接替盟军司令官甘末林。这时，德军所到之处如风卷残云，法军战俘在德军坦克旁边缓缓步行，把步枪交给德军，放在坦克下面碾毁。

5月24日,被逼到敦刻尔克周围的几十万英法盟军挤在一块很小的三角地带。英法盟军前临德军,背靠大海,就要成为"瓮中之鳖"。

希特勒"停止前进"的命令,是德国自发动战争以来犯下的第一个战略性错误,使30多万英法军队得以绝处逢生。

经过几天的准备,5月26日晚,英国海军部下达"发电机"行动的命令,英法联军的撤退在德机群的狂轰滥炸下开始了。

6月4日下午2时23分,在大部分法军和几乎全部英军撤离的情况下,英国海军部宣布"发电机"计划结束。

6月4日晚些时候,丘吉尔在下院报告时发表演讲说:"我们一定要小心,不要给这次撤退涂上胜利的色彩。战争不是靠撤退来打胜的。这次撤退行动也包含着胜利,这一点我们也应注意。它是靠空军取胜的……这是英、德空军之间的一次重大战役。空中的德机群企图使海滩上的撤退无法完成,企图把所有出现在海面上的几千艘船只击沉……欧洲大片土地和很

丘吉尔

多古老的国家,即使已经陷入纳粹统治的魔掌,我们也毫不气馁。我们将继续战斗。我们将在北非战斗、在海上和大洋中作战,我们将在空中作战,我们将在海滩上作战,我们将在德军登陆的地点作战;我们决不投降!即便我们的大部分国土被征服并陷于饥饿中——我从来不相信会发生这种情况,随着英国经济全面转入战时轨道,英国的力量将超过贫穷的德国——我们在海外的帝国臣民,在英国舰队的武装下也将继续作战,直到上帝认为在适当的时候,拿出它所有的力量,来拯救这个世界。"

希特勒从1940年6月中旬到7月中旬频频向丘吉尔摇晃橄榄枝,还通过瑞典和梵蒂冈教廷向伦敦作出和平试探。但希特勒听到的回答始终是一个坚决的"不"字。

丘吉尔决不会被希特勒的和谈烟幕所蒙蔽。从希特勒违反《凡尔赛和约》扩军备战,到撕毁《慕尼黑协定》吞并波兰、法国,丘吉尔已看透这个流浪汉出身的家伙是个言而无信的卑鄙小人。

7月19日,希特勒在柏林的克罗尔歌剧院召集了一次引人注目的国会会议。德军将军在剧院的前排就座,包厢里挤满了各国的外交官。

据说,元首今晚将提出一项最后的和平建议。

希特勒以出色的表演扮演了一个伟大的征服者的形象。他一改以往那种歇斯底里的风格,而是十分温和地开始了自己的发言。在演讲中,希特勒大力颂扬德国在战争中已取得的胜利后,话锋一转,讲到英国对待战争与和平的态度,说:

"现在我从英国只听到一个呼声:战争必须进行下去!但这不是人民的声音,而是政客的声音。

"请相信我吧,先生们,我对于这种毁灭整个国家的无耻政客,是深感厌恶的……丘吉尔先生无疑会去加拿大,那些特别热衷于战争的人们的金钱和子女早就送到加拿大去了。

"但是千百万人民将开始遭受大灾大难。丘吉尔先生这一次也许会相信我的预言:一个伟大的帝国——一个我从来也不想毁灭甚至不想伤害的伟大帝国,将遭到毁灭。现在,我觉得在良心上有责任再一次呼吁英国和其他国家拿出理智和常识来,我认为我是有资格做出这种呼吁的,因为我并不是乞求恩惠的战败者,而是以理智的名义在说话的胜利者。我实在看不出为什么要把这场战争继续打下去。"

就在当天晚上,德国的飞机在英国撒下了印着演讲全文的传单。传单上说,德国要"使你们了解你们的政府向你们掩盖的事实"。

实际上,英国的广播早已全文播放了希特勒的演说,并将他的讲话在报纸上全文刊载。对于希特勒的战争恐吓,英国政府没有进行封锁,反而让全体英国人民知道,让他们对此有所准备。

更为有趣的是,在希特勒结束讲演后不到一个小时,英国广播公司就做了一个强硬而且完全自发的回答。英国广播公司的播音员兼记者德尔默听了演讲后义愤填膺,在没得到政府许可的情况下,德尔默独自做出了反应,用德语直接说:"对于你所呼吁的什么理智与常识,让我来告诉你我们这些英国人是怎么想的吧。元首先生,我们要把它扔还给你——塞进你那张恶毒的臭嘴里!"

丘吉尔本想对此事在上、下两院进行一场正式辩论,但同僚们都认为这样未免太小题大做了。7月22日,哈利法克斯勋爵在广播中正式拒绝了希特勒的建议:"除非自由确有保障,否则我们决不停止战斗。"

希特勒派人继续在幕后进行外交活动。8月3日,瑞典国王认为商谈此事的时机已经到了,试探了英国的态度,但英国外交部门给予了强硬的回答。

在英国外交部发言后,丘吉尔也向新闻界发表了声明:

"首相希望大家了解,德国企图进攻的可能性绝没有完结。德国人正在散播谣言,说他们不打算进攻,对于他们所说的话,我们历来表示怀疑,对于这个谣言就更应该加倍怀疑了。我们感觉到,我们的力量在日益增长,准备也日益充分,但决不可因此有丝毫放松警惕,在精神上有所松弛。"

对英国人的态度,许多德国人难以置信:"你能理解那些英国傻瓜吗?"他们禁不住互相询问:"现在还拒绝和平,他们是不是发疯了?"德国政府发言人更是向新闻记者们大叫:"哈利法克斯勋爵已拒绝元首的和平建议。先生们,将要打仗了!"

但英国的反抗精神和钢铁意志,令德国参谋部的大部分将军惊讶不已。同时,德国的将领们也为之一振。因为希特勒宣布,要把手下的十几位将军提升为陆军元帅,以嘉奖他们在征服波兰和法国时的业绩。最兴奋的是空军司令戈林,因为希特勒亲自宣读了这份嘉奖令:"鉴于他对胜利所做的重大贡献,我特此授予德国空军的创始人大德意志帝国的帝国元帅的军衔,并授予铁十字的大十字勋章。"

自此,在戈林的策划下,在不列颠空战期间,英国硝烟弥漫,遍地弹痕。然而,英国人依旧毫不屈服。在飞机的轰炸下,丘吉尔穿过伦敦市区,踏访一条条街道、一间间民房。

英国人常看见丘吉尔打着"V"字手势("Victory"的首字母,表示胜利),鼓舞无家可归的人们。正是这位不屈的首相,领导英国人展开了一场殊死搏斗。

英伦三岛的顽强

德国空军由于盲目夸大战果,导致了对敌方力量的错误判断,把自己引入了歧途。

在法国战败后,英国人并没有被吓倒,他们加速飞机、坦克和其他武器的生产,加紧进行各项战争准备,以使岛国变成铜墙铁壁。

在拒绝希特勒和平计划的同时，丘吉尔抓紧时间进行抗击德国入侵的准备。农民、退伍的老兵和其他志愿人员，都加入了国民军的行列，他们在英国的一条条道路和8,000公里的海岸线上巡逻，手里拿着狩猎用的武器、老式的步枪，甚至还有高尔夫球杆。

在他们得到装备之前，在敦刻尔克撤回的部队和其他正规军重新武装起来之前，在防御工事、坦克壕挖好、地雷埋好之前，在英国空军以更先进的飞机和飞行员加强实力之前，每赢得一天时间都是十分宝贵的。

政府颁布了许多战时法令，告诫市民务必随身携带防毒面具，外出须带身份证、补给证和其他配给票证。家家摆满一桶桶沙子和水，以备灭火。家家都开始储备食品和各种生活用品，以便在德军入侵切断补给源时，仍可维持生命。

在希特勒看来，丘吉尔只是个爱喝白兰地的老农，而英国人都是顽固不化的傻蛋。德军已经把从波兰到法国海岸的整个北部欧洲纳入了德国版图，而海峡那边的英国人却仍不投降，希特勒十分恼火。

1940年7月10日，戈林命令德机开始了在英吉利海峡上空对英国商船队和港口的攻击行动。但以冷静、沉着为特点的英国人仍在派遣商船队通过英吉利海峡驶向全国的供应网中心——伦敦港。

戈林企图诱使皇家空军的战斗机升空作战，然后予以歼灭，以便在大规模入侵之前削弱英国空军的战斗力。但是，英军却没有上当，英军每次作战仅派出少量的飞机同德机周旋。结果德机不但一无所获，反而为此付出了很大的代价。

单从飞机的数量上看，英国空军明显处于劣势。但是，空中的较量主要是在战斗机之间进行的，而在战斗机的数量上，德国空军并没有多大优势。

同时，德军未能及时在靠海的占领区内建立机场，只好从远离战区的机场起飞，作战距离远，战斗机飞到英国上空后的留空时间很短，因而不能为轰炸机提供有效的掩护。

相反，以本土为基地的英军战斗机却占尽了地利，能够在德机往返的时间内多次出击。这样一来，英军弥补了己方飞机数量上的不足。

此外，英国的飞机制造工业开始大幅度提高飞机生产量。截至7月份，战斗机的实际月生产量已经增加到496架。

这就意味着，只要希特勒每拖延一天发动他既定的全面空袭，英国就多了一天缩小英德飞机数量差距的机会。

在战斗机性能的比较上，双方可以说是旗鼓相当。

对此，丘吉尔评价说："各有千秋，高下难分——德机速度较快，上升速率较高；我机机动性较好，武器装备较佳。"

德国空军的目标是赶走英吉利海峡的英国海军，诱歼英国空军，为登陆创造条件。

然而，这一时期，德国空军只顾着整天在海峡上空耀武扬威，而英国空军并没有落入圈套。

相反，英国空军每次瞅准机会，以少量飞机出击，使德军元气大伤。经过一个月的较量，戈林没有消灭对手，自己却损失了286架飞机。

7月16日，希特勒宣布了入侵英国的"海狮"计划，它的构想过于庞大，准备派25万人的陆军在英国南部海岸长达320公里的战线上登陆，只有一个空降师使用运输机运送。德军首先抢滩登陆，再向内陆推进，占领伦敦后，由"盖世太保"逮捕2,000名英国的首脑人物、名人，并把所有17～45岁身体健全的英国男子运往欧洲大陆。

但在强大的英国海军面前，弱小的德国海军自身难保，这个计划还未实施就宣告破产了。这下，希特勒只能指望戈林的空军能使英国屈服。

7月20日，6位英国空军的飞行员身亡，这是开战以来飞行员损失最大的一天。飞行员比飞机更珍贵，因为飞行员比飞机还要紧缺。

经过血的教训，英国空军的指挥官吸收了德国空军的许多做法，放弃

威廉·凯特尔、赫尔曼·戈林、希特勒和马丁·鲍尔边走边讨论（左起）

了密集的队形，创造了一种新的队形——"四指"队形。这样一来，就在空战中增加了许多生还的机会。

飞行员对于德国空军来说也很珍贵，培养一个飞行员需要几年的时间。不能眼看着那些能被救活的飞行员在大海中溺死。

英德双方在海峡上展开了搜寻落水飞行员的竞赛。为了营救德国的飞行员，为了把皇家空军的飞行员抓起来，德国人派出了刷着白漆、印有国际红十字会标志的水上飞机。这些飞机穿过短兵相接的空中战场，停在水上打捞飞行员。

对于掉在海峡中的皇家空中飞行员，英国主要使用摩托艇救援。除了官方出动的摩托艇外，还有一些小船，往往是海峡沿岸捕鱼的渔船，这些船主动冒险去救英国飞行员。

驾驶"喷火"式飞机的英国飞行员佩奇，在一次空战中被严重烧伤。他挪动被烧焦的手，打开降落伞，跳了下去。他在海水中奋力挣扎，一艘

第五章 硝烟下的不列颠

小渔船快速驶来，他听见一个声音在喊："你是德国佬还是自己人？"

佩奇吐出口里的海水，喊道："狗狼养的，把我拉上去！"

几个人把他拉上了船，一个船员说："你一张嘴骂人，我们就知道你是自己人了。"1940年8月1日，希特勒发出了全面空袭英国的"第十七号作战命令"。命令指出，从现在开始，"为了最后征服英国创造必要的条件"，德国空军应摧毁英国皇家空军和空中防御力量，以及英国的飞机制造工业、生产防空设施的工厂和南部沿海的港口等目标。

这次行动的目标非常明确：消灭英国空军。

戈林下令："一切行动只能是针对敌人的空军，对其他目标的袭击暂时放弃。"无论白天黑夜，"都应把敌人的空军作为目标"。为此戈林集结了各种作战飞机2,669架，其中轰炸机1,015架、俯冲轰轰炸346架、单引擎战斗机933架、双引擎战斗机375架。

此时，英国空军共有作战飞机1,350架，其中战斗机704架、轰炸机646架。

德国空军在数量上占有2∶1的优势，不过仍居于不利地位，它必须在海上和敌国领土的上空作战，一架飞机被击落，飞行员就永远地损失了；不能获得高射炮火的支援；德国的战斗机所具有的爬高速度，比英国的"喷火"式战斗机较慢，而最重要的是英国空军能够获得雷达的支持，而德国空军则完全缺乏这种帮助。

此外，英国还获得了一部德国最高层的密码机，德军竟然一无所知，英国人借此破译了德军差不多全部的重要通讯。

8月10日，德军攻击的重点从英吉利海峡的船舶转移到与即将进攻英国直接有关的目标。比如攻击英国皇家空军的地面设施和训练学校、英国的军火工业，特别是飞机制造厂。

目的是为了摧毁英国空军，为进攻做准备；阻挠英国地面部队自敦刻尔克失败以来一直在进行着的改编和重新装备，减少英国燃料和粮食的供应，使它降低到最低需求量的水平以下，因为这样做可促使英国人求和。

德军投身于空战时，满怀信心地认为，在他们赢得最终胜利前，只剩下英国这最后一个敌人了。

可是，最初几天的战斗就相当清楚地告诉他们，虽然这可能是最后一个敌人，但确实也是德军所遇到过的最难对付的敌人。

实际上，德国空军遇到了劲敌——英国空军，他们会不顾一切地战斗到底。8月13日7时30分，"鹰日"计划正式开始。

55架德机用密集队形穿过云层，以500米的高度，紧贴着云底飞行在英国本土上空。

这55架飞机真是幸运。由于英国的雷达操纵员算错了德机的数量，向战斗机指挥部报告说只有几架轰炸机，结果英军指挥部仅仅派出第七十四中队的战斗机前来拦截。结果，德机突破了防线，把炸弹扔到了锁定目标。

但是，当德机返航时，遭到了英国战斗机的攻击，一些德机被击落、击伤。这天下午，天气变得更坏，"鹰日"作战计划显然无法展开。但德国空军还是根据戈林的命令进攻了英国南部从南安普敦到泰晤士河河口的目标，战线长达240多公里。

德第一飞行训练联队的第五战斗机大队最先出击。23架Me-110式飞机在波特兰附近进入英格兰南部地区。

尽管怀特岛在前一天遭到轰炸，岛上的雷达站陷于瘫痪，但第五战斗机大队通过瑟堡上空时，还是被其他雷达站发现了。

第五战斗机大队的飞机数量被较准确地上报到战斗机指挥部。

由于雷达测不出是什么机种，因此英军指挥部命令3个战斗机中队升空拦截。实际上，德军是想用战斗机为诱饵来吸引英国战斗机出击。

德国轰炸机与战斗机保持适当距离，一旦英机打得油光弹尽，不得不

第五章 硝烟下的不列颠

回到地面加油充弹时，德军轰炸机便趁机把停在机场上的英机消灭掉。第五战斗机大队越过英国海岸线后，受到英军3个中队"喷火"式和"飓风"式战斗机的攻击。

第五战斗机大队尽管排成了圆形防御阵式，但仍然不是40架英国战斗机的对手。

德Me-110式战斗机被击落5架，击伤10多架。第五战斗机大队余下的飞机只好逃回基地。照常理说，当第五战斗机大队牵制英机时，德轰炸机部队应乘隙而入。可是，轰炸机的出击拖延了三个小时。

结果，当德轰炸机赶到时，英机已重新加满了油，补充了弹药，做好了再次出动的准备。第五战斗机大队白做了牺牲。

当德第七十七俯冲轰炸联队出现在海峡上空时，已经是17时了。52架Ju-87式轰炸机在第二十七战斗联队Me-109式战斗机的护航下，准备

德Me-110式战斗机

袭击英国南部波特兰周围的机场。

但空中覆盖着厚厚的云层，德机转来转去找不到目标。这时，皇家空军六〇九中队的13架"喷火"式战斗机突然杀进了笨拙的Ju-87式轰炸机编队，击落了9架，击伤了几架，其余的Ju-87式轰炸机只得匆匆扔下炸弹逃走。

德第一飞行训练联队的Ju-88式轰炸机作为第二攻击梯队，紧随俯冲轰炸机的后面进入英国南部海岸。其中一个飞机大队袭击了南安普敦港口设施。但在进攻重要的沃洛普战斗机基地时只有6架轰炸机，因此对英军机场造成的损失很小。对距沃洛普10公里的安多弗机场，有12架Ju-88式轰炸机参加的突击取得的效果比较好。可惜的是当时机场上没有停放战斗机。

这时，英国本土最东部的肯特郡上空进行了一场激烈的空中混战。18时35分，在德机先行扫荡之后，86架Ju-87式轰炸机飞到英国海岸警备队的迪特林机场上空实施攻击。

瞬时间，浓烟滚滚，弹坑累累，飞机场机库起火，英指挥所中弹，人员伤亡惨重。

派往突击泰晤士河口以北罗克福德战斗机基地的德机运气不佳，由于目标被云层严密遮盖，无法轰炸，没扔一颗炸弹就返航了。这天，德国空军总共出动轰炸机、俯冲轰炸机和战斗机1,485架次，对英国7个空军基地及港口等进行了攻击。

英国空军出动战斗机700架次升空拦截。

当晚，德国最高统帅部在战报里大吹大擂，称击落英机数百架。事实上，这一天，德国出动了1,500架飞机，皇家空军只有13架战斗机被击落，3个遭到严重破坏的机场也不是主要空军基地。而德军却损失了45架飞机。

德国空军由于盲目夸大战果，导致了对敌方力量的错误判断，把自己引入了歧途。

在8月13日及以后的几天里，德机多次袭击英国沿海的雷达站，但规模较小，轰炸的主要是雷达的天线塔，而不是它的核心部位——操纵设施，因此效果不明显。

英国的雷达站在短时间内又恢复了正常的工作。戈林甚至以为攻击雷达站并不奏效，给前线指挥官发出了一份备忘录，对继续使用兵力攻击雷达站的作用表示怀疑。

从8月13日晚上开始，德国空军的夜间作战转为对英国飞机工厂的连续轰炸。当晚，德国轰炸机投下高爆炸弹命中了位于布朗威奇堡的生产"喷火"式飞机的纳菲尔德工厂。

8月14日，因为天气不好，德机仅以小编队或单机实施了零星出击。那一天，英吉利海峡上空显得异乎寻常的平静。但平静的背后预示着更大的战争即将来临。

反思"黑色星期四"

实际情况却让戈林大惑不解：几乎"全军覆没"的英国空军，为什么还有战斗机升空作战呢？

德国空军计划把全部空袭兵力分成南、北两路同时进攻，以南路为主。北路是驻在挪威和丹麦、由施通普夫将军指挥的第五航空队，共有100多架轰炸机和几十架战斗机。南路是驻法国境内的第二、三航空队。这两个航空队拥有875架高空轰炸机和316架俯冲轰炸机以及929架战斗机。

与德军用于进攻的兵力相比，英国空军的截击兵力要少得多，他们只拥有"飓风"式战斗机480架、"喷火"式战斗机120架以及少量的其他类型战斗机，与德军兵力相比处于明显的劣势。

英国著名空军军事理论家约翰·斯莱塞曾这样预测敌国空袭英国的前景："如果敌人把突击方向从伦敦转向机场，我们的作战就胜利了一半。"但当空袭真正来临时，实际情况与他的设想正好相反。

1940年8月15日，星期四。德国空军3个大队全体出动，对英国进行轰炸，以夺回第一天丢掉的面子。不料，德军的"超级机密"被英军准确地破译了，英国完全掌握了戈林使用什么力量和袭击何地的情报。

德国空军的飞机在到达之前的1个小时就被雷达跟踪上了。因此，英国空军的战斗机有足够的时间飞到顺着太阳光的位置上，以便向下俯冲进攻德军的轰炸机。

据此，英国空军迅速调整了计划，将所有的战机组织起来，派往各地截击。英军指挥部明确了战斗机的准确作战地点和飞行高度，要求他们抢先在德国机群飞来时进行分割，化大为小，再进行攻击。

8月15日这一天，从早晨起，天气突然开始好转，英、德两国第一次大规模空战开始了。戈林命令第二、第三航空队的战斗机全部出击，加上这两个航空队75%的俯冲轰炸机、50%的轰炸机，总共975架战斗机、190架俯冲轰炸机和432架轰炸机，向英国发起全面出击。

第五航空队驻在挪威和丹麦，这时也接到了出击的命令。由于第五航空队的Me-109式战斗机飞不到英国，所以决定让第二十六轰炸航空联队的He-111式轰炸机和第三十轰炸航空联队的Ju-88式轰炸机，在Me-110式战斗机的掩护下，飞过北海，对英国东北部泰思茅斯和约克郡北部之间的机场和飞机制造厂进行轰炸。

同时，德国空军企图通过猛攻英国南部，牵制英国空军，减少其拦截的战斗机数量。上午11时29分，60架Ju-87式战斗机组成了两个机群，在Me-109式战斗机的掩护下袭击英国东南部的几个机场时，受到了英国空军的截击。

因此，在几个被袭击的机场中，只有一个作用不大的林尼机场受到了较大的破坏。

12 时 8 分，北部防空区英国第十三集团军作战室的标图桌上，第一次标出了德机的动态。13 时 45 分，德军第五航空队第二十六轰炸联队的 63 架 He-111 式轰炸机以及护航的 Me-110 式战斗机，正向西南飞行，距海岸只有将近 1 个小时的航程。

英国空军的 5 个战斗机中队立即起飞，在离海岸约 40 公里处截击了敌机。

当机群接近英国海岸时，机上的无线电设备突然喧嚣起来，敌情报一个接一个："左侧发现'喷火'式战斗机！英战斗机正从太阳方向飞来！我被敌机击中了！"

刹那间，德军机群被冲垮，在远离目标的地方，仓皇扔下炸弹逃走了。为轰炸机群护航的，是德国第七十六驱逐航空团第一大队的 21 架 Me-110 式战斗机。

该大队在 1939 年 12 月 18 日的德意志湾空战中，曾击落过当时盟军参战的大半"威灵顿"式飞机。在德军占领挪威时，也是该大队冒着密集的防空火力，最先攻占了位于奥斯陆的福内布机场。这个大队为德军立下赫赫战功，今天总算遇到了对手。

4 架前导机飞在德军驱逐机大队的最前面，在轰炸机上空几百米处护航。最前边的飞机由大队长雷斯特曼上尉驾驶，他除了要指挥作战外，还要配合同机的侦听中队长使用高性能接收机，监听英国战斗机之间的通信。

就在他们集中精力监听时，一架英国的"喷火"式战斗机从阳光处向他们飞来。雷斯特曼刚要掉头，机身就被击中十几个窟窿，飞机操纵非常艰难。不久，这架指挥机拖着大火栽向大海。

德国 He-111 式轰炸机低空飞行

十几分钟后,英军第七十二、七十九中队"喷火"式战斗机向德机发起全面攻势。双方展开了你死我活的拼杀,经常有被击落和击伤的战机,它们划出一道道黑色的"长虹"。

尤伦贝克中尉带领着 5 架德军飞机投入战斗。他们击落一架"喷火"式飞机,看着它拖着长长的黑烟坠落。面对强敌,尤伦贝克命令几架飞机组成圆形防阵,就在这时,一架"喷火"式战斗机从尤伦贝克后边攻来,他的僚机马赫赶跑了"喷火"式战斗机。

戈洛布中尉咬住了一架"喷火"式战斗机,从后面接近到 50 米处。只见那架"喷火"式战斗机进入螺旋,坠落了。可是,戈洛布被两架"喷火"式战斗机盯了住,左发动机停车了,机翼中弹。戈洛布穿进云层,躲了起来。

13时58分，当戈洛布飞出云层时，看见一架"喷火"式战斗机掉进大海。戈洛布用右发动机飞行，两小时后，在那弗尔基地降落。

德第三十轰炸联队的50架Ju-88式轰炸机要比He-111式轰炸机幸运。它们在弗兰伯勒角一带越过海岸后，利用云层避开了英国战斗机，飞抵德里菲尔德的一个轰炸机机场，摧毁了10架英国轰炸机和一些地面建筑。德第五航空队在这次战斗中共损失16架He-111式轰炸机、6架Ju-88式轰炸机，占出动总数的20%左右。还被击落了7架Me-110式轰炸机。其余德机随后退出了不列颠战役。

德机炸毁了英军基地上的4座机库和数处其他建筑物，12架英军轰炸机起火。德军也有6架轰炸机被击落。由于德机数量庞大，英军战斗机无法阻止德军对基地的大规模空袭。

14时20分，最后一批德机退出了英国东北部的战斗。此时，大规模的空战在英国东南部打响了。

在英国南部，英国人遭到了更大的损失。德第二、第三航空队的轰炸机、俯冲轰炸机和战斗机，一批又一批地穿梭于英吉利海峡上空，轮番轰炸英国空军的飞机场和飞机工厂。

从朴茨茅斯到泰晤士河口，直至伦敦远郊的比金希耳，在长达320多公里的海岸线上空，到处都进行着激烈的空战。

英国人站在地面上可以看到受伤的飞机冒出的浓烟和某架飞机忽然爆炸时放出的大火球。激战在数千米高的天空进行着，马达加速到极限时的声音，飞机快速俯冲或者转弯时的尖叫声，机关枪的射击声和航空炮的轰击声，飞机被击中后的声音……各种声音传到地面。

在8月15日的空战中，英国空军本来能够有更多的战斗机升空作战，但是由于飞行员太少了，很多飞机因无人驾驶而停在机库中。

幸存的飞行员从黎明起就守在飞机旁，等着紧急起飞的命令。每当空

图说 二战战役 二战纪实录

德国机组人员在 Ju-88 式轰炸机旁边休息

第五章 硝烟下的不列颠

战结束时，他们在飞机旁作短暂的休息后就立即起飞迎战。过度的劳累使英国飞行员的身体几乎快崩溃了。

在地面上，劳务队不停地修补基地和机场，使它们服务于战争。但是，劳务队刚修好，德国空军的轰炸机就飞来把它们炸毁了。

晚上，筋疲力尽的英国飞行员降落时，德国空军总共出动飞机1780架次，其中用于攻击英国空军基地设施的轰炸机共520架次，被击落75架。英国空军出动战斗机974架次，损失了34架。这一天，空战异常激烈，被称为"黑色星期四"。

德国飞行员死亡17名，伤16名。英国飞行员损失得远比德军少，但对于飞行员短缺的英国空军来说，形势更恶化了。

在紧接着的三天战斗中，德军被击落了近120架飞机，大大超出了戈林准备付出的代价。于是他下令将不中用的轰炸机撤出战斗，并决定使用Me-109式战斗机为轰炸机提供保护。

戈林把英军的胜利看作英国雷达的功劳，遂下令空军集中力量攻击英国的雷达。到8月16日，皇家空军的战斗机只剩下300架；四天之后，降至不足150架。

这意味着英国空军已不再是一支有威胁的防御力量。但实际情况却让戈林大惑不解：几乎"全军覆没"的英国空军，为什么还有战斗机升空作战呢？实际上，英国空军仍有750架战斗机，这应该归功于从事飞机生产、修理和维护的英国工人们的忘我劳动。8月17日，德空军重新出动了能动用的全部飞机，对英国雷达站进行轰炸，但德国飞机在刚一起飞时就被英国雷达盯死了，还没等飞到雷达站附近，英国空军就进行了截击，德机又被击落71架。

阴差阳错的伦敦夜袭

戈林突然改变了作战方案，开始倾全力夜袭伦敦，从而使英国空军绝路逢生，获得喘息之机。

根据希特勒的指示，戈林把伦敦严格地划在了进攻范围之外，戈林在城区的外围画了一条线，严禁飞机攻击这条线以内的地区。

希特勒预料到炸毁英国的首都对他在战术和战略上都没有好处，而且会影响到那些中立国家对德国的看法。英国的高层人员却希望德国空军把轰炸的主要目标转向伦敦。丘吉尔几乎每天晚上都在唐宁街 10 号的花园里愤怒地向夜空中的德机挥舞着双手大喊："你们为什么不到这里来？来炸我们呀！"丘吉尔认为，如果伦敦变成了废墟，他就能得到更多的国际援助，尤其是美国的援助。

空军的最高指挥官道丁上将也希望看到德国空军轰炸伦敦，如果德国空军轰炸伦敦，那么进攻力量转移就能减轻地面空战设施和军需补给基地的压力，就能使皇家空军获得休整，以待日后再战。从 1940 年 8 月 19 日至 8 月 22 日，气候骤然变坏。能见度极低，德国空军的飞机不能起飞。戈林利用这个机会召集空军将领开会，分析了前几天对英作战的情况，研究下一步的作战任务。最后决定，将对英国飞机制造厂和重要军事目标的袭击变为夜袭。

就在英国空军难以支撑时，一个纯属偶然的事件挽救了英国。8 月 23 日，天气转好。当晚，德国空军出动大批飞机，飞过海峡，实施"夜袭"。但由于一个轰炸机中队迷航，遭到防空炮火打击后，把准备投到伦敦城外飞机制造厂和油库的炸弹投到了伦敦市内。结果，8 名伦敦市民被炸死。

自空袭开始以来，希特勒始终禁止袭击英国首都，他不想一下子把事做绝。

英国人认为这是德国空军故意干的。于是，丘吉尔也决定用同样的手段对德国进行报复。8月24日，英国对柏林发动反击。就在戈林吹嘘说"如英国飞机再进入柏林，我就是农夫"时，81架英国轰炸机突破两层德军高射炮火网，把炸弹扔进了德国首都柏林。

实际上，面对强大的地对空炮火，英机只是盲目地扔下一些炸弹就窜了回去。这次英机夜袭，虽然没给柏林造成多大损失，但给柏林市民带来了心理上的恐惧。

这毕竟是柏林历史上第一次遭到飞机空袭，第一次有人被炸死。

而且英国飞机还随炸弹扔下一批传单，上书"希特勒愿意打多久我们就打多久"，而"强大"的德国空军居然没有打下一架英机。3天后的夜晚，英机又两次来夜袭柏林，炸死市民7人，炸伤29人。

在战争中被炸毁的柏林国会大厦

这一来戈林就十分狼狈了。戈林做梦也想不到，似乎已经被他打得落花流水的英国人，在天上依然如此英勇。

希特勒也怒不可遏，他叫嚣着要毁灭英国的首都。按照希特勒的命令，戈林的部队改变了攻击目标，准备轰炸伦敦。8月24日，德国空军进行反击，他们不仅要摧毁皇家空军的地面设施，还要炸平为它提供燃料的贮油罐和生产飞机与零件的工厂，目的就是要彻底消灭英国的全部空中力量。这是一个晴朗的星期六。

上午9时，德军的1,000多架轰炸机和战斗机席卷了英国的许多基地，曼斯顿、北威尔德和霍恩彻奇等机场都遭到了严重破坏。

8月30日，英国的天气很好。在皇家空军的格雷伏山德基地，一批新闻摄影人员访问机场，要求飞行员们表演一次中队紧急起飞。第五〇一中队假装接到了紧急电话，然后迅速地跑向"飓风"式飞机。地勤人员快速帮助飞行员们背上降落伞、绑紧座带、启动发动机、移走垫木，使战斗机滑过平整的草地，腾空飞起。飞行员们刚刚离地，就收起机轮，突然接到了真正的紧急电话。

这些飞行员戴上耳机接通联络时，听见飞行管制官的声音，命令他们飞往泰晤士河口作战。在靠近德军的飞行队形时，第五〇一中队冲散了德军梅式机群的队形。从德军运用这种领队集体投弹的战术可见，德国缺少经验丰富的轰炸机人员，如果能在德轰炸机群投弹前把它们冲散，就能使德机群的炸弹投在重要目标以外。

第五〇一中队的雷西掉过头来准备第二次攻击时，忽然感到眼前昏暗。原来，机翼和发动机中弹了，座舱罩被润滑油染成了黑色。开火的德国飞行员擅长偏向射击，雷西士官的座机一直处于变向的过程中，却不停地被击中。沾满油污的座舱罩使雷西看不见天空，他把座舱罩扔掉，发现了下边的泰晤士河，他一直滑翔回机场。

这时，访问的摄影记者们仍没有离开，他们拍摄了降落的过程。雷

第五章　硝烟下的不列颠

西感到非常得意，旁边的工程军官说："你要搞什么鬼，怎么不跳伞？本来明天早晨就能得到一架新飞机，现在完了，我要花很长时间去修好它。"

当天上午，又发生了一件趣事。格列佛联队长已经32岁了，他带着另两架飞机，以V字队形离开五〇一中队，向一支德机机队扑去。格列佛从正中央硬闯德军的战斗机队。当瞄准具套住一架德战斗机时，他射击了4秒钟，枪弹击中敌机，敌机坠毁。

突然，另一架敌机闯进他的视线，他马上开枪，敌机机翼冒出黑烟，最后坠毁了。

第三架敌机又与他擦肩而过。他马上调转机头，朝那架敌机射击。当敌机进入他的射击圈时，他射击了3秒钟。他发现敌机座舱里的驾驶员不见了，敌机坠毁了。

这时，几架德战斗机朝他的飞机射击，空中布满枪弹，格列佛勇敢地飞越弹幕。第四架敌机以略高于格列佛的高度从他头顶掠过。格列佛立即爬升，朝德机射击，德机坠毁。这时，格列佛的子弹用光了，只好逃回基地。

当格列佛报告连续击落4架梅式德机时，没有人相信。英国航空部鉴定委员会也说："那是不可能的。"格列佛非常生气，独自一个人来到美斯顿南侧地区，找到了4架德机的残骸，令人们啧啧称奇。

8月31日，英国空军的战斗机指挥部遇到了开战以来最惨的一天。一批批的德国轰炸机扑来，机场的仓库和指挥大楼被炸成平地，输电线路被炸断，飞机被炸毁，地面人员丧生。这一天，德国人投掷了4400吨炸弹。英国空军损失了39架飞机和14名飞行员——这是伤亡最多的一天。德国被摧毁的飞机第一次少于英国空军损失的飞机。

在英国空军接连对柏林进行了三次夜间空袭以后，希特勒也坐不住了，他命令戈林为发动大规模的报复行动做准备。9月4日，英国空军对柏林进行了第四次夜间空袭后，希特勒在柏林体育馆举行集会。希特勒发表演讲说："丘吉尔先生正在施展新招术——夜间空袭，他进行的空袭效果并不好，因为他的空军不敢在白天飞临德国上空。我们将制止夜间空中的强盗行径，愿上帝保佑我们！当英国轰炸机一次投掷3000公斤或者4,000炸弹时，我们将在伦敦一次扔下30万或40万公斤炸弹……在伦敦，英国人一直在问：'他为什么不敢来呀？'别急，别急，我们就来了！就要来了……总有一天，德英两国会有一个求饶，但这绝不会是德国！"

结果，希特勒犯了影响不列颠战役全局的关键性错误。

实际上，希特勒如果坚持原来的空袭战略不变，德国空军很快就能赢得这场战争。但希特勒考虑英吉利海峡的秋季大风即将来临，如果不抓紧时间，德国入侵的舰船就不能在1940年跨过英吉利海峡，那么"海狮"计划就要告吹。

英国空军地勤人员将一枚炸弹装在"兰开斯特"式轰炸机上

第五章 硝烟下的不列颠

对于英国空军来说，英战斗机指挥部及所属部队几乎到了精疲力竭的地步。伤亡的飞行人员实在太多，补充人员数量既少又没有空战经验。幸存下来的飞行人员在高强度的战斗中已经被折磨得疲惫不堪，几乎陷入了绝望的境地。但这仅仅是开始，真正的考验还在后面。

丘吉尔担心，再这样下去，英国空军将面临崩溃的危险。

短短10天内，英国就有103名驾驶员死亡，128名重伤。英国面临着灾难性的危险，整个国家陷入恐慌之中。丘吉尔说："如果敌人再持续下去，战斗机指挥部就可能垮台，国家将有沦陷的危险。"

德机集中攻击英国南部的机场和雷达站，几乎摧毁了南方整个通信系统，英国损失激增，2周内损失近300架飞机，100多名飞行员牺牲。

德国空军通过战果统计和英国战机的出动情况分析认为，英国空军并没有被摧毁，而德国空军自己的问题却迫在眉睫。每天可参战的飞机数字下降，机组人员的短缺情况十分严重。自9月7日起，戈林每天派出1000多架飞机，对英国实施轰炸和夜袭。

英国空军绝路逢生，获得喘息之机。等戈林回过头来再想对付英国战斗机时，为时已晚。

随着戈林改变战略，开始夜袭伦敦和其他工业城市，打击英国的工业生产和抵抗意志，不列颠空战进入第三阶段。

9月7日傍晚，1,273架德国飞机飞抵泰晤士河上空，向伦敦的兵工厂、发电厂、煤气厂及仓库和码头投下成千上万吨高爆炸弹。

后来，德军轰炸机的轮番轰炸把伦敦东区简陋的街道和过于拥挤的房屋变成了废墟。伦敦人收拾起包裹，把大包小包塞进婴儿车或者手推车里，连滚带爬地逃亡，因为到了夜晚会有更多的炸弹落下来。英国两个大队的战斗机扑向德国轰炸机群，人们盯着天空，发现一架架德国轰炸机栽下去。

当天，约有400人死亡，上千人受伤。伦敦的码头遭到严重的破坏。

许多人离开了家园。德国飞机损失 47 架。

9 月 10 日,一支由 100 架轰炸机组成的德机队在密集的战斗机的护航下,闯入船坞区和市区上空,造成惨重的人员伤亡。下午,一支德国机队准确地轰炸了南安普敦附近的一家新建的飞机场。

随后在 9 月 8 日至 15 日的 7 天中,德军对伦敦进行了昼夜连续空袭,使整个伦敦满目疮痍,近万人丧生在德轰炸机的炸弹之下,而德国空军为此也付出了上百架飞机的代价。

市区 1/5 的房屋被毁,到处弥漫着焦味。交通和公共设施遭到严重破坏,人们缺水、缺电、缺煤气、缺食物、缺药……

但是,对英国空军来说,却是因祸得福。德军在战略目标上的改变,减轻了战斗机机场和军需工厂的压力,使其得到喘息之机,有了发动反击并重创敌人的能力。不得不承认,希特勒的意气用事铸下大错。

希特勒通知三军将领,准备实施"海狮"计划,然而后来英国空军轰炸机部队的持续作战,使"海狮"计划搁浅。原来,在 9 月初,德国在法国各港口集结了 1000 艘以上的驳船,还有 600 艘停在内河上游的安特卫普港。这些是希特勒用来横渡英吉利海峡的运输船。从 9 月 10 日起,每天晚上,英国轰炸机都携带着炸弹飞过英吉利海峡,在两个星期的连续轰炸中,炸毁了 12% 的驳船,摧毁了港口附近的登陆器材和通信设备,破坏了德军对入侵航道的扫雷工作。

从布伦到奥斯坦德这一带的法国海岸,驳船和港口设施燃烧着熊熊大火,无数颗炸弹就在这一大片火海中爆炸,把夜空照亮,英国飞行员称这段海岸线为"黑潭战线"。

最大的空中格斗

按照德军空军参谋部理论上的分析,英国战斗机部队应该不存在了。但那些源源不断的英国飞机是从哪里来的呢。

随着不列颠空战的日趋激烈,德军伤亡越来越重。有时看来似乎德军只要再努力一把,就能把英国空军赶出天空。

但是到了第二天,德国飞行员还是发现"喷火"式和"飓风"式战斗机飞上空中迎战。勇敢无畏的英军意识到,对于他们来说,这是生死存亡的战斗。

按照德军空军参谋部理论上的分析,英国战斗机部队应该不存在了。但那些源源不断的英国飞机是从哪里来的呢?

僵持不下的战局令戈林心烦意乱。他决定倾其所有发起一次孤注一掷的进攻。

戈林亲临英吉利海峡的小城德律奇,组织对英国的大规模空袭。黑压压的德军机群飞往英国,疯狂地轰炸英国的伦敦和其他重要城市。

仅在两天的轰炸中,就有842名伦敦市民被炸死,不少街区化为灰烬,大部分兵工厂、发电站和码头等重要工业设施都处于瘫痪状态。

英国在遭受重大的打击后,仍没有屈服的迹象。于是希特勒再次发出"把英国的城市夷为平地"的命令,让戈林趁热打铁,批准他在9月15日进行大规模的空袭。

希特勒把9月15日定为对英"大规模空袭"的时间后,英军又一次截获了这个"超级机密"。

于是,丘吉尔当即召开了国防会议,重新部署,使英军处在有准备的迎击中。丘吉尔向全国发表广播讲话，进行全民总动员。丘吉尔要求英国人民"面对这种危险，我们必须行动起来，给敌人以沉痛打击"。

丘吉尔说："毫无疑问，希特勒是在高速地消耗他的战斗机群。照这样下去，用不了多长时间，德国的空中力量就会自行削弱，其主要力量将殆尽"。

9月15日，星期日，这是一个阳光灿烂的日子，秋高气爽的天空中飘浮着一层淡淡的薄雾。但这也是不同寻常的一天。在后来英国空军的军史里，这天被称为"不列颠战役日"。从中午时分起，英国各监测站的雷达屏幕上就出现了一群群飞机的信号。

不久，一批又一批的德国飞机从英吉利海峡对岸飞过来了。德国空军总共出动了大约400架轰炸机和700架战斗机，朝伦敦方向蜂拥而来。下午，德国空军大举出动，对已被炸得残破不堪的伦敦城开始实行大规模的空袭。

但德机还没进入伦敦上空，数百架英战斗机就迎面扑来。这一次，德军刚到达英国海岸，就遭到了迎头痛击。他们本以为已经损失惨重的英国战斗机，此时却布满了天空。

英战斗机不顾德国战斗机的拦截，露出了少有的凶狠，对德轰炸机进行围攻，使这些轰炸机在失去保护的情况下，被一架一架地击落，只有少数仓皇逃窜。

英国第十一集团军所属的全部战斗机中队倾巢出动，迎战德机。第十二集团军也派出了5个中队进行空中支援。

13点30分刚过，空战达到了高潮。英国空军的数百架战斗机在空中盘旋着、俯冲着，将一串串仇恨的枪弹射向德机。这时候，整个英格兰东南部，从海峡沿岸直到伦敦一带，到处都展开了激烈的空战。

英军的地面高射炮不停地喷射出火舌，只见空中飘散开一簇簇炮弹爆炸后的余烟。

第五章 硝烟下的不列颠

不时有被击中的德机裹着烈焰和浓烟向地面和海面坠去,像流星般地在半空中划出一道道长长的弧线。

当德国的轰炸机逃走后,英军战斗机又扑向德军战斗机。德国战斗机怕受到围攻,急忙掉头往回飞,但英军战斗机紧咬不放,在追击途中又击落了多架德战斗机。空战持续了整整一天。几乎没有一个德机编队能完好无损地飞抵伦敦,并平安返回基地。

此次空战,一共有 56 架德机被击落,还有一些弹痕累累的德机在归途中坠毁。英国只损失了 26 架战斗机。就在英国战机与德国空军死拼的同时,英军还出动了所有的轰炸机,对德国集结在海峡对岸的舰艇和地面部队、港口和码头实施了最猛烈的轰炸。

这一天成为整个不列颠战役中战斗最为激烈的一天,英国空军共击落德机 185 架。9 月 15 日,是英国空军取得决定性胜利的日子,也是奠定不列颠战役胜局的日子。为了纪念这一天,皇家空军决定,每年的 9 月 15 日为"不列颠战役日"。

1940 年 9 月 15 日的空战,使德国空军真正开始认识到,英国空军非但没有被击败,而且比以前更强大了,德国企图使这次大规模空战成为整个战役转折点的希望彻底落空了。

德国空军在物质、人员和士气等方面,遭到惨重的损失。每个德国飞行员都对是否能继续进行空中攻势表示怀疑。德国飞行员扳扳手指算了算,自己经过这么多年的飞行,死期也不远了。只是有些人早一点,有些人晚一点……他们发现一个又一个战友,久经战斗考验的老战友,相继消失了。

9 月 16 日和 17 日,英国空军持续猛烈地轰炸了准备发动入侵的德军舰停泊港,使德海军遭到重创。被炸伤和烧伤的士兵,用两支长长的军列运回柏林。海军向希特勒报告:在安特卫普,5 艘运输轮受到重伤,一艘驳船沉没,一列军用列车被炸毁。在敦刻尔克,84 艘大小驳船被击沉或受损。在瑟堡更加可怕，一座大型军火库被炸毁，一所大型军粮库被焚烧，多艘轮船和鱼雷艇被炸沉。一位陆军将军对希特勒说："如果这时实施'海狮'计划，还不如把我的士兵送到绞肉机里！"

在9月的下半月，天气逐渐转坏。德国空军只组织过几次昼间轰炸，战果却越来越令德军失望。整个英国都为处于劣势的英国空军的表现而自豪，特别是9月23—24日，119架英国空军轰炸机抵达柏林，其中84架轰炸机抵达目标区域。在夏洛腾堡区，燃烧弹引爆了一个煤气储存罐。有一颗投到希特勒官邸的炸弹没有爆炸，把卫队吓得魂飞魄散。这次轰炸只死了22个德国人。

在30日最后一次昼间大轰炸中，只有一小部分德机到达伦敦，并且损失了47架飞机。

10月初，德国空军改变了他们的战术：针对英国人专打轰炸机而不管战斗机的特点，在白天的作战中使用加装炸弹的Me-109式战斗机出击，偷袭英国，而把轰炸机全部留在夜间使用。这一招一开始很灵，"假战斗机"数次骗过英军，毫无阻拦地飞到目标上空轰炸得手。但英国空军很快就找到了对付的办法。

结果，这种加挂炸弹后笨头笨脑的德Me-109式战斗机和Me-110式战斗机根本不堪一击，被接二连三地揍下来。

渐渐地，德Me-109式战斗机和Me-110式战斗机不敢露面了。

在伦敦遭到轰炸的两个月里，平均每夜都有250架德国轰炸机光顾，制造恐怖和死亡。

黑夜保护了进攻者，伦敦人夜夜都在惊恐中度过。因为英国空军尽管有几个主要用于夜间作战的战斗机中队，却并没有专门的夜间战斗机。虽然他们已经为夜战飞机设计了一种机载雷达装置，但直到1940年底才开始广泛使用，并且这种装置的探测范围很有限。

德军企图用连续不断的空袭所造成的破坏和恐惧来压垮英国人，但是

第五章 硝烟下的不列颠

在伦敦上空昼夜轰炸的德国轰炸机群

伦敦并没有低头。

即使在每天都同死神打交道的情况下，伦敦人民仍然保持着乐观和幽默。有个裁缝每当轰炸过后就在门上贴一张"营业照常"的条子。

一天夜里，店铺的门面被炸毁了，第二天，他在纸条上写道："营业更加照常。"伦敦每天都有上千人死亡，其他一些工业城市也遭到了毁灭性的空袭。1940年11月中旬，德国空军最后一次改变目标，把攻击重点转移到英国的重要工业城市和港口，其目的在于破坏英国的经济潜力、后勤补给和能源。

11月14日，在德军名为"月光奏鸣曲"的行动中，英国通过"超级机密"截获了情报。但英国人面临着两难的选择，一种方案是派英国飞机保卫考文垂，英国有足够的时间集中足够的高射炮。另一种方案是牺牲一

167

座重要的工业城市，来保住"超级机密"。

面对这种困难的抉择，只有丘吉尔有权作出决定。他经过反复权衡，认识到"超级机密"的安全比一个城市更重要，因为"超级机密"在未来的战役中具有决定性的意义。

结果，449架德国空军的He-111式轰炸机向英国最大的军工生产中心、百年古城考文垂投下了500吨烈性炸弹和燃烧弹，使这个不幸的城市变成了一个巨大的火海，浓烟烈火彻夜不熄，5万多幢建筑物被毁，居民流离失所。

接下来，伯明翰、南安普敦、布里斯托尔、普利茅斯和利物浦等城市也遭到了与考文垂同样的命运。

于是，戈林发明了一个吓人的名词："考文垂化。"

庆幸的是，随着冬季的到来，天气变得更坏了，德机的攻势不得不逐步减弱。12月29日，伦敦再遭空袭。但在随后而来的两个月里，空袭的规模已比过去小得多了。

伦敦人民不惧淫威，在空袭中越战越强，不断改进防御体系。一旦德机飞临英吉利海峡上空，雷达即引导英国战机出击，筑起空中防线。侥幸冲过英军防线的德机，在气球网中随时会遇到几百门高射炮的射击，难逃被击落的厄运。

至1941年2月，德军共出动飞机24000余架次。伦敦受到重创，附近其他城市也受到破坏，最严重的是工业中心考文垂，整个城市从地球上消失，12家飞机零件工厂受到重创。

从1941年的第二季度起，德国空军对英国的攻势，由于天气的好转又有所加强，但目的已不同于以往，现在它是为在东方实施"巴巴罗萨"计划——入侵苏联做掩护。

但是，被炸得疲惫不堪的英国人对此一无所知。所以当1941年4月下旬德国飞机的空袭又掀起高潮时，英国人关于"大举入侵即将开始"的怀疑似乎得到了证实。

1941年5月10日23时30分，德国空军主力在撤往东线以前，对伦敦做了最后一次轰炸，这一次他们的目的纯粹是发泄败在英国人手下的羞恼之情。

507架德国飞机参加了行动，飞行员们被告知可以把炸弹随便扔在伦敦的什么地方。

轰炸一直持续到第二天早晨5时37分，总重量为700多吨的炸弹、燃烧弹和降落伞雷被投到了伦敦的各个角落，那些有着悠久历史的建筑物燃起的烈焰映红了漆黑的夜空。据统计，有1436名伦敦居民被这次灾难夺去了生命，另有大约1800人受重伤。

在幸存者们看来，这几乎已超过了他们的承受能力。难道这场大空袭是一场更猛烈的闪电战的开始吗？

许多人为此惴惴不安。

尽管在这以后大空袭的浪潮停止了，德国空军对英作战的重点转到大西洋，继续与海军配合袭击英国的海上运输线，但直到很长时间以后，伦敦人才相信："不列颠战役终于结束了！"演讲才华出众的丘吉尔用一句流芳百世的演说词代表英国人民表达了对英国空军飞行员们的感激和敬佩之情："在人类战争领域里，从没有见过这么少的人，为这么多的人做出这么大的奉献！"

希特勒在和英军的对抗中没有占到丝毫上风，反而鼓舞了英国人本已低落的士气。

这并不奇怪，英国海军的兵力是德国海军的三倍，而在美国的帮助下，英国空军的力量也超过了德国。

英国强大的空军成了希特勒的心头之患。他私下曾对部下说："对英国作战只会把两个国家都变成焦土。即使最终战胜了英国，也必然使德军付出巨大的牺牲，那样的话在近10年内德国都无法发动大规模的战争。"

希特勒认识到，德军即使登陆作战，成功地打垮了大不列颠，却无力瓜分在全世界土崩瓦解的英国殖民地，这样德国人的鲜血只能为美国人和日本人换来渔翁之利，这是希特勒绝对不想看到的。要知道，横扫欧洲的德国钢铁之师不可能永远地生龙活虎，再进行一次大规模的战争后将变成疲惫之师，希特勒不愿把他的最后一颗子弹用在英国人身上。

希特勒隐隐地感到，那道窄窄的英吉利海峡对他来说变得越来越宽了。1943年1月，美、英卡萨布兰卡会议决定在西欧登陆。3月，成立以英国陆军中将F·摩根为首的盟军最高司令参谋部，开始着手制订战役计划。

5月和8月，罗斯福和丘吉尔在华盛顿和魁北克会议上商定，盟军于1944年在西欧登陆，以配合苏军实施战略反攻。

11月至12月，罗斯福、丘吉尔和斯大林在德黑兰会议上商定，美英盟军在1944年5月于法国北部地区登陆，其行动代号为"霸王"。

与此同时，在法国南部进行牵制性登陆。之后，美、英任命陆军上将艾森豪威尔为盟国欧洲远征军最高司令。

1944年6月6日凌晨，经过周密准备的近300万军队的大登陆拉开了序幕。

经过一周的激战，希特勒一度寄予希望的"大西洋壁垒"被盟军突破了。诺曼底的成功登陆，使第二次世界大战的形势发生了重大变化。

英国首相丘吉尔在视察硝烟弥漫的诺曼底战场以后说：历史上最困难、最复杂的战役，使英军重返欧洲大陆。

6月13日，德军的第一颗飞弹落在了伦敦，但这对盟军登陆并没有造成多大影响。

第六章

血捍苏联

中路：风云骤起

3个集团军并肩排列在德军张开的大口中，只要德军上下一合牙，巴甫洛夫的大部分部队将被吃掉。

1939年4月，在莫斯科开始了英、法、俄三国的谈判，苏联的目的是建立一个军事互助合作协定，以便在未来一旦苏德开战时，能得到一些支持。

然而，英法代表团却态度傲慢，并无诚意。谈判一直拖到8月，斯大林才发现，英法并不是真想拉苏联这个盟友，他们只想利用与苏联谈判的机会来牵制德国。斯大林感到被欺骗了，原来英法要看着苏联和德国拼个两败俱伤，直到苏联败了，英法才会对德开战！就算苏联战胜了德国，英、法甚至美国也会趁机扑向苏联！

就在德国在欧洲四处扩张的时候，苏联感到了来自德国的巨大威胁，而日本全面发动侵华战争，日本关东军在中苏边境集结重兵，妄图从背后攻入苏联。

由于英、法、美等国采取了纵容姑息的绥靖政策，德国和意大利军队在奥地利、西班牙、捷克斯洛伐克等国家频频得手，侵占了中欧的重要战略地区。斯大林多次建议英、法、美等国家联合起来，制止德国侵略，但英、法、美等国一味地牺牲小国的利益来保存实力。

英、法政府背着苏联与德国密谈，鼓励德意等国反苏反共，英国还同德国秘密商定了一笔10亿英镑的军事贷款，极力把战争引向苏联。斯大林绝不想让世界大战从苏联开始，最好先让帝国主义列强拼个鱼死网破，再坐收渔翁之利。

第六章 血捍苏联

希特勒为了避免苏联干预他在欧洲的军事行动,向斯大林伸出了橄榄枝,斯大林也正有此意。经过苏德数轮谈判,双方签订互不侵犯条约,划分了各自在东欧的势力范围。

1940年6月,德国灭亡法国,直下西欧,把英军赶出了欧洲大陆。这时,希特勒认为,他已经从西方腾出手来,可以考虑对苏作战了。1941年春,德国侵占巴尔干半岛后,开始在东欧集结兵力,加紧完成对苏作战部署。德国对苏作战计划"巴巴罗萨"方案确定其战略企图是:集中优势兵力沿3个战略方向实施闪电式进攻,把苏军主力歼灭在西部地区,长驱直入进抵阿尔汉格尔斯克、伏尔加河、阿斯特拉罕一线,用空军摧毁乌拉尔工业区,征服苏联。1941年6月22日凌晨3时15分,苏联大地被爆炸冲起的尘土所淹没。德国和它的盟友匈牙利、罗马尼亚、意大利、芬兰等国出动总兵力550万人,计190个师,其中包括19个坦克师,拥有3700辆坦克、4900架飞机、193艘舰艇,在北起摩尔曼斯克、波罗的海,

入侵苏联的德军装甲集群

南至黑海、克里米亚半岛的 2,000 多公里的战线上，进行全面进攻。希特勒妄图用"闪电战"在 3 个月中征服苏联。苏军总兵力 537.3 万人，陆军 303 个师。而苏联在西部地区（包括列宁格勒军区、波罗的海沿岸特别军区、西部特别军区、基辅特别军区、敖德萨军区）部署兵力 268 万人，计陆军 170 个师零 2 个旅，拥有 50 毫米以上口径的火炮和迫击炮 3.7 万余门、新型坦克 1,400 余辆和大量旧式坦克，以及空军新型作战飞机 1,500 余架和大量旧式飞机。

第一天，苏军损失 1200 架飞机，其中 800 多架被击毁在机场，德国空军夺取了制空权。德军装甲部队和摩托化步兵向前推进了 50~60 公里，边境地区的仓库、储备的武器装备和军需物资几乎都被德军占有。

德军的进攻分三路进行：

中路德军中央集群由博克元帅指挥，博克是一个身经百战的将军。其战略目标是，由东普鲁士的苏瓦乌基地区和波兰的华沙地区向比亚韦斯托克突出部明斯克方向实施钳形突击，围歼苏军西方面军主力，得手之后，向斯摩棱斯克方向推进，攻取莫斯科。

负责中路防御的是西方面军，由巴甫洛夫指挥，辖第三、第十、第四和第十三集团军，共 62.5 万人。巴甫洛夫是位政客，在大清洗后被斯大林破格提拔。

巴甫洛夫把第三、第十和第四集团军部署在白俄罗斯首都明斯克以西的比亚韦斯托克突出部及其以南地区，缺乏足够的防御纵深；苏第十三集团军为预备队，部署在明斯克。直接在国境线上的边境部队主要担负构筑工事的任务，主力部队在野营或者驻地进行训练。

这种兵力部署，既不是进攻性的，也不是防御性的，很容易被德军从两翼迅速合围，3 个集团军并肩排列在德军张开的大口中，只要德军上下一合牙，巴甫洛夫的大部分部队将被吃掉。战争一开始，德军的坦克集群就按照博克的指示快速推进。朱可夫发现了这一隐患，打电话到西方面军司令部，但却找不到巴甫洛夫司令。斯大林也找不到巴甫洛夫，对西方面军的情况一无所知。

原来战争一打响，巴甫洛夫认为此刻最需要的就是与部队在一起，于是跑到第十三集团军的司令部，这样一来，白俄罗斯的"百万雄师"就失去了指挥。

6月24日，德军的坦克集群正在快速绕过比亚威斯托克突出部。这时如果下达命令，把3个集团军撤出危险地带还来得及。但是巴甫洛夫却认为德军的坦克集群孤军深入，补给线拉长，这正是反攻的时机。这时，他满脑子都是如何挽回自己的过错，唯独想不起来应该对几十万将士的性命负责，想不起来为守卫莫斯科的门户负责。

他下令所有的集团军和方面军的预备队前调，以解除德军步兵师对比亚威斯托克突出部的威胁。这样一来，在明斯克地区出现了一块空白地带，使德军合围的任务更容易完成。

开战第四天结束时，古德里安的装甲部队在西方面军两翼已深入白俄罗斯，驻守在比亚韦斯托克突出部的苏联西方面军主力部队被德军牢牢围住。

在苏第十三集团军司令部的巴甫洛夫完全被德军迅猛的攻势吓坏了，他不知道自己的西方面军情况如何，更不知道德军的情况。6月26日，德军第三和第二装甲集群进抵明斯克附近，首先与苏军第十三集团军展开激战。

6月28日，德军装甲部队夺取西部重镇明斯克，合围了苏军西方面军。被合围的苏军在极端困难的条件下向东和东南方向突围，少量部队冲出合围，一些部队转入了游击战，大部苏军被歼。到了30日中午，朱可夫终于找到了巴甫洛夫，通过发报机向巴甫洛夫了解情况。朱可夫给克里姆林宫电话，向斯大林汇报了西方面军的情况。

斯大林感到恼火，不明白为什么巴甫洛夫指挥的西方面军，竟然在一

苏德战争初期，巴甫洛夫与其他将领一起讨论军情

周多的时间内输得一干二净！难道是通敌？斯大林立即取消了巴甫洛夫的指挥权，让他立即回莫斯科接受审查！

截止到7月9日，德军结束了比亚韦斯托克—明斯克战役。巴甫洛夫被召回莫斯科，以叛国罪处决。西方面军的另12位将军也被送交军事法庭，以叛国罪或渎职罪处决。

苏联国防人民委员铁木辛哥给西方面军下达了铁令，任务是扼守西德维纳河、第聂伯河至洛耶夫一线，掩护斯摩棱斯克方向。

斯摩棱斯克东距莫斯科380公里，是通向莫斯科的咽喉要地。1812年，拿破仑率领法军从这座古城进入莫斯科。古德里安企盼着能重温拿破仑的旧梦。驻守斯摩棱斯克的苏军士兵从爆炸声中惊醒，他们决定战斗到最后一息。民兵们也拿起武器与德军展开血战。

苏联统帅部为加强莫斯科方向的防御，预备队集团军群在西德维纳河与第聂伯河上游一线展开，于7月2日将其并入西方面军。

第六章　血捍苏联

7月3日，德军2个装甲集群合编成第四装甲集团军，继续向斯摩棱斯克推进。7月9日黄昏，德第四装甲集团军在从波洛茨克到日洛宾的正面逼近西德维纳河和第聂伯河地区，占领维切布斯克，将主力集中于莫吉廖夫和奥尔沙之间。苏军预备队已经陆续投入了战斗，但还没有建立稳固的防线。

7月10日，德军几乎占领了白俄罗斯的全部领土，在西方向推进了450～600公里。7月15日，斯摩棱斯克沦陷。

为了夺回莫斯科面前的最后一个要塞，苏军不惜投入大量兵团反复冲击德军。苏军最终没能收复斯摩棱斯克，莫斯科风雨飘摇！德军向东南推进，切断了明斯克—莫斯科的公路，并将苏军的3个集团军紧紧包围。

进入莫斯科已是指日可待了，所有的河川天堑以及要塞相继被攻下，通往莫斯科的路已无险可据。可是，希特勒与陆军部及前线指挥官们发生了严重分歧。

希特勒认为，莫斯科只不过是个地名，而列宁格勒才是布尔什维主义的发源地，是苏联的真正堡垒。与此同时，元首也想攻占富饶的乌克兰。如果德军扫清了乌克兰的苏军，德军在攻击莫斯科时，就再不用担心侧翼了。

经过几天的争论后，希特勒不顾所有人的反对，下令同时在南路的乌克兰方向和北路的列宁格勒方向发起主攻，莫斯科留在最后解决。正向莫斯科逼进的坦克部队去增援北方集团军群，包围列宁格勒；古德里安的装甲部去增援南方集团军群，夺取基辅。

德军参谋总部和"中央"集团军群的将领们都认为，莫斯科一旦被夺取，不仅苏联的军事工业会受到严重损害，而且令使苏军的防线一分为二，使苏军无法组织起统一的防御。

9月19日，德军占领乌克兰首府基辅。在北线，德军严密包围了列宁格勒，德军的坦克很快就可以从列宁格勒上边"犁过去"！苏军在南、北两线惨败，但有效地延缓了德军向莫斯科的推进，为苏军主力在莫斯科地区的布防争取了时间！

至此，整个苏联战场上，苏军损失250万人、大炮2.2万门、飞机1.4万架。

9月30日，希特勒处于高度兴奋状态，亲自签发了进攻莫斯科的军事行动计划，代号为"台风"。德军每日以俯冲轰炸机为先导，在苏军后方投弹轰炸，破坏苏军兵力的集结调动和补给运输，切断其战场各部分的联系；再以大炮、迫击炮火力破坏苏军前沿工事，压制苏军火力；然后以坦克为前锋，协同摩托化步兵疯狂推进。

德军进攻莫斯科的总兵力为76个师又2个旅，约180万人、坦克1,700辆、火炮1.4万余门、飞机1390架。

德军企图首先围歼苏军主力于维亚济马和布良斯克地区，然后以强大的装甲摩托化兵团从南北两翼实施钳击，步兵团实施正面进攻，在入冬前攻占莫斯科。

苏联最高统帅部已经从战争初期的惊慌失措中稳定下来，开始在莫斯科地区构筑大纵深防线。

苏军在莫斯科接近地先后建立勒热夫—维亚济马和莫扎伊斯克两道防线，西方面军（科涅夫上将指挥）、布良斯克方面军（叶廖缅科上将指挥）和预备队方面军（布琼尼指挥）在奥斯塔什科夫、叶利尼亚以西、波加尔以东一线及其后方组织防御。

守卫莫斯科的苏军总兵力为15个集团军和1个集团军群，共125万人、坦克990辆、火炮7,600门、飞机677架。

10月3日，德军深入苏军防线后方200公里，占领奥谬尔。希特勒欣喜若狂，赶到体育馆，发表了最能煽动人心的演讲："英勇顽强的欧洲军队正从胜利走向胜利，如果人们谈论闪电战，历史上还未曾有过这样的进军……但是，历史上英军在敦刻尔克的大撤退还真使我们的速度相形见细……东方的敌人已经被打倒，永远也不会站起来了。那将成为欧洲人的印度……关于那里的人……必须变成木头脑袋！"

此时莫斯科处于一片混乱之中，斯大林站在克里姆林宫高高的拱形窗前，忧心忡忡。围歼像该诅咒的魔鬼一样紧紧追赶着苏军，部队惊慌失措，士气下降。

斯大林最信赖的老战友布琼尼在斯摩棱斯克战役中曾经阻挡了德军的攻势，但在莫斯科保卫战的初期使苏军蒙受了巨大灾难。布琼尼都不知道部队在哪里，德军在干什么。在朱可夫的苦求下，斯大林才没有让布琼尼上军事法庭。

在这个危急时刻，斯大林想到了朱可夫。朱可夫曾率铁骑击败了日本关东军，为苏联避免两线作战立下大功。朱可夫口气傲慢，给人的印象仿佛他是斯大林的上级。但是，朱可夫在柏林学习过，受过第一流的军事教育，是最能解决难题的人。是朱可夫在叶尔尼亚突出部以强大的反突击使德军蒙受了最大的打击，又是朱可夫使列宁格勒绝处逢生。

为了莫斯科，斯大林亲自与正在列宁格勒前线的朱可夫通话，请他立即飞到莫斯科，指挥莫斯科保卫战。朱可夫就任西方面军司令员后，立即投入紧张的工作。

9月15日，苏联潜伏在日本的间谍佐尔格发来情报："日本决定不同苏联交战。"斯大林欣喜若狂，立即从远东向莫斯科调3个步兵师和2个坦克师，它们是苏联最精锐的部队。

10月13日，被德军包围的苏联3个集团军，经过英勇抵抗，被俘65万人。余部退守莫扎伊斯克防线，有的在敌后展开了游击战。莫斯科的第一道防线被德军铁甲冲开了一道可怕的缺口。

从10月13日起，通往莫斯科的所有重要作战方向几乎都开始了激烈的战斗：位于莫斯科西南160公里的卡卢加于13日陷落，离莫斯科150公里的加里宁被夺占。

斯大林派远东的步兵第三十二师加强鲍罗季诺的防线,这些穿着高统皮靴和大衣的战士们,面对一辆辆德军坦克和装甲车,不屈地战斗。在鲍罗季诺,德军损失惨重,最后凭借绝对优势的兵力,在经过5天的激战后,占领鲍罗季诺。

在1941年10月的艰难日子里,负责保卫莫斯科的西方面军发出了告全军书:"同志们!在我国面临严重危险的时刻,每个军人的生命应该属于祖国。祖国号召我们要成为坚不可摧的铜墙铁壁,堵住法西斯匪帮去亲爱的莫斯科的道路……"

当时,莫斯科有一句很流行的话:"俄罗斯虽大,但已无处可退,因为后面就是莫斯科。"这充分说明了当时的危急情况和莫斯科军民高涨的士气。

10月17日,苏军新建立了加里宁方面军,从莫斯科西北面阻击德军的进攻。19日,国防委员会号召莫斯科人民要不惜一切代价,配合红军,誓死保卫莫斯科。

由于德军过于强大,西方面军不得不向后撤退,莫斯科的危险与日俱增。10月底,希特勒集中了51个师,包括13个坦克师和7个摩托化师的兵力,再次强攻莫斯科。希特勒发现自己碰到了对手,尽管苏军伤亡惨重,但防线却在不断收缩中得到巩固。希特勒说:"这个斯大林,显然也是个伟大人物。别的不说,只凭这一点,未来的历史学家就会得出结论。"

11月6日,在莫斯科马雅可夫斯基地铁站大厅,发表了讲话:"……敌人占领了……并威胁着我们的首都……在四个月的战争中,莫斯科军民死亡35万人,失踪37.8万人,负伤102万人……苏联得道多助,在国际上得到了英国、美国等国的支持……有人引证拿破仑,硬说希特勒的行动像拿破仑……但是,第一,不应当忘记拿破仑的命运。第二,希特勒像拿破仑不过是小猫像狮子一样……"

11月7日清晨,莫斯科成了银白的世界,这对苏联来说是个不同寻

第六章 血捍苏联

苏军将士通过红场阅兵后直接开赴前线

常的日子。莫斯科已是"敌军围困万千重了"。斯大林以非凡的气势在莫斯科红场举行了宏大的阅兵式。

阅兵式开始前，斯大林威严地站立在列宁陵墓上，向全体官兵发表了振奋人心的演说："同志们！今天是在严重情况下庆祝十月革命胜利24周年的。德国强盗背信弃义的进攻和强加于我们的战争，造成了对我国的威胁，而我们的国家，我们举国上下，都已经组成了一个统一的战斗营垒，同我们陆海空一起，共同粉碎德国侵略者，彻底粉碎德国侵略者！消灭德国占领军！我们光荣的祖国、我们祖国的自由、我们祖国的独立万岁！在列宁旗帜下向胜利前进！"

斯大林低沉而充满力量的演说回荡在莫斯科红场上空，通过电波传向苏联前线和世界各地。受检阅的部队、坦克和大炮，经过检阅台后，直接开往前线。

在"坚决死守莫斯科"战斗口号的鼓舞下，莫斯科军民在每一寸土地上与德军展开了拼死作战，使德军每前进一小步都得付出无数代价。随着德军的逼近，苏军的抵抗也越来越顽强，常常是打得整营、整团不剩一个人为止。

莫斯科军民以极大的勇气和热情保卫莫斯科，组建了民兵和游击队，先后有16万人编为正规军。9、10月份，在莫斯科最困难的日子里，约50万居民参加构筑纵维亚兹马和莫扎伊斯克两道防线。

11月，莫斯科人民修筑了676公里的防坦克壕、445公里的防坦克崖壁，设置了1300余公里的铁丝障碍物，在380公里的正面上埋设了防坦克桩，构筑了3万个火力点，在莫斯科郊区森林中设置了1,568公里鹿砦。

1941年7月至12月，莫斯科防空部队共击退122次共7146架次飞机的空袭，其中窜入莫斯科市的仅229架。

10月的激战使德军"中央"集团军群的元气大伤。参战的所有步兵师都减员1/3左右，平均起来，一个装甲师只有正常兵力的35%左右。德军的补给能力大大低于所期待的，德军远离德国1,000多公里，补给交通线狭窄蜿蜒，许多道路、桥梁需要修理、重建。100多万人的游击队更令德军头痛万分，常常袭击德军的补给火车、汽车，破坏铁路、公路，严重影响了德军的后勤供给。冬季的来临使补给情况雪上加霜。

莫斯科的第一场雪是在1941年10月6日深夜落下的，那一晚，莫斯科忽然狂风怒号，天空中纷纷扬扬地下起了鹅毛大雪。莫斯科这场初雪竟比平常年份提前了整整一个月。11月3日，第一次寒潮袭来，气温一下子降到零度以下，还在迅速下降。

11月初，斯大林要求朱可夫反突击以粉碎德军的进攻。朱可夫愤怒地说，西方面军有着长达600多公里的漫长防线，没有多少预备队，现在的兵力只能承担防御任务，无法抽调兵力反突击。斯大林固执己见，给第十六、第十九集团军发出了反突击令。

激战至11月16日，德军在主突击方向上，形成了较大优势，向莫斯科快速推进。西方面军第十六集团军伤亡较大,斯大林打电话给朱可夫,激动地问:"你有把握守住莫斯科吗?我是怀着沉重的心情问你这个问题的,希望你作为共产党员诚实地回答我。"朱可夫鼓励斯大林:"毫无疑问,我能守住莫斯科。但需要2个预备队集团军和200辆坦克。"

斯大林说:"很好,你打电话给总参谋长沙波什尼科夫,看把2个预备队集团军部署在哪里。但是坦克我暂时还没有。"11月19—20日,德军第三装甲集群、四装甲集群继续向苏军第十六、三十集团军疯狂进攻。德军一举突破了第三十集团军防线,向克林方向进攻。

罗科索夫斯基请求将第十六集团军撤到伊斯特拉水库以西10公里的防线上,各部队趁机得到片刻休整。朱可夫命令其死守阵地,不许后退一步。绝望中,罗科索夫斯基向沙波什尼科求救,沙波什尼科同意了罗科索夫斯基的建议。由于预备队还未到达前线,整个防线面临着崩溃的危险,朱可夫大惊失色,立即电令罗科索夫斯,严禁后撤一步。

11月23日,德军冲进克林。德军逼近郊区克留科沃,距莫斯科仅40公里。朱可夫发出特别命令:"克留科沃是最后一个据点,我们已无处可退,所有的指挥人员都应当下到各分队去,亲临战场……"斯大林给罗科索夫斯基增援了1个"喀秋莎"炮兵团、2个反坦克炮兵团、4个反坦克枪手连、3个坦克营和2000名莫斯科民兵,使第十六集团军官兵获得喘息之机。11月25日,德军占领索尔涅奇诺戈尔斯克,朱可夫调来一切可能调集的预备队抵抗。战斗达到白热化,第十六集团军被迫缓慢地后撤。

11月27日,一场突如其来的凛冽寒风,在不到两个小时的时间里,使莫斯科的气温骤降至零下40摄氏度。

大雪覆盖了莫斯科周围绵延上千公里的河流、山谷、村镇以及桥梁、道路,也覆盖了希特勒军队的营帐、野战机场、坦克、大炮和车辆。寒冷的天气使大炮上的瞄准镜失去了作用;纳粹军队的飞机油箱被冻裂;坦克因燃油冻结，必须在底盘下烧火烘烤，才能发动；坦克及随行车辆行进时必须装上防滑链，否则无法控制，随时会打滑横行，翻落沟底；步兵的步枪、机枪等自动武器也因冻结而无法使用。

12月初，白皑皑的莫斯科郊外，凛冽的寒风卷起的层层雪浪，铺天盖地而来。在零下40多度的雪地中，身着单衣、紧裹毛毯的德国官兵冻得瑟瑟发抖，到处可见冻僵了的德国兵的尸体。德军每个团队仅冻伤的官兵，少则数百，多则上千，战斗力因而锐减。由于严重的战斗减员和冻伤减员，德军兵力在一天天减少。

12月2日，德军占领克留科沃，一个侦察营到达莫斯科近郊。12月3日，德军第四坦克集团军在遭受重大损失后攻占红波利亚纳。红波利亚纳就是今天的梅季希，位于莫斯科西北郊，距莫斯科只有27公里。从这里，坦克最多一个小时就能进入莫斯科城。德军元帅博克闻讯赶来，手拿望远镜，当克里姆林宫尖顶那颗闪闪的红星尽收眼底时，不禁低声道："看到了，红星……我总算看到了……"

南路：峰回路转

基辅战役历时两个月之久，延缓了德军中央集群向莫斯科的推进。

1940年6月21日夜，德军中有士兵秘密地投诚，将进攻的消息泄露给苏联。但是由于斯大林的犹豫，这一事关重大的情报却没有发挥出拯救苏联的作用。

6月22日0时20分，基辅特别军区司令部。司令员基尔波诺斯将军和参谋长普尔卡耶夫将军正在焦急地等待从莫斯科返回的消息。2时30分，

第六章　血捍苏联

两位将军已经急得眼睛都红了，几位通讯官全身是汗，这台老机器终于把电报一句句缓慢地译完。

基尔波诺斯命令传达莫斯科的指令，部队进入一级战备，主力部队以最快的速度向前沿展开。但是，司令部的通信设备很少，只能一个个向前线哨所和部队打电话。

3时15分，波兰境内布格河西岸，德军南路装甲集群的坦克兵已经将油门加大，大批坦克轰鸣着，车后排气管冒出缕缕黑烟。整个战线上，上万门火炮同时怒吼，映亮了前远处的夜空。德军步兵们抬起头，看到几百条细细的火龙从背后很远的地方铺天盖地地飞速卷来，掠过他们的头顶。

与此同时，德军派出若干个破袭小组，迅速破坏了苏军指挥部的通信联络，炸毁重要的军事目标，甚至刺杀苏军高级指挥员。炮火准备过后，炮兵火力快速延伸。坦克出击！

基尔波诺尔接到的报告表明，许多机场遭到毁灭性空袭，一些城市的重要目标遭到空袭，前线一些哨所报告德军装甲部队大举入侵，但是多数边防站立刻失去了联系。

很多集团军的电话完全打不通，一些部队的通信线路遭到了破坏。基尔波诺斯将军越来越着急，突然，所有的灯都灭了，指挥所陷入一团漆黑。紧接着，所有的电话线都被切断。

南路德军装甲集群强渡布格河，向苏联边陲重镇布列斯特发起了进攻，迅速突破了苏军西方面军左翼第四集团军的防御。德军部队快速迂回到该市的南北两侧，向斯卢茨克和明斯克方向发起进攻，步兵突入布列斯特，遭到苏联驻军的顽强抗击。

苏军第四集团军的机械化第十四军对德军进行了仓促的反冲击，没有获得成功，反而被德军第二装甲集群分割为几部分，被迫向普里皮亚季河以北的平斯克和斯卢茨克方向且战且退。

德军南方集群由伦德施泰特元帅指挥，一路斩将夺隘，屡破苏军。苏军在南部配置了西南方面军和南方面军两个方面军。苏联西南方面军由基尔波诺斯上将指挥，辖有第五、六、十二、二十六集团军，依次由北向南驻防，在普里皮亚季沼泽地至苏罗边界北缘一线组织防御。

苏联南方面军由第九、十八集团军组成，共86.5万人。

为了肃清突入之敌，基尔波诺斯派苏军6个机械化军和3个步兵军进行反突击。

由于苏军缺乏统一的指挥，各兵种未能组织好协同动作，德军南方集群攻破了苏军在接合部的抵抗。

6月30日，德军南方集群攻占了利沃夫和罗夫诺，开始向日托米尔方向实施强大攻击。

由于苏军西南方面军长时间地威胁着已经向东深深楔入的中央集团军群南翼，迫使希特勒在基辅方向集中了几个集团军的庞大兵力。基辅号称"俄国诸城之母"，是苏联第三大城市，乌克兰共和国的首都。19世纪中叶，拿破仑曾有这样的名言："占领基辅就等于抓住了俄国的双脚。"可见，其战略地位多么重要。

7月5日，德军左路占领了奥斯特罗格。至此，德军在南路推进了300～350公里。苏军在南路共阵亡172,323人，受伤69,271人，平均每天伤亡16,106人。

在苏芬边境，7月中旬，德、芬两军推进了25～30公里，被迫停止进攻。8月底，苏德两军在基辅一带的对阵形势是：德军已经分成两路，绕过基辅，楔入基辅侧后的东北和东南地带，基辅及正东地区仍为苏军控制。

从东北流向基辅的是杰斯纳河，经基辅流向东南方向的是第聂伯河。两河的外侧为德军所控制，两河之间的内侧由苏军驻守。苏军在这里集结着西南方面军的主力兵团，达60万人。8月24日，古德里安率装甲兵团

苏军装备的T-34坦克

实施双层包抄，一路居左（东），外层迂回，由第三装甲师担任，另一路居右（西），内层迂回，这一路由"帝国"装甲师充当。

9月6日，"帝国"装甲师打响了强渡杰斯纳河的战斗，其重点是拿下河北岸的马科斯欣城。为了加强指挥，古德里安亲自来到"帝国"装甲师前线。

苏军以两个KV重型坦克布阵，德军炮兵一时难以撼动山一样坚实的KV坦克，只好紧急召唤空军支援，可是德国飞机迟迟没有露面。德军摩托车营排成纵队，穿过层层弹幕，突入城内。不料，德军轰炸机突然出现在城市上空，扔下一串串炸弹，市区变成火海，摩托车营被炸得死伤惨重。

摩托车营穿过街区，直奔城南的杰斯纳河铁路大桥，排除了炸桥用的炸药，并夺取了南岸桥头堡。

苏军大惊，调集大炮、迫击炮猛轰摩托车营。夜幕降临，第一批德军后援部队赶到后，桥头阵地巩固了。

9月14日，德第三装甲师与第一装甲集群部队胜利会师，拉上了外层包围网。9月16日,"帝国"装甲师攻占交通重镇——乌代河畔的普里卢基,切断了苏军后撤的通道,完成了内层包抄。苏军西南方面军的主力部队被德军南方集群分割包围。

苏军西南方面军军事委员会和司令部也陷入德军的包围中,不得不在9月17日夜间出击突围。

苏军西南方面军军事委员会、司令部、政治部、各兵种勤务首长都参加了这次突围。苏军西南方面军司令部纵队通过了皮里亚京,奔向居民地切尔努哈,在拂晓前遭到德军坦克的冲击,同步兵分队的联系被切断了。苏军西南方面军司令部纵队只好改变方向,转到了沿乌代河左岸通过的乡村路。德军企图把纵队赶下河,但他们多次冲击都被打退了。

在一所农舍里,苏军西南方面军司令员基尔波诺斯召集司令部领导人员开会。参谋长图皮科夫将军报告了情况,说敌人正从四面八方围上来。

大家听完这个令人不安的情报后,都默不作声。基尔波诺斯说:"有一点很明显:必须突围。现在要明确的是往哪个方向突围。"

有人建议晚上在戈罗季希附近强渡姆诺加河,连夜前往洛赫维察。图皮科夫将军坚决反对,说:"德国人正等着我们这样做。他们肯定已在桥头设伏。我认为我们应溯流而上,在切尔努哈附近,即由此向西北走12公里处强渡姆诺加河。"

作战部部长巴格拉米扬支持他:"我们已经证实,德国鬼子不会对这条河的任何一座桥多加注意的。在切尔努哈附近突围的有利之处是能出敌不意。再说,那里有一些徒涉场,因此不需夺占桥梁。"

这个建议得到了采纳。西南方面军司令部纵队最终决定建立3个战斗群:扫清道路的先头战斗群和两个侧翼战斗群。波塔波夫将军负责指挥先头战斗群。巴格拉米扬奉命指挥内务人民委员部的一个连,任务是掩护整个纵队,防止敌人从后面袭击。

看来只有巴格拉米扬比大家走运,因为他指挥的是一支真正有战斗力

苏军西南方面军的摩托化步兵师

的队伍——150个小伙子。巴格拉米扬默默巡视了队列，讲明了任务，并告诉他们："处境是困难的，不过我相信，你们每一个人都不会给苏军战士丢脸的。"

当巴格拉米扬沉默下来后，一个受伤的年轻战士说："放心吧，将军同志，我们不会叫您失望的。"

就在这时，部队收到情报，从梅列哈开来了一支很大的法西斯摩托车队，在强渡姆诺加河后，打退了苏军占领的几个高地分队，眼看就过来了。巴格拉米扬受命率领队伍向敌人冲去，他的任务一下子由后卫变成了第一梯队。

巴格拉米扬在黎明前突破了敌人的封锁线，但是司令部大部队却被分割在后面。原来，西南方面军司令部纵队受到了敌人强力的阻击，无法与他汇合。巴格拉米扬只好率部向北行进，在沃龙基村附近强渡姆诺加河，到达了德留科夫希纳镇附近的小树林。

西南方面军司令部纵队共有1,000多人，其中800名是军官，包括基尔波诺斯上将，方面军军事委员会委员布尔米斯坚科和军事委员会委员、师政委雷科夫、图皮科夫、多贝金、达尼洛夫、帕纽霍夫、第五集团军司令员波塔波夫少将，第五集团军军事委员会委员、师政委尼基舍夫和军事委员会委员、旅政委卡利琴科及集团军参谋长皮萨列夫斯基少将等其他苏军的领导人物。

　　和纵队一起行进的有6辆装甲汽车、2门反坦克炮和5挺高射机枪。在一个小树林边缘，他们占领了阵地。遗憾的是，这支队伍组织性不强，许多军官擅自走到镇上的农舍去洗脸、找食物和稍事休息。而德军正在寻找这个夜间消失的方面军司令部。

　　西南方面军司令部纵队的侦察兵这时报告：德军坦克正从东面和东北面开来。而西南方向也有敌人的摩托车和坦克。20分钟过后，敌人从三面对小树林实施冲击。在德军雷鸣般的炮声和机枪的"哒哒"声中，夹杂着苏军两门火炮稀疏的射击声——苏军的炮弹少得可怜，要珍惜每一发炮

三个德军士兵正在操作一门反坦克炮

弹。

德军坦克冲到了树林东边，装备手榴弹和燃烧瓶的苏联军官们同它们进行了搏斗，两辆德军坦克起火，其余的退了回去了。

苏军西南方面军司令部商量接下去怎么办：在小树林等到晚上呢，还是马上突围？这时，德军发起了新的冲击。德军步兵在行进间展成散兵线，在坦克的掩护下扑向小树林。

当德军到达小树林边缘时，苏军西南方面军司令部纵队在基尔波诺斯等人率领下，进行了反冲击。德军经不住这种白刃战，又退了下去。

基尔波诺斯将军腿部受了伤，人们把他抬到峡谷的泉水边，被炮弹严重震伤的集团军司令员波塔波夫也被送到这里，而皮萨列夫斯基将军已经英勇牺牲了。

9月18日晚上6时30分，基尔波诺斯、布尔米斯坚科和图皮科夫召集指挥员讨论突围方案，敌人又开始猛烈的炮击了。基尔波诺斯一声不吭地倒在了地上，两分钟后就去世了，司令员副官含泪从他的上衣上取下了金星奖章和各种勋章。

夜间，图皮科夫带领人们冲击。他们不放一枪地突然扑向敌人。等德军清醒过来时，很多苏军指战员已经杀开了一条血路，在经受长时间痛苦折磨后终于回到了自己人那里。这些人包括多贝金、达尼洛夫和帕纽霍夫等几位将军、格列博夫中校。图皮科夫将军没能回来——他在冲击中牺牲了。

一些负了重伤的指战员落入德军手中，包括苏军西南方面军军事委员会委员师级政委雷科夫。雷科夫遭到了凶残的拷打，并被杀害。昏迷中的波塔波夫将军被德军抓走了，大家都以为他牺牲了。但是，德军拷问室里可怕的折磨并没有摧垮这位年轻的集团军司令员。战争结束时，苏军从希特勒的集中营里救出了他。

乌克兰首府基辅是9月19日陷落的。苏军西南方面军麾下第四十、第二十一和第三十八集团军在铁木辛哥率领下，撤至别洛波利耶、克拉斯诺格勒一线重新组织防御，掩护哈尔科夫工业区。

在基辅战役中，德军歼灭苏军60万人左右。基辅战役历时两个月之久，延缓了德军中央集群向莫斯科的推进，迫使德军不得不在俄罗斯的冰天雪地中作战。

9月23日，德军第十七集团军和1个装甲师向哈尔科夫和洛佐瓦亚发起进攻。3天后，德军第一装甲集群开始向东南方向实施突击，遭到苏军的顽强抵抗，加之连降大雨和道路泥泞，德军伤亡惨重，进展缓慢。

激战至11月4日，苏军西南方面军撤至伊久姆、杰巴利采沃、大克列平斯卡、哈普雷一线。顿巴斯—哈尔科夫战役结束。1941年11月初，冯·克莱斯特率德第一装甲集团军孤军深入罗斯托夫地区。在严寒即将来临之际，摩托化装甲部队的战斗力急剧下降，补给困难。

11月26日，苏军突击兵团进抵图兹洛夫河地区，对德军侧后方造成威胁。11月29日，苏军在民兵配合下收复罗斯托夫市，消除了德军在这一地区的军事威胁。

北路：险象环生

经过一周的较量，勒布领教了朱可夫的厉害。

战争爆发当天，德军北方第三装甲集群、第四装甲集群从东普鲁士攻入立陶宛，渡过涅曼河，对苏军西方面军右翼第三集团军构成包围之势。苏军西方面军的反突击部队受到严重损失，燃料、弹药消耗殆尽，被迫放弃格罗德诺，撤向新格鲁多克，导致在西北方面军和西方面军之间出现了一个大缺口。

德军北方集团军群由勒布元帅指挥，以第四装甲集群为中路，第十八和第十六集团军为左右两翼。北方集团军群的战略目标是夺取列宁格勒，消灭波罗的海沿岸的苏军，与芬兰军队会师。

坚守波罗的海沿岸的苏联西北方面军，下辖第八、第十一和第二十七集团军，共44万人。在德军北方集团军群的进攻方向上，德军第五十六装甲军拼命向前冲杀，将其他部队远远甩在了后面。这支部队迅速地击溃苏军，然后继续前进。

这支部队的指挥官，就是"二战"中战功最卓著的德军将领曼施坦因。德军采纳了著名的"曼施坦因计划"，在对法战争中取得了出人意料的胜利。

第五十六装甲军隶属于第四装甲集群，曼施坦因只接到对苏联战争的作战命令，这个命令没有细节，他也无权过问。苏联西部的地理状况不利于装甲兵团的行动，因为这里河湖众多，要深入内地必须经过一些重要桥梁和渡口，苏军只要事先炸掉大桥，等德军接近时就可以凭借江河天险阻

曼施坦因正在制订作战计划（第一排右一）

挡一段时间。德军要完成"巴巴罗萨"计划规定的闪击任务,就必须以最快的速度抢占这些桥梁。具体到北方集团军群,就是夺取维拉河上的桥梁,为进一步攻击列宁格勒打下基础。这就是第四装甲集群的任务。这是一场赛跑,看哪一个装甲军最先夺取维拉河上的桥梁。沿途中,曼施坦因看到,德军士兵的尸体被残酷地肢解,景象十分恐怖。他又遇到一些德国伤兵,这些伤兵向他报告说,他们碰到"投降"的苏军士兵,这些苏军"战俘"会突然开枪。还有一些苏军的伤兵倒在地上装死,从背后开枪。

曼施坦因感到担心,这里不像在波兰或者法国,那里的抵抗显得软弱无力,而苏联人仿佛不怕死,只想杀死德国人。第四装甲兵团司令克卢格开始担心,因为第五十六装甲军不仅在前面可以遇到苏军的反攻,而且在背后很容易被甩在后面的苏军切断其后勤补给线。

6月23日,由于时间仓促,苏军西北方面军在未经必要准备的情况下实施反攻,未能成功。突击成为一场实力悬殊的遭遇战,苏军顽强抗击3昼夜后被迫撤退。

6月26日,守卫在维拉河渡口大桥的苏军士兵,突然发现远处驶来一列车队,车上载满了苏军士兵。哨兵拦住车队询问,车上的人自称是从前线撤退回来的苏军伤兵,哨兵挥手放行。这些车在驶过大桥的时候,突然从车上跳下来,把苏军守卫分队缴了械,然后脱下身上的苏军服装。原来,曼施坦因不顾《国际公法》规定,让士兵利用缴获的苏军车辆,扮成苏军攻下了维拉河的桥梁。

另一座大桥也通过武力攻占。苏军派出工兵,但引爆炸药的工兵被德军打死了。

苏军的仓促防御并不稳固,第二十七集团军被迫放弃陶格夫匹尔斯,向韦利卡亚河方向溃退。

受到重创的苏第八集团军于7月1日放弃里加,向爱沙尼亚方向溃退。第11集团军被德军北方集团军群击溃后,向谢别日和涅韦尔方向溃逃。

德军士兵正在修理一辆履带被打断的坦克

6月30日，斯大林撤销库兹涅佐夫上将的职务，由原第八集团军司令索宾尼科夫少将接任西北方面军司令。苏军第二十七集团军仍无法顶住德军第四装甲集群的攻势，向奥波奇卡方向溃退。7月6日，苏军从苏统帅部预备队调集机械化第一军和2个步兵军赶来增援，德军北方集团军群占领奥斯特罗夫。

7月9日，德军北方集团军群夺取了普斯科夫，兵锋直指列宁格勒。7月9日，索宾尼科夫将增援的3个军编成第十一集团军，在普斯科夫接近地和新勒热夫西北地区与德军展开激战，掩护列宁格勒方面军。

苏军第二十七集团军在西德维纳河节节败退，在韦利卡亚河至伊德里察河一线建立了防线。苏军第八集团军节节败退，10日，在派尔努、塔尔土建立防线。苏军波罗的海舰队撤离利耶帕亚、里加湾诸港口，进驻塔林港。至7月10日，苏联丧失了立陶宛、拉脱维亚和俄罗斯的部分领土。

德军北方集团军群向前推进了400～450公里，进攻列宁格勒方面军的阵地。经过激战，列宁格勒方面军的30个师减至5个满员师，其余的师只剩原兵力的10%～30%。

残暴的德军士兵吊死苏军俘虏

8月20日,德军绕过卢加河防线,向列宁格勒推进。

28日,德军占领托斯纳、姆加。至此,列宁格勒与其他地区的铁路联系中断。

9月8日,德军突入拉多加湖南岸,占领什利谢尔堡,完成了对列宁格勒的陆上封锁。

9月10日,列宁格勒方面军陷入混乱。9月13日,朱可夫在一片混乱中飞抵列宁格勒,朱可夫的来临迅速稳住了列宁格勒方面军的军心。

朱可夫调离一些关键性的人员,让熟悉的人在身边工作。朱可夫通常将一些军官召到司令部,经过简短的询问以后,决定留任与否。对留任的,朱可夫下达将军令,然后说明失败后交付军事法庭或者就地枪决,迫使军官们坚决地执行任务。对他认为不适合继续留任的人,立即将其送往莫斯科。

不到一周,朱可夫解除了方面军作战科科长柯尔科丁、第四十二集团军司令员伊凡诺夫、第八集团军司令员谢尔巴科夫和军事委员会成员师政治委员朱赫诺夫的职务。

朱可夫发出严厉的警告：凡失职者就地处决，并派人逮捕和枪决了有叛国行为或擅自撤退的军官、政委和士兵。

德军的勒布元帅心乱如麻，为了完成对列宁格勒的包围，德军的战线从芬兰湾到拉多加湖，再到诺夫其罗德，长达400多公里，而直接用于进攻列宁格勒的部队只剩12个师，并且这些部队损失惨重。

经过一周的较量，勒布领教了朱可夫的厉害。苏军几乎是不顾一切地拼死抵抗，而且相互间的策应明显加强了。实际上，德军在主攻方向上的部队没能推进一公里，只是增加了伤亡，消耗了给养。希特勒几乎是一天一通电话督战，使他感到如坐针毡。9月下旬，德军在整个列宁格勒的进攻已是强弩之末了。德军北方集团军群已经没有办法以现有的兵力向前推进半步，只好沿着整个战线停下来，转入战略防御。德军集中兵力建立了一道包围圈，希望最后将列宁格勒的300万军民饿死。在德军攻势减弱之后，朱可夫将列宁格勒现有的后备军事力量进行了整编，把波罗的海舰队的水兵、空防部队、国民警卫队和预备队编成许多师、旅和营，投入到损失较大的战线，以加强第一梯队的力量，建立了纵深防御系统。9月底，德军强攻列宁格勒的计划彻底破产。

从1941年9月至11月，德军在不足100天内炮击列宁格勒272次，持续时间总计为430小时。1941年9-10月，德军飞机空袭列宁格勒约100次，投掷燃烧弹和爆破弹数万枚。德军的封锁和轰炸，给列宁格勒带来了巨大的灾难，使列宁格勒的生产和生活条件急剧恶化。

列宁格勒的工业用燃料和原料严重短缺，发电量大幅度下降，军工和生活必需的生产受到极大影响。

到1941年10月底，列宁格勒的粮食储备仅够该市居民和前线苏军食用两周，鲜肉及其制品早已没了，因饥饿而死亡的人数不断增加。当时的景象令人惨不忍睹，尸体随处可见，没死的人还不如死人舒服。列宁格勒军民展开了长达900天的反围困斗争。

1941年秋，列宁格勒地区的防空武器得到了进一步加强，共有歼击机470架、高射炮1,300门、对空探照灯300部、拦阻气球数百个、雷达8部。

为增大芬兰湾方向的地对空纵深防御，苏军组建了8个驳船高炮连。此外，还新编大量地方防空部队，到9月初有27万人左右。9月份，德军空袭列宁格勒23次，出动飞机2712架次。在苏军火力的猛烈打击下，只有480架德机突入市区，其中272架德机被苏军击落。

12月，当苏军在莫斯科附近发起反击后，德军的密集空袭被迫中断。1941年下半年，列宁格勒军民生产坦克713辆、其他装甲车辆538辆、火炮1.3万余门、炮弹300余万发、火箭弹和炸弹8万余发，弹药产量比上半年增加了9倍多，被服生产也有很大程度的提高，有力地支援了部队的作战。

1941年第四季度，在莫斯科保卫战最紧张的时刻，列宁格勒军民将1,000余门火炮和其他军工产品空投到莫斯科。

拉多加湖是联结列宁格勒和苏联后方的唯一兵员和物资运输线。从9月12日至11月中，上述航线运往列宁格勒的物资达6万吨。拉多加湖封冻后，苏军列宁格勒方面军在科博纳至科科列沃和瓦加诺沃间又开辟了冰上汽车运输线。苏军通过拉多加湖运输线调入了6个步兵师和1个坦克旅，为列宁格勒及时地补充了兵力。

在最困难的时候，列宁格勒的工人每天的面包为250克，职员和受抚养者为125克。尽管出现了饿死人的现象，但粮食定量供应满足了前线作战的急需。为了降低物资消耗，列宁格勒多余人员向其他地方疏散。仅1941年冬，列宁格勒通过运输线送走没有劳动能力的居民54万人，工业设备、文化珍品和其他财物3,700车皮。

转折：剑拔弩张

10月底，苏德双方都已精疲力竭，谁也无法消灭对方，这是一场血腥的大混战。

1941年12月初，德军中央集团军群在各线进军的部队已精疲力竭，尤其是装甲部队已到了山穷水尽的地步了。这时，苏军新的预备队源源不断地开赴前线，无论是在数量上还是在气势上都胜德军一筹。

严寒同样给苏联军民带来了巨大的困难，他们不得不在寒冷彻骨的天气里挖防坦克壕、设置障碍物等。

但是，苏军本来就是在严寒中长大的，况且穿得暖暖的足以御寒；苏军的供给和适应能力要比德军强得多；苏军的机枪都披着枪套，以防止冻

苏军新的预备部队源源不断地开赴前线，支援莫斯科

坏；武器上涂有冬季润滑油，使用起来非常灵活……

1941年12月4日，苏军第十六集团军在红波利亚纳地区发起反击。红波利亚纳镇几次易手，苏军与德军在镇外展开了坦克战，在镇内则进行着巷战。战斗异常激烈，整整持续了一天，天黑时，苏军终于把德军逐出了红波利亚纳。

莫斯科周围地区的战斗也都呈现这种白热化状态。苏德双方都知道，这是最后关头，谁能坚持到最后，谁就能取得胜利。12月5日，德军称之为"最黑暗悲惨的一天"，对苏军来说这是整个莫斯科保卫战中最关键的一天。

这天，德军在环绕莫斯科周围320多公里的半圆形阵地上，全线被苏军遏制住了。不仅如此，所向无敌的古德里安装甲部队第一次被迫后撤，不得不在冰天雪地上组织起防线。然而，德国人已经什么都来不及了，苏军的反攻开始了。

12月5—6日，苏军利用德军预备队消耗殆尽、失去进攻势头的有

由于充足的后勤补给，苏军坦克能适应冰天雪地的环境

第六章　血捍苏联

利时机，出其不意地在加里宁至叶列茨一线开始了全线反攻，实施了加里宁、克林—索尔涅奇诺戈尔斯克、图拉、叶列茨和卡卢加战役，并在罗斯托夫和季赫温方向展开了积极的配合行动。

12月6日凌晨，希特勒做梦也没想到，由朱可夫指挥的苏联西方面军，在其他方面军的协同下，以100个师的兵力向德军发起了全线大反攻。

12月7日，日本偷袭了美国的珍珠港。希特勒冲出地堡，跑过夜幕，把这条新闻拿给自己的亲信凯特尔和维德尔看，声嘶力竭地说："该死的日本猴子，事先都没有通知我们，就在美国佬的屁股上捅了一刀！我们又多了一个强敌，又一个强敌！"

9日，希特勒在柏林宣布对美宣战，指责罗斯福为了掩盖"新政"的失败而挑起战争，罗斯福应该对第二次世界大战负责。

12月8日下午，苏军占领克留科沃及其邻近的几个居民地。反攻的第一天，加里宁方面军已经突破了德军的防御阵地，越过冰封的伏尔加河，向精疲力竭的德军扑去。

他们进展迅速，很快就插入到德军第九集团军的右翼，到达德军后方大约20公里的图尔吉诺沃。

从12月8日开始，德军被迫转入防御。1942年1月初，已经完全击溃了窜至莫斯科城下的德中央集团军群的突击兵团，德军被迫后退了100～250公里，从而解除了德军对莫斯科的直接威胁。

苏军的反攻引起德军的一片恐慌：密密麻麻的苏军士兵像大海的波涛一样滚滚而来，雪地上被打死的和垂死的苏军士兵像地毯似的铺了一层，但是，一波又一波的苏军士兵仍然扑来，源源不断。2月中旬，苏军又向西推进了100～350公里，收复了莫斯科、加里宁、图拉等莫斯科以西大部地区。

至此，希特勒占领莫斯科的企图完全化成了泡影。

1942年6月，德国两个集团军群上百万之众，向顿河和伏尔加河之间猛烈进攻。6月28日，德军调集大量步兵、坦克攻打斯大林格勒。负责主攻斯大林格勒的是德国B集团军群，其主力是第六集团军和第四装甲集团军。保卫斯大林格勒的是斯大林格勒方面军下属的第六十二、六十三、六十四和第二十一集团军。

7月17日，德军开始以优势兵力猛攻苏军的前沿阵地，激战1个月后，部分德军突破了苏军的顿河防线。斯大林格勒外围战开始。

9月4日，保卢斯的第六集团军逼向斯大林格勒。斯大林急忙派朱可夫到斯大林格勒前线组织防线。朱可夫到达斯大林格勒前线后，立即实施了部分反击。由于苏军反击力量薄弱，收效不大。

德军还使用了超级巨炮。由于其一战时威震巴黎的业绩，德军把它称为"巴黎大炮"。"巴黎大炮"的设计与制造堪称世界一流，其射程之远也堪称世界之最。这种大炮的口径虽然只有210毫米，但身管却长达34米。若把炮身竖立起来，其炮口要超过10层高楼的楼顶。在"一战"时，3门"巴黎大炮"从不同位置向120公里远的巴黎发射了300多发炮弹，造成200多人死亡、600多人受伤。

1935年，为了击毁马奇诺防线，希特勒下令研制一种超过"巴黎大炮"的新型超级巨炮。德国克虏伯兵工厂承担了这一艰巨的任务。经过7年的努力，1942年春，克虏伯兵工厂制造出了800毫米口径的超级巨炮。

德国炮兵称它为"大多拉"炮。"大多拉"除了在身管长度和射程上不如"巴黎大炮"外，在许多方面堪称世界之最：全炮约长43米，宽7米，高11米，重1,350吨。炮弹大得可怕，其中榴弹丸重4.81吨，另一种用于破坏混凝土掩蔽部的弹丸则重达7.1吨。

由于个头太大，"大多拉"的运输、操作、保障十分困难，要把各部件卸下来分别装车，运炮车与两层楼的楼房相当。整座大炮及所需的弹药需用60节车皮运输。由于炮身过宽，标准宽度的铁路无法运输，需要专门铺

巴黎大炮

苏军士兵在斯大林格勒巷战中

设轨道。到达发射阵地后，还需要借助吊车才能把各部件安装在炮架上。

安装好这门巨炮，需要1,500人忙活3周。1942年4月，德军进攻克里米亚地区受挫，希特勒决定派"大多拉"参战。从6月7日起，"大多拉"火炮向塞瓦斯托波尔要塞发射了48枚巨型炮弹，其中一枚击毁了埋在岩石下数米深的一个巨型弹药库。

"大多拉"有一些战果，但与制造它的成本不成比例。后来，"大多拉"参加了进攻斯大林格勒及莫洛托夫城的作战，但也没有建立特殊功勋。

自9月13日开始，苏德双方展开了残酷的巷战。当时，德军投入巷战的兵力达13个师，斯大林格勒方面军只有9万人。

苏军战士、狙击手、防坦克枪手、炮手沉着地躲在房屋、地下室和土木质发射点里以及围墙的拐角处射击。成千上万德军被击毙，但是新的部队源源不断地涌了上来。德军的冲锋枪手穿插到铁路线以东的城区、火车站以及专家大楼。战斗打到距离苏军指挥部不远的地方。

第六章　血捍苏联

苏军战士们一跃而起，冲在最前面的是政治委员，又有许多人倒了下来，染红了城区。

德军航空兵和炮兵试图扩大这种"近战"地带双方间的距离，但是毫无作用。因为苏军和斯大林格勒居民充分利用他们熟悉地形的优势和巧妙伪装，与德军进行街垒战和巷战。

德国的坦克在窄窄的街道上，当它们身后或侧面受到攻击时，很难迅速地调头。坦克的枪炮缺乏仰升装置，无法向建筑物上方开火，而在那里，苏军的反坦克炮正在向它们开火。

苏军隐藏的狙击手们经常神出鬼没地向德军射击，打得德军心惊胆战。

第一火车站在1周之内曾经13次易手，战斗的残酷可想而知，瓦砾废墟上横七竖八地躺满了尸体。

16日拂晓，德轰炸机挨着烟囱从车站上空疯狂地扫射，投下几百枚炸弹。轰炸过后，炮击又开始了。德军冲了上来，从断壁残垣的废墟中射出密集的子弹，双方距离太近了，德国人纷纷倒地。

战斗持续了一天，车站大楼仍在苏军手中。里面只剩19名苏军士兵。没有红旗，一位重伤员脱下血衣，血染的红旗飘扬起来。

德军开来坦克，准备撞破墙壁消灭他们。苏军一位反坦克手抓起仅有一支带3颗子弹的反坦克枪，还没有来得及占领阵地，就被德军的枪手抓住了。

德军从掩体里冲了出来，这时，苏军的重机枪响了起来，最后250发子弹射向德军，德军倒下一大片，剩下的逃回掩体。德军拖来大炮对着苏军士兵们猛轰，苏军士兵们被埋在里面。

保卢斯的部队仍不顾一切地向市中心和城南进攻，把整团、整师的部队投入巷战。

10月初，整个斯大林格勒像一座大火炉。城北作战异常激烈，枪炮声从未停止。建筑物已经倒塌,但德军依然心惊肉跳,不知什么时候会从哪里射出一串子弹,每前进一步都要经过一番苦战。

即使是在德军完全占领的城区,也总冒出施放冷枪的狙击手,总有几栋未被攻克的大楼。德军被迫分散,去对付来自四方八面的偷袭。

10月底,苏德双方都已精疲力竭,谁也无法消灭对方,这是一场血腥的大混战,每一条街、每一楼层、每一房间都成为战场。

11月上旬,德军尽管占领了市区的大部分,但始终没能消灭市内的各个防御点,并为此付出了高昂的代价。

顽强的苏军一直牢牢地守卫着伏尔加河西岸的狭长地带。尽管德军损失了近70万人和大量的武器装备,始终不能完全占领斯大林格勒。

双方杀得天昏地暗、血流成河,保卢斯一次次把部队投进去,把城市炸成了废墟、烧成了焦土,把苏军挤压到只剩25公里长的阵地上,但却攻不动、打不动了。

苏军集结了斯大林格勒方面军、顿河方面军和新扩建的西南方面军,共110万人,配有新式的T-34坦克和威力强大的"喀秋莎"火箭炮。

苏军的秘密武器"喀秋莎"火箭炮

第六章 血捍苏联

德国 B 集团军群集结了 80 个师近 100 万人，但两翼兵力薄弱。掩护德军南翼的是罗马尼亚第四集团军，掩护德军北翼的是罗马尼亚第三集团军、意大利第八集团军和匈牙利第二集团军。这些仆从国军队装备较差，战斗力也较弱。

11 月 19 日早晨，隆隆的炮声揭开了苏军反攻的序幕。

11 月 20 日拂晓，斯大林格勒方面军突破了罗马尼亚第四集团军的防线后继续北上，在 11 月 23 日傍晚与卡拉奇的西南方面军会师，从而把保卢斯的 22 个师约 30 万人合围起来。11 月 25 日，希特勒把曼施坦因元帅从列宁格勒前线调来，让他从西南向前推进，替第六集团军解围。

12 月 12 日，曼施坦因的装甲兵团开始沿铁路线北上，不顾重大伤亡，向斯大林格勒方向冲击。

但是，一支以 450 辆坦克为先导的苏联大军在 12 月 16 日从马蒙附近发起新的攻势，粉碎了意大利第八集团军之后，南下直插曼施坦因的后方。

曼施坦因发现自身难保，于 12 月 23 日停止北上，开始后撤。1943 年 1 月 12 日早晨，在列宁格勒零下 23 度的严寒天气下，苏军 2000 多门火炮和迫击炮一齐怒吼，打破了严冬的沉寂。

在此后的几天里，特别是在 1 月 14—18 日，苏军在德军精心构筑的封锁工事前展开了激烈的进攻，朱可夫指挥的部队灵活运用战术，派遣滑雪步兵第十二旅穿过拉多加湖结冰的湖面，从敌人后方的里普卡村向德军突击。

1 月 18 日，列宁格勒和沃尔霍夫两个方面军在第一和第五工人村会合，列宁格勒战役结束了。1 月 26 日，保卢斯的部队被切成南北两块：以保卢斯为首的 9 个师困在市中心，另外 12 个师在北部工厂区。

1 月 31 日傍晚，苏军攻入第六集团军司令的地下室，保卢斯率 9 个师投降。2 月 2 日中午，北部工厂区的德军投降。

至此，血肉模糊的斯大林格勒战场终于沉寂下来。

反攻：摧枯拉朽

4月19日晨，载满了敢死队的汽车从柏林驶出，朝着泽洛高地这个死亡之地驶去。

1943年，苏联反攻初期，在兵力上占有绝对优势、士气高涨的苏联军队打得十分顺手。

2月16日，沃洛涅日方面军收复了苏联第四大城市哈尔科夫，顿河集团军群的16万德军节节败退。

曼施坦因指挥苏德战场上的德军后，在他看来，要想在苏军猛烈炮火的攻击下保存实力，只能等苏军超过补给线之后，再对那些孤立的苏军部队进行截击。按照曼施坦因的计划，德军将撤至米斯河防线，在顿巴茨地区进行集结，同时调法国境内的军队移师乌克兰。再从北、东两个方向发动反击，夺回哈尔科夫。为了诱敌深入，许多地方必须放弃。

2月27日，希特勒到达曼施坦因位于札波罗结的指挥部。希特勒大声质问："你要求救援，我从法国抽调了十几个师，现在，这些师已经抵达，为什么你还是撤退呢？"

曼施坦因的计划最终得到了希特勒的肯定，两天后，希特勒心满意足地飞走了。3月2日，苏军西南方面军受到重创，波波夫机械化集群全军覆灭。德军主力挥师北上，沃洛涅日方面军的第三坦克集团军陷入包围。

3月5日，除了第六近卫骑兵军外，沃洛涅日方面军被歼灭。3月14日，德军夺回哈尔科夫。德军在哈尔科夫战役中未能歼灭苏军，因为德军兵力严重不足，无法扩大战果。

这时，土斯克河和谢伊姆河汇流处的库尔斯克成为战略突出部。库尔

第六章 血捍苏联

斯克镇只有 12 万人，位于莫斯科南部 330 公里处。

3 月中旬，斯大林急忙派朱可夫前往沃洛涅日司令部。朱可夫会同该方面军司令员瓦杜丁几乎巡视了方面军的所有部队，了解敌我态势，制订作战计划。

从 1942 年 5 月起，德军已经连续战斗了 10 个月，部队的损耗达到了极点。从 1942 年 7 月 1 日到 1943 年 6 月 30 日，德军在东部战场上损失 198.5 万人。德军的师通常只有团甚至营的规模，而装甲部队的损失更大。

在这种情况下，要打赢一场进攻库尔斯克镇的战役，需要把足够的武器运到前线，这需要花很长的时间，因为苏联游击队正在后方大肆破坏，精疲力竭的部队需要时间休整，人员缺额要补充，新兵要有时间训练，需要足够的弹药和粮草。

德军坦克的性能偏重于机动性，而装甲防护薄弱，火炮威力不大，与苏联 T-34 坦克交战时，一直处于被动挨打地位，导致"闪电战"战略破产。

T-34 坦克是二战前研制的，是综合战斗性能较好的坦克，至今已经经历了半个多世纪的漫长岁月，仍在一些国家的军队中使用着，成为服役时间最长的坦克。在朝鲜战场上，人们发现这种坦克并没有过时。

库尔斯克会战对于德国来说是关乎命运的一场大决战，希特勒把宝押在了最新式的"虎"与"豹"式坦克和"斐迪南"式战车身上。

1943 年上半年，德国征召了 200 多万名青壮年，使德军恢复了一批师，但兵员素质已大大下降。至 1943 年 7 月，德军共有 253 个步兵师零两个旅，其中 169 个师零两个步兵旅驻在苏联。陆军青年军官中，80% 只受过 3 个月的军事训练。

而空军的恢复则难上加难，由于飞行人员不足，飞行人员极度疲劳，航空兵部队无法得到恢复，只能补充极少的飞行员，而且没有战斗经验，其训练质量不符合标准。

苏联T-34坦克正在行进

经过调集兵力，希特勒在库尔斯克北面和南面集结了90多万人、火炮和迫击炮1万门、坦克和强击火炮2,700门、飞机2,980架。7月4日下午4时，德国第四装甲集团军向苏军的阵地发动了进攻。经过激烈的战斗，德军占领了苏军的几个阵地。

7月5日5时30分，由克卢格元帅指挥的德国中央集团军群向苏军发动攻击。7月10日，苏军决定于12日发动"库图佐夫"战役。次日，德军在库尔斯克北部的攻势被阻止。苏军将攻击奥廖尔登陆场的南端，然后与从北往南进攻的第十一近卫集团军会合，切断位于奥廖尔突出部内的德军。然后，沃洛涅日方面军和草原方面军将联合对别尔哥罗德—哈尔科夫方向发起进攻。

"库图佐夫"反攻行动表明，苏德战争的规模越来越大。仅苏联一方，参战的方面军就有5个。

就在这个时候，德第二装甲集团军司令施密特中将因涉嫌参与反对希特勒的行动在7月10日被捕，这一变动给德军的指挥带来了混乱。

战事前夜，苏联空军在两个方向上进行了长时间、大规模的袭击，炸得德军晕头转向。仅东线就出动了飞机600多架次，投弹550吨。

7月12日，人类历史上规模最大的坦克战爆发：700辆苏军坦克、战车，与500辆德国坦克、战车在一系列惨烈的遭遇战中交锋。罗特米斯特罗夫中将率领的第五近卫坦克集团军与布赖特的第三装甲军（"阿道夫·希特勒"师、"骷髅"师和"帝国"师）对阵。

罗特米斯特罗夫认为，"虎"式坦克前装甲厚达10厘米，不容易被击穿，坦克炮射程远、威力大。但是，针对"虎"式坦克速度慢和易燃的弱点，可以发挥T-34坦克机动速度快的优势，近战歼敌。清晨，德军装甲部队向苏军发动猛烈攻击，苏军派装甲部队迎战。只见一辆T-34坦克向"虎"式坦克撞去，"虎"式坦克直往后退。T-34坦克发射炮弹，"虎"就不动了……

德国"虎"式坦克于1937年春季开始研发，1942年8月正式投产

苏军无数坦克向德军坦克猛冲，团团的硝烟使德轰炸机无法支援德坦克。大量的苏军坦克冲破德军坦克的队形，在整个战场形成压倒性的优势。

激战到天黑，德军损失1万多人，扔下400多辆坦克，匆匆溃退。苏军的损失超过德军，但他们是胜利者。从此，苏军坦克成为战场的主宰。7月15日，苏联中央方面军加入库尔斯克战役。德军意识到失去奥廖尔登陆场只是个时间问题，于16日向希特勒请求，允许部队撤往"哈根"防线。希特勒却禁止其后撤。

21日，苏第十一集团军进入德第十一近卫集团军和德五十集团军之间的进攻位置，在这种情况下，希特勒不得不在22日同意撤退。

由于苏军极度疲劳，7月23日，德军安全撤回到别尔哥罗德防线。但是，苏军的攻势已经不可逆转。

8月5日，苏军解放奥廖尔，库尔斯克战役最终以苏军胜利而结束。莫斯科第一次以鸣放礼炮的形式来欢庆胜利。

进入1944年，决心不惜一切代价继续战斗的只剩德国、日本了，但它们相隔太远，谁也不能指望谁。芬兰已经精疲力竭；意大利在英、法的控制下，意军已撤离苏联；匈牙利没有与德国商量就把部队撤离战场；斯洛伐克开始与德国大声说话，德国不能调动她的部队了。

西班牙要求德国归还蓝色师，葡萄牙干脆把亚速尔群岛变成了盟国的军事基地；瑞典不再给予德军过境的特权。土耳其人不愿与仇敌苏联人并肩作战，也不愿为德国人卖命，甚至不向德国提供铬矿了。罗马尼亚告诉德国，罗马尼亚已有20多万官兵为德国送了命，不会再为德国提供部队了。

9月4日，苏军已经占领了大部分芬兰领土，芬兰宣布与德国断交，要求德军在9月15日离境。9月19日，芬兰签署停战协定。芬兰在二战中损失了20万人，还要付出3亿美元的赔偿。

1945年元旦过后，斯大林下达了维斯瓦河—奥得河战役的命令。苏军出动了 180 个师，以朱可夫指挥的白俄罗斯第一方面军与科涅夫指挥的乌克兰第一方面军为主力，分路进攻，快速攻占了波兰的首都华沙和德国的西里西工业区。

不久，苏军强渡奥得河，向柏林逼近。

斯大林命令苏军打响东普鲁士战役，消灭敌人最大的集群之一中央集团军群，并击毙敌军 12 万人，俘获 14 万人。

据雅尔塔会议的协议，柏林将成为苏占区，由苏军攻打。

此时的德国在军事、政治与经济上已都处于崩溃的边缘，但希特勒还在妄想阻挡苏军对柏林的进攻，拖延战争。

为此，他在西线仅部署 59 个师，以 214 个师又 14 个旅的兵力在柏林负隅顽抗。1945 年 3 月 31 日，斯大林得到了艾森豪威尔的回话，英、美军队不准备向柏林进军，这让他感到愤怒。斯大林把它视为西方盟军的欺诈。

夺取柏林将被视为对德军在列宁格勒、莫斯科、斯大林格勒以及上千座苏联城镇造成巨大破坏的报复。占领柏林将会突出苏联在大战中的中心

坚守奥得河大桥的苏军士兵

地位，还会使东欧和中欧作为苏联的势力范围合法化。

4月6日，苏军恢复了对柯尼斯堡的进攻。在这里，苏军集结了4个集团军、近14万人、火炮与重型迫击炮5,000门、坦克和自行火炮车538辆、飞机近2,500架，兵力优势于柏林守军。

战斗开始的第一天，苏联的突击部队从八个地点向德军阵地突入，推进到港口的四周。虽然苏军运来了203毫米与280毫米口径的重型火炮，在近距离向德军阵地开火，发射了500发炮弹，却没能让守军的反击沉寂下来。

第二天，苏军的轰炸机增加了轰炸力度，246架重型轰炸机与300架伊尔—2型飞机向要塞投下了550吨弹药，摧毁了城区。

在几组装备喷火器的工兵的带领之下，苏军逐街攻入了柯尼斯堡。4月8日，天气晴朗，苏军派出了6,000架次飞机，把守军驱逐到越来越小的地区。柯尼斯堡的德军指挥官拉施将军在4月9日21时30分宣布投降。

战斗中的苏军炮兵

第六章 血捍苏联

1945年4月16日凌晨4点，当漆黑的夜空中出现三道红色火焰后，苏军的140部大型探照灯、坦克与卡车上的灯光，将德军阵地照得雪亮，德军几乎到了无可隐藏的地步。

随着三道绿色火焰的升空，炮兵开始射击。震撼大地的轰击，排山倒海似的向德军阵地射去，这在苏德战场上前所未有。村庄被狂泻的炮弹炸成了瓦砾，森林变成了火海，炮弹掀起一阵阵的冲击波，形成了火的风暴，尘土与碎片被吹遍了田野。苏军开始匍匐前进，发动进攻，但他们的处境却变得不妙起来。步兵发现自己趴在齐腰深的泥沼之中，德军正在距此322公里远的人工湖放水，把这里的平川变成了沼泽。

此外，士兵们发现探照灯不但帮不上忙，还是一种妨碍，因为浓烟把光束反射回来后照花了他们的眼睛。他们在泥泞之中前进时，探照灯却映衬出了他们的身影。

苏军的处境非常悲惨，每前进一步都要付出巨大的生命代价。

苏军的战斗队在几分钟内被消灭，没死的伤员则被泥水淹没。第二与第三梯队踏着成堆的尸体竭力前进，但也被消灭了。拂晓时，桥头堡成了巨大的交通堵塞。随后，德军炮火准确的攻击使局面更加恶化。

在中午时分，朱可夫把准备在突破阵地后使用的第六装甲军投入到战斗中。于是，1400辆坦克与自行火炮一同发起冲锋，努力扫清通往泽洛高地的道路。战况大有改观，苏军摆脱了被动局面。

但苏军的坦克却被限制在有限的几条道路上，很多被德军88毫米口径的反坦克炮击碎；好不容易到达泽洛高地低坡狭窄的通道与反坦克篱前，却在近距离被火箭发射器摧毁。黄昏时德军侦察机报告，奥得河和泽洛高地间堆满了正在燃烧与被击碎的坦克，四处散布着成堆的尸体与垂死的伤员。朱可夫的第1白俄罗斯方面军发动的进攻被扼制了。

在泽洛高地，朱可夫遇到了德军著名防守专家——戈特哈德·海因里希。可谓棋逢对手、势均力敌。

海因里希在苏军发动炮火准备前放弃了阵地，在弹幕升起以后又返回了阵地。

这个过程在短短11个小时里完成，的确是一次非凡的战术胜利。4月17日黎明前，800多架轰炸机向德军阵地进攻，上午10点，无数门大炮的炮弹犹如暴雨般射向泽洛高地，紧接着苏军飞机开始了一波又一波的轰炸。

10点15分，第八近卫集团军的主力与第一近卫坦克集团军发动进攻。火力之猛，令德军无法抬头还击。

德军用反坦克炮从斜坡上向下进行射击，坦克部队瞬时变成了扭曲而燃烧的废铁。

苏军仍在进攻，后续梯队把疲惫不堪的士兵挤到路边，受伤的德军步兵被碾在坦克的履带之下。

德军第十八装甲掷弹师在"福克沃尔夫"190轰炸机与"梅塞施米特"262"喷气"式战斗机的空中支援下，切入了苏第一近卫坦克集团军的侧翼，使苏军的坦克只能在步兵身后缓慢前进，因此造成了巨大的损失。

刚过下午，苏军的人力资源已经接近枯竭。军官们只好把后勤部队每个合适的人集合起来，作为步兵送到一线。

在南面与中间地带，进攻部队仍然不能到达高地的顶处，在北面，坦克旅攻入了泽洛镇。

坦克乘员们把居民房子里带有铁丝网的床垫缠到了坦克的前装甲上，为了能让反坦克火箭与榴弹偏离方向或提前爆炸。傍晚时，苏军虽然控制了该镇，但仍不能取得突破。

4月18日早，朱可夫向他的指挥官们下达了充满威胁的命令，4月19日12点，苏军将会发动最猛烈的进攻，到时，他们的部队将会得到重组与增援。如果新的进攻仍无法取得突破，他们将会承担个人责任——被降为列兵，送到惩罚营。在那里，他们很可能会和普通士兵一起冒着敌人

第六章 血捍苏联

据守泽洛高地的德军和苏军展开炮战

的枪炮冲锋。

于是，朱可夫重新对泽洛高地发动进攻，没有渡过奥得河的人将会被处死。但现在很多步兵本是后勤人员，他们缺少基本的战术知识。很难发挥作用。

晚上，进展依然不大，每次进攻都因德国步兵与反坦克火箭筒兵的反击而变得举步维艰。德军把所拥有的一切都投了进去，大有破釜沉舟之势。4月19日早，载满了敢死队的汽车从柏林驶出，朝着泽洛高地这个死亡之地驶去。

4月19日10点30分，在长达30分钟的密集炮火与飞机轰炸以后，苏军第八近卫集团军再次发起进攻。

德军把预备队投到了前线，虽然他们多是老人与儿童，但却勇敢地战死。中午过后，德军防线出现了缺口。右翼的第五突击集团军突破了第九伞兵师的防线，北边的第三突击集团军也在德军的阵地上打开了一个大洞。

下午时分，德第五十六装甲军被向西击退了19公里，虽然苏军的突入却付出了可怕的代价，但这场消耗战却开始向有利于朱可夫的方向发展。当晚，难民排成长队从东面涌进柏林——这是战斗失利的明显表现。4月20日，朱可夫的第三突击集团军所属步兵第七十九军的远程炮兵首先向柏林发炮。

4月21日，苏军的近卫坦克第二集团军、第三突击集团军、第四十七集团军终于突入柏林城郊。

第三和第五突击集团军攻入柏林，于4月21日晚间占领柏林东北的威森西与荷恩斯施努豪森。在随后的24小时，第三突击集团军的第十二近卫军攻进了潘可夫，抵达姆博德特曼高射炮台，但该炮台却坚固无比。上面的高射炮可以以平射的方式快速开火，使得其周围数千米内苏军难以前进。

苏军第七十九军从炮台西面绕了过去，不但穿越了普罗岑湖闸门以西、施普雷河以北的霍恩佐伦运河，而且突入了摩亚比特。4月25日，白俄罗斯第一方面军与乌克兰第一方面军在柏林外的波茨坦胜利会师。4月26日，苏军开始向柏林发动猛攻，激烈的白刃战随处可见。

4月27日夜，柏林守军被压缩到1至5公里宽、16公里长东西向的狭窄走道里。

5月2日下午3点，柏林守军投降。5月9日，朱可夫代表苏联在德国的投降书上签字。

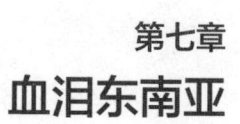

第七章

血泪东南亚

魔爪伸向马来西亚

"……日本人正在一旁微笑着研磨牙齿。"

在20世纪30年代，日本一直在利用全国的资源进行战备工作。日本军国主义者开始在亚洲大陆开辟殖民地，殖民地既能够为日本提供原材料，又能为其提供所需的市场，还能作为日本遣散剩余人口的出路。

日本的大肆扩张侵害了西方帝国主义国家的利益，引起英、法、美、荷等国的禁运制裁。日本军国主义者说："日本刚刚参加这场掠夺游戏时，西方列强因为已经有了他们想要的一切，这时突然摆出一副道德面孔，宣布游戏停止了。"

在1941年之前，日本的报纸不断地鼓吹军国主义路线："只有在将白人的罪恶侵占连根拔除后，亚洲人的亚洲才能得以实现！"

日本把攻占东南亚资源地区、夺取丰富的资源和确保交通线安全作为其战争的重要目的。

12月8日，日军在偷袭美国海空军基地珍珠港的同时，向东南亚发动了强大的攻势，太平洋战争爆发了。十分明显，日军偷袭珍珠港，是为了确保南方作战的顺利进行。南方作战是以占领美国、英国和荷兰在大东亚地区的重要基地为战略目的。

日军攻打东南亚的作战分为三个阶段。第一阶段作战，占领马来西亚和菲律宾，攻占婆罗洲和苏拉威西岛；第二阶段作战，占领爪哇岛和苏门答腊岛；第三阶段作战，巩固所有的日占区，伺机占领缅甸、安达曼群岛。

占领这些地区以后，建立北起千岛群岛，途经马绍尔群岛、吉尔伯特群岛、俾斯麦群岛、新几内亚岛、帝汶岛、爪哇岛、苏门答腊岛、安达曼群岛至缅甸的"大东亚共荣圈"。日本军部规定：前两个阶段的作战时间为3个月。

日本军部组建了南方军，一共11个师、2个飞行集团、9个坦克团，海军第二舰队、南遣舰队、第十一航空舰队负责支援和掩护，总兵力为25万人。

11月下旬，南方军发动了全面攻势。12月2日，日本军部南方军下达"鹫号"命令。

日军南方作战的重点是东南亚的马来西亚方向。日军准备击退马来西亚方向的盟军，占领战略要地，特别是占领东南亚群岛的战略中心、经济中心新加坡。

为了守住新加坡，1941年12月初，英国远东舰队司令菲利普斯中将亲率"威尔士亲王"号战列舰、"却敌"号战列巡洋舰到达新加坡。

新加坡英军的防御重点在新加坡东部海岸，以海战为主，阻止日军登

英军"威尔士亲王"号战列舰

陆。英军拥有158架飞机,空军主力在新加坡基地,英军出动舰艇和飞机对马来西亚东部海域进行警戒,对哥打巴鲁、关丹方面出动侦察机巡逻。英军在宋卡、北大年、关丹和哥打巴鲁方向都有机场,驻有较多的兵力,英军还可从新加坡军港出动舰队进行反攻。

可是,英国人却没有想到,日军会那么快就进攻泰国和马来西亚。日军南方军在战前进行了精心的策划,以陆海军奇袭的方式直接登陆。在登陆的同时或稍前,航空兵部队按计划夺取制空权,陆海军按计划抢占重要的军事基地和航空基地。

马来西亚的陆军作战由山下奉文指挥,所属部队为第二十五集团军,海军部队是小泽治三郎指挥的南遣舰队和所属的第二十二航空队,日军装备了210辆坦克、799架飞机、46艘舰艇,兵力为11万人。

12月4日,日军在海军的护送下,由中国海南岛三亚港出发。6日晨,日运输舰队由越南海转向西北,由暹罗湾驶向曼谷。7日中午,日运输舰

山下奉文率领第二十五军在泰国南部的宋卡登陆

队突然改航，驶向宋卡、北大年、哥打巴鲁。

12月6日下午3时，英军在中南半岛的金瓯海角南方海域发现了日舰队。新加坡英国殖民政府得知后，马上召开紧急会议。会议决定，等待伦敦的指示。

12月8日零时，日军第五师主力到达泰国南部。日军想与泰国政府谈判以达到占领目的。8日1时15分，泰国总理和海军部长都不在曼谷，日本大使只好把最后通牒交给泰国外长。3时30分，日本南方军下令进攻泰国。日军的作战行动十分大胆，日军只派一个师去攻打泰国。

凌晨4时，日军开始在泰国登陆，泰军没有抵抗就向日军投降了。日军第五师进军泰马边境。

泰国人曾经高兴地欢迎摆脱了白人的殖民统治，日本人试图礼貌对待的国家只有泰国，泰国曾经欢迎日本人的到来；几个星期后，泰国政府官员认为自己上当了："当我们经过所有开着的门窗时都被人民嘲笑，而日本人正在一旁微笑着研磨牙齿！"

8日1时30分，日军佗美支队5,300人在海军第三水雷战队的护送下，在马来西亚北部的哥打巴鲁登陆。日军遭到英军的英勇阻击，英飞机击沉日运输舰"淡路山"号。经过4个小时的战斗，日军占领了英军阵地。晚上，日军占领机场，击溃了英军的反攻。

日军方面，日第三飞行集团向马来半岛的机场和新加坡海军基地发动了大规模的空袭，英空军被迫撤到新加坡。日军航空队于8日轰炸了新加坡的军事设施。

为了阻止日军后续部队继续登陆，12月9日下午5时，英舰队司令菲利普斯率领远东舰队由爪拉丁加奴海北上，准备歼灭日军运输舰队。

与此同时，日航空队轰炸了关丹机场，8日和9日的轰炸使英军损失50架飞机，日军夺取了东南亚的制空权。

10日8时，远东舰队到达关丹，没有找到日军，转航继续寻找。11

时 56 分，日军出动 34 架俯冲轰炸机、51 架鱼雷轰炸机发动攻击，把远东舰队"反击"号、"威尔士亲王"号击沉。英驱逐舰救出 2,000 人，菲利普斯等 800 多名海军官兵阵亡。

日军分两路向南进军，进攻马来西亚。驻守马来西亚的英军主力是第十一印军师，英军面对疯狂进攻的日军无力抵抗。可是，英军又不想把马来西亚北部的重要粮仓让给日军。

日军掌握了制海权和制空权后，后续部队陆续登陆，主力部队越过克拉地峡，到达吉打州，向南推进。

日本攻占了吉打和北大年的空军基地使新加坡的英军陷入困境。英军希望马来西亚地区茂密的丛林会对防御有利。

可是，英军很快就意识到，轻装前进的日军熟悉丛林作战。日军士兵骑着自行车快速通过密林中的小道。

12 日，日军佐伯联队突破英军重兵防御的马来西亚北部的日得拉防线。13 日，日军攻占吉打州首府亚劳。同时，佗美支队占领爪拉丁加奴

被日军击沉的英"反击"号战列巡洋舰

机场。

英军在抵抗日军登陆海战和马来西亚北部地区阻击战中连续失败,仍然准备凭借关隘、河流等屏障抵抗日军,以争取时间,加强新加坡防线,准备打持久战。

驻守在贝汤附近防御工事中的英军对日军的进攻速度感到恐慌,日军进攻他们的侧翼,英军仓皇撤退。12月14日,印军第十一师在吉打的战斗中与日军第五师团打了起来。这支英军部队有很多印度新兵和新来的英国军官,他们不熟悉丛林作战,他们无法对付日军的疯狂进攻。经常处于被日军分割包围的绝境之中。

印军第十一师在损失了两个旅后,终于突围了,向南溃退。英国人发现他们同时输掉了泰国和马来西亚两场战役。英军退守霹雳河岸。

12月17日,日军决定切断英军主力部队的退路,在柔佛州以北、吉隆坡以南地区把英军与新加坡的联系切断。

12月19日,日军攻占马来半岛西海岸槟榔岛上的维多利亚空军基地,切断了从印度、缅甸至新加坡、马来西亚的空中航线。这时,马来半岛北部的所有机场都被日军攻占了。

英军想凭借霹雳河这一天堑,发起一场阵地战,再撤进修好的防御工事中,使马来西亚战役变成日本承受不起的消耗战。

没想到,丛林地带作战对守军十分不利。因为英军要把守每一条大小道路,防线过长兵力就不足了。日军发动了几次小规模的进攻后,已经发现了英军的弱点。日军迂回到英军的下一道防线。

日军拥有攻击船,在占有海空优势的情况下,可以在英军阵地后边随意登陆。英军发现在陆地和海上两个方面都被日军包围了,英军被迫突围。

被包围的印军第十师计划抄大道通过马来西亚,与日军发生了激战。英国人阿瑟·帕西瓦尔将军命令印军第九师去支援第十师。

1942年1月7日，由于连续溃退，印军第十一师疲惫不堪，供给严重匮乏。日军再次夹攻印军第十一师。在斯林河一带双方展开决战，日军消灭了印军第十一师。之后，日军很快控制了马来西亚。

　　犯人和战俘们被强迫要求设计他们的监狱，在这些人中间有教师、商人、医生和工程师。日本人强迫战俘们自己管理监狱里的事务，自己种蔬菜，每周打扫居住地。犯人们还出版了报纸《拘禁者报》，举行不同的演出。

　　即使是在最松弛的监狱内，犯人们看到监管人员也要鞠躬，否则就要遭受毒打。行刑队的阴影笼罩在所有犯人的头上。

新加坡浩劫

　　日本人感到不知所措，因为治理和开发一个帝国比夺取它更加困难。

　　新加坡是个十分优良的港口，有一条水道和石堤与马来西亚半岛相连。坚守新加坡的英军共有3个师，包括英军、澳军和印军。新加坡岛上建满了海岸防御工事。防御工事中拥有火力强大的大炮，如果日军从北部的陆地发动进攻，这些大炮就没有用处了。

　　就在英军退守新加坡时，有两个灾难降临到大英帝国的头上。一个是，1941年12月25日，香港被日军占领。第二个灾难是日军攻打英属婆罗洲（加里曼丹岛）。婆罗洲拥有丰富的石油资源。3支日军包围了驻守婆罗洲岛的数量很少的英军。

　　英国为了保住新加坡，调来两个师加强新加坡英军的力量。1942年1月3日，两个师的英军赶到新加坡。由于英军在马来西亚半岛连续溃败，驻守新加坡的英军陷入困境。

斯林河惨败和面临日军登陆新加坡的危险，使英军被迫退守柔佛中部的防御阵地。不堪一击的新加坡陆地防线与北部的马来省相连。

1月14日，日军进攻柔佛，日军还向前进攻了驻守在金马士的澳大利亚第八师。日军以为不可能遇到劲敌，可是却大吃一惊。澳大利亚人进行了顽强的阻击，打败了日军的第五步兵师。第五步兵师自从登陆以来连续胜利，没有遇到过强敌。如果所有的守军部队都像澳大利亚第八师一样，那么新加坡保卫战的情况就会形势大变。

尽管澳军第八师在金马士打败了日军第五步兵师，可是其侧翼受到日军的夹攻。另外，一支日军大队在澳军第八师背后的海滩登陆了，而且日军的近卫师团击溃了英军的西部防线。这时，日军第五步兵师转败为胜，澳军第八师发现自己有被歼灭的危险，被迫边战边退。

这次大撤退由澳军第八师在皮拉多科附近负责阻击日军，双方发生

战略要地柔佛水道

了激战，后来进行了混乱的白刃战。第八师拼命突围，终于向南逃出了包围。

1942年1月15日以前，日军的行军速度惊人，与德军在波兰的闪电战一样。日军向南快速推进了643公里。日本第二十五集团军继续进军，这时离新加坡还有160公里。

通过10天的进攻，日军一路上不断地把盟军向南驱赶。日军主力在盟军的两翼快速推进并在盟军的背后成功登陆。

1942年1月21日，一支日军部队在巴厘巴板湾登陆了，攻占了巴厘巴板城内的炼油厂。4艘驱逐舰在美国人格拉斯福特少将的率领下驻守帝汶岛。

1月24日夜，格拉斯福特率4艘驱逐舰在没有被发现的情况下，偷偷驶入日本运输船队的中间，用鱼雷和舰炮击沉了4艘日军的运输船，连忙撤退了。在盟军一系列的重大惨败中这是一次小小的胜利。1月底，盟军在婆罗洲的抵抗结束了。

1月31日前，英军、印军、澳军部队全部撤离马来西亚半岛，退守新加坡岛。

驻守在新加坡的守军共45个营，准备迎战日军的31个营。帕西瓦尔指挥下的守军至少能够消耗大量日军，因为守军人多势众、武器精良。但是，日军拥有制海权和制空权，使日军在战斗中赢得了主动。

新加坡岛北部海岸离马来西亚半岛很近，正面有一条48公里宽的薄弱地带。日军能够在这一地带的任何一点发动进攻，帕西瓦尔把守军部队分散部署在防线上阻击日军。每一公里的防线上部署了一个营的兵力，剩下的15个营的兵力部署在新加坡岛的中部，作为机动部队。

2月8日，日军集中主力越过柔佛海峡，进攻6个营的澳军部队。澳军面对日军的主力部队，进行了有效的阻击，可是最后被迫撤退。驻岛中部的英军连忙赶来进攻日军，可是无力把日军赶下海。日军再次以速度和

在新加坡的英、印、澳联军

疯狂的进攻弥补了人数的不足，突破了守军的防线。

守军全线撤退，在撤往新加坡的路上，不断地组织殿后阻击战。2月15日，日军占领向新加坡城供水的几座水库。新加坡城面临断水的危险，帕西瓦尔知道可能会有众多无辜的新加坡市民死亡。

帕西瓦尔不愿意成为新加坡市民死亡的元凶，只好率部向日军投降。2月15日晚，帕西瓦尔亲自扛着英国国旗向日军的防御阵地走去，一位军官扛着一面白旗。

日本士兵吃惊地看着一支庞大的敌军靠近他们。帕西瓦尔竟率领13万英军向6万日军投降了，这是英国历史上的最大耻辱。

"东方的直布罗陀"新加坡没有经过抵抗就陷落了。帕西瓦尔和守军带着耻辱乖乖投降，成了日军的战俘。日军官兵大肆残害盟军战俘。英、印、澳军战俘被日军赶到临时修建的战俘营。

很多印军战俘从战俘营中获释，被编入印度国民军，准备日后"解放"印度。东条英机下令：让那些剩下的战俘们去修泰缅铁路。

日本人感到不知所措，因为治理和开发一个帝国比夺取它更加困难。日本既不懂得殖民统治的策略，又急需殖民统治的庞大人员，最后只好委托军方。

在1942年2月中旬新加坡陷落后的一段时间内，日本依靠军队治理地方事务的弊端显现。岛上的华人纷纷团结起来抗日。这些漂洋过海的华人坚定地支持祖国大陆的抗日运动。

在日军的疯狂镇压下，5,000多名华人被害。

菲律宾在呻吟

450名菲律宾童子军用手中的轻武器抵抗日军装甲大队长达两个小时。

由7,000多个岛屿组成的菲律宾群岛，是太平洋和南中国海、印度洋交通要冲。吕宋岛是菲律宾最大的岛，岛上建有美国在远东地区最大的军事基地克拉克和甲米地。

日军企图攻占菲律宾群岛，把美军赶出远东地区，控制日本至东南亚间的海上交通线。

日军参战部队是由本间雅晴中将率领的第十四集团军，下辖第十六师、第四十八师和第六十五旅，共5.7万人。配属部队有海军第三舰队、第十一航空队以及陆军第五飞行集团，装备了各种舰只43艘、飞机500架。另外，南方军第二十五集团军的一些部队也给予支援。

美国在制订太平洋战区的作战计划时，对坚守菲律宾缺乏信心。夏威夷群岛海空军基地与菲律宾相距4000海里，很难支援菲律宾。菲律宾的防御主要靠驻菲美军和菲律宾军队。

美国希望远东军司令麦克阿瑟指挥驻菲美军能够挡住日军几个月，这样美国就有时间增兵了。在 13 万人的美菲部队中，美军只有 1.6 万人。菲律宾军队是仓促组建的，缺乏训练，装备很差。大多数菲军官兵不准备抵抗日军，对他们来说，只是换了个新主人而已。

相反，日军拥有第十六师团和第四十八师团，都是由曾经在中国身经百战的老兵组成。日军还有庞大的舰队支援，拥有 2 艘航空母舰、2 艘战列舰、13 艘巡洋舰和 31 艘驱逐舰。日军，还可以利用台湾的陆基飞机攻击菲律宾守军。

1941 年 12 月 7 日，美军陆军部作战处处长伦纳德·杰罗将军告诉麦克阿瑟，珍珠港已经遭到袭击，但没有说出美军的损失情况。

麦克阿瑟叫道："珍珠港！它可是美军最强大的基地呀！"杰罗说："不要大惊小怪，你那里也将遭到进攻，那是肯定的。"麦克阿瑟说："告

日本第十四军司令本间雅晴率军登陆吕宋岛

诉马歇尔将军别担心，这儿没事。"

麦克阿瑟并不知道，美太平洋舰队已经遭受重创，菲律宾群岛成了没有人保护的孤儿，是注定要沦陷的。

麦克阿瑟不相信日军敢进攻菲律宾，他看不起"日本鬼子"。日本兵绑腿不整，军衣宽大，裤管松弛，短短的罗圈腿。

他以为日军在珍珠港肯定遭受了重创。他认为，受到重创的日军是不敢进攻菲律宾的。这种判断使他在菲律宾战役的最初几小时中对日军的战斗力缺乏足够的认识，疏于防范。

1941年12月8日9时，日军出动500架飞机，把马尼拉附近的克拉克和伊巴机场上的200架飞机炸毁100架。后来，日军又多次发动攻击，几乎歼灭了麦克阿瑟的空中力量，炸沉美4艘舰艇，炸毁了其1/4的海军巡逻机。

被日军飞机轰炸后的克拉克机场

第七章 血泪东南亚

防御的主要支柱远东空军被日军摧毁以后，麦克阿瑟期待着能有什么奇迹出现：飞机没了，不是还有潜艇部队吗？美国最大的潜艇部队就在菲律宾群岛海域。美国的另一支护航舰队正朝马尼拉驶来。罗斯福总统还亲自发来电报告诉麦克阿瑟，援兵正在途中。

可是，麦克阿瑟的所有希望都破灭了。12月中旬，海军上将金在听说日本在菲律宾海域部署了强大舰队以后，命令向马尼拉驶去的护航舰队改航，撤到澳大利亚。

这样，美国海军无法完成麦克阿瑟所提出的"彩虹5号"作战计划规定给它的补给任务，更不可能与日舰队决战了。

对海军的"背信弃义"，麦克阿瑟一直无法原谅。后来，麦克阿瑟说："棉兰老岛是能够通行的，这里由我们的部队坚守着。海军在以后两年内无法得到任何新的战舰，不是在作战中也取得了很大的胜利吗？"

麦克阿瑟希望靠潜艇部队保卫菲律宾，可随后几天，潜艇一艘艘地奉海军之命撤离菲律宾，哈特、威克斯等海军将领也趁机溜走。这种逃跑行为，使麦克阿瑟暴跳如雷。

麦克阿瑟在发给华盛顿的电报中，强烈指责海军的逃跑行为。麦克阿瑟与海军产生了严重的分歧，这种情况一直延续到二战结束。

在第二次世界大战期间，美国海军将领们到处讲麦克阿瑟的坏话，他们把麦克阿瑟逃离菲律宾时曾经坐过运输机的事情大肆宣扬，把运输机上的两个头等座位戏称为"麦克阿瑟席"，以讽刺麦克阿瑟。

12月20日，日军以1个联队的兵力占领了菲律宾第二大岛棉兰老岛。12月22日，日军登陆部队在海空军的护送下，绕过美军的重要防区，兵分两路在拉蒙湾和吕宋岛的仁牙因湾登陆。25日，日军在和乐岛登陆。17天内，日军在9处登陆成功。

由于菲律宾海岸线漫长，美菲部队的防御兵力分散。在日军的突然攻击下，麦克阿瑟被动应战。

日军主力部队在吕宋岛上的林加延湾一带发动进攻。麦克阿瑟认为美菲军队是日军的2倍多，完全可以守住吕宋岛。

根据原来的"橘子计划"，美军一旦遭到日军的进攻，马上退到首都马尼拉附近的巴丹半岛上，凭借那里的军需供给和坚固的防御工事阻击日军，等待海外援军的到来。

麦克阿瑟制定了新的作战计划，决定在海滩上迎击日军。结果，战线过长的2个菲律宾师在林加延湾的海滩上与两个身经百战的日军师团遭遇了。

在第一天的交战中，菲军受到日军陆海空的立体攻击。菲律宾军队全线溃退，美乔纳森·温赖特将军出动训练有素的菲律宾童子军前去抵抗日军。450名菲律宾童子军用手中的轻武器抵抗日军装甲大队长达两个小时，为菲律宾守军的撤退赢得了时间。

麦克阿瑟原来决定退守巴丹半岛，可是现在守军必须打回巴丹半岛，路程长达240公里，还要经过崎岖不平的山地。最糟糕的是，部队在撤向南方的路上扔掉了大部分军需品。一支7,000人的日军在马尼拉南面的拉蒙湾向马尼拉进军。

日军的本间将军命令日军马上攻占马尼拉，他以为美军一定会在马尼拉进行最后的决战。麦克阿瑟趁机率部退守巴丹半岛。

1942年1月1日，一路日军进驻布拉坎、圣赫鲁和德门附近，一路日军进驻萨勃特，形成了对马尼拉的包围。1月2日，日军占领马尼拉。

1942年1月10日，日军向巴丹半岛的美菲军队发起总攻，由于南方军把第五飞行集团和土桥师调走参加荷属东印度群岛的战斗，菲律宾日军的力量大减。

这时，麦克阿瑟已经在纳蒂布山布置了防线。但部队的军需给养严重缺乏。士兵每天只得到一半的粮食供给，贮藏的粮食只够吃20天了。骑兵部队杀光马匹后，又杀光了水牛。由于药品匮乏，疾病在全军蔓延。

1942年1月10日，日军战车配合步兵攻击美军巴丹要塞

1月初，日军进攻纳蒂布山的美菲军队防线，美军猛烈的炮火攻击给日军造成了重大伤亡。

一支日军大队穿插渗透，通过纳蒂布山最陡峭的山崖出现在纳蒂布山防线背后。美菲军面临被全歼的危险，麦克阿瑟下令向南撤退，被迫扔掉许多大炮。

1月26日，麦克阿瑟在巴加克—奥里翁一带部署了新防线。8万名守军和26万名难民挤在面积16平方公里的狭小阵地上。军民都沿着巴加克—奥里翁防线住着。

同样，日军的处境也不妙。日军进攻时伤亡惨重，再加上疾病流行，减员较大。

1月28日，日军被迫停止进攻。本间将军渴望得到给养补充和援军的增援。直到3月初，日军不断向菲律宾增兵。

3月底，持续的饥饿、酷热的天气、肆虐的疾病不断地折磨着美菲军队。由于日本海军拥有制海权，军需给养品无法运到被围困的巴丹守军那里，麦克阿瑟频频向罗斯福总统求援，却得不到任何补给品。

组织救援远征行动使仅剩的美国舰队陷入绝境，罗斯福不肯冒这个险。巴丹守军只能靠自己了。

麦克阿瑟在指挥时犯了多次严重的错误，军官们对此十分不满。他们为了讽刺麦克阿瑟总躲在防线后面指手画脚，称他为"防空洞里的麦克阿瑟"。

但相对于战争初期美军的大溃退来说，麦克阿瑟指挥美菲部队抵抗日军成为当时唯一的亮点。从1941年12月8日至1942年3月11日所发布的142份战报中，有109份提到麦克阿瑟。一些国会议员把他捧上了天，企图把他调回国内担任陆军统帅。

麦克阿瑟成了美国在第二次世界大战中的第一位英雄，国会授予他荣誉勋章，菲律宾总统奖励他50万美元。

尽管菲律宾守不住了，但罗斯福认为，美国太需要麦克阿瑟这样的英雄了，不能让他死在巴丹半岛。

驻巴丹要塞美军投降

第七章　血泪东南亚

3月12日，麦克阿瑟奉命乘舰艇离开巴丹半岛，赴澳大利亚组建西南太平洋美军司令部。麦克阿瑟难过地向留下来的部队发誓："我一定会回来的！"巴丹半岛上的美菲部队由温赖特将军指挥，他知道灭亡之日不远了。

4月9日，巴丹半岛的守军7.5万人全部投降。

5月6日，温赖特率科雷希多岛上的1.5万人投降。

接着，菲律宾群岛其他岛屿的美菲部队多数投降，一部解散或者躲进了深山密林。日军在菲律宾战役中伤亡1.2万人。

不足2万人的日军驱赶着刚刚抓来的战俘开始了新征程。日军没有想到能够抓到这么多的战俘，而美军则没有想到日后自己的处境会那样恶劣。

投降的战俘被迫从巴丹半岛南端的马利维尔斯步行到圣费南多战俘营，行程1,000多公里。

日军决定分阶段行军，希望能够随队带足至少4万名俘虏的给养，可是日军无法弄到那么多的给养。俘虏们没有车辆，缺乏补给，没有药品。日军根本瞧不起投降的战俘，对战俘犯下了许多罪行。许多跟不上行军的速度或者从菲律宾平民那里接受水或食品的人，都被日本兵用武士刀劈死。

被疾病缠身并快饿死的战俘需要走很长的路才能到达战俘营。在庞大的战俘队伍中，泰勒上尉被俘时还穿着马靴。在半路上，他的靴子很沉，日本兵拿刀划破他脚上的水疱。他得了痢疾，快病死了。两个美国人想架着他一起走，前进速度很慢，一个菲律宾人冲他们大喊，说日本兵过来了。日本兵跑到他们面前，一刀捅透了泰勒的身体。他们只好扔下泰勒，追上了队伍。许多战俘认为这是一次死亡行军，还会有更多的死亡行军在等待战俘们。

饥病交加的战俘队伍在烈日下步行，途中许多人倒毙，日军对战俘任意杀害。

在集中营，定量配给的食物很少，战俘们处于饥饿状态。温赖特和军官们每天的饮食主要是大米，每周或两周才有一盎司的猪肉或者牛肉。对温赖特来说，这些食物的数量和质量都远远不够，他瘦了很多。

战俘们把时间和精力主要花在跟踪和捕捉臭虫和虱子上，当捕捉到足够数量时，就偷偷地把它们放在日军营的小屋中。

1944年10月17日，盟军的庞大舰队向莱特岛驶去，整个舰队由20多艘航空母舰、12艘战列舰和近百艘巡洋舰、驱逐舰以及上千架飞机护送，拥有17.4万的人登陆部队。

站在"纳什维尔"号巡洋舰上的麦克阿瑟，被庞大的舰队深深地吸引着，站在栏杆前向外观看。

一位海军军官对麦克阿瑟说："将军，这么庞大的舰队都在你的指挥下，感觉肯定挺不错吧？"

麦克阿瑟说："不，明天一早，将有很多好孩子要死在战场上了。"

1944年10月20日，盟军舰队驶入莱特湾。天刚有点亮，美舰队的舰载重炮就发射了雨点般的炮弹。

舰载机群密密麻麻地扑向了日军阵地，震耳欲聋的爆炸声响彻莱特岛。上午9时45分，许多登陆艇在20公里宽的海面上，向海岸扑去。

很快，美军士兵纷纷跳下登陆艇，射击靠在棕榈树后的日军。美军爆破手冒着枪林弹雨将日军的碉堡炸成废墟。有2名士兵还把美国国旗和菲律宾国旗插在海滩上。

日军在卡特蒙山上部署了许多重炮，但大部分被美战舰的炮火炸成了碎片。

战斗进行时，麦克阿瑟正站在20公里外的"纳什维尔"号巡洋舰上，他无法看清海滩上发生的战斗。密集的舰炮声震耳欲聋，头顶上不时飞过密集的火箭弹，许多舰载机在低云层中飞过，海岸上浓烟滚滚、火光冲天。

上午11时，麦克阿瑟招来4名随军记者。他告诉记者们："41年前，我在1903年10月20日曾来到这里，这真是巧合。那时，我是一个年轻的工兵少尉，到这里来进行实地考察。"

下午1时，麦克阿瑟在幕僚的陪同下登上登陆艇，前往"约翰·兰德"号迎接菲律宾新总统奥斯梅纳。奥斯梅纳上登陆艇后，与麦克阿瑟坐在一起。

下午2时30分，登陆艇靠近海滩。麦克阿瑟先跳下船，奥斯梅纳和其他人也随后下船。

海水没过了麦克阿瑟的膝盖，他的下巴向前伸着，显得气宇轩昂。当他上岸后，说道："我回来了。"

1945年2月4日，美军先头部队占领了老比利比德监狱，1,500名战俘获救，其中800名战俘是巴丹半岛上"好斗的杂种"。

麦克阿瑟来到比利比德监狱，那里有800名巴丹老兵正在迎接将军。

正在涉水的麦克阿瑟将军（右四），海水没过了他的膝盖

巴丹老兵们对他说："您回来了。"麦克阿瑟愧疚地说："我回来晚了……"

2月27日，美军占领了马尼拉市区。在巷战中，近1.7万名日军战死。美军伤亡6,575人，另有10万名平民被打死。马尼拉遭受了重炮的猛烈轰击，只有宏伟的马拉卡南宫完好无损，其他地方变成了一片废墟。

麦克阿瑟指挥他的部队继续向盘踞在其他岛屿上的日军进攻，清剿残留在各岛上的日军。又经过4个月的艰苦作战，7月4日，麦克阿瑟正式宣布菲律宾战役结束。

铁蹄下的东印度群岛

随着荷属东印度群岛的投降，日本人发现大量的油田被放火焚烧，便向白人发泄愤怒。

荷属东印度群岛位于亚洲大陆、澳洲大陆、太平洋和印度洋之间，由爪哇、苏门答腊、婆罗洲等3,000多个岛屿组成，拥有丰富的石油、橡胶、锡、生铁、煤等物资。

东印度群岛是澳大利亚的天然屏障，澳大利亚没有设防，它的军队都在欧洲作战。美、英、荷、澳部队分散驻守在东印度群岛的广阔地区，为了有效防御，盟军拼凑了一支美、英、荷、澳联军。1942年1月10日，英国人阿奇巴尔德·韦维尔将军到达爪哇，指挥联军。

联军的指挥体系庞大、混乱，他们驻守在广阔的东印度群岛上。美、英军的官兵多数是从菲律宾群岛和马来西亚半岛败退的。荷兰部队多数是当地人，与荷兰殖民者有很深的矛盾。各国部队接受双重领导，无法统一指挥。

联军的海军力量比较强大，拥有11艘巡洋舰、27艘驱逐舰和40艘潜艇，这就是联军的全部家当了。

但是，使荷兰人失望的是，只有一个荷兰军官参加联合司令部。东印度群岛可是太平洋战区最富饶和最重要的战略要地。

赫尔弗里希作为荷属东印度群岛的荷兰皇家海军司令，最熟悉东印度群岛，却被迫在办公室里闲着，无法与联军司令部取得联系，因为从来没有人征询他的意见。

东印度群岛的盟国陆军有9.2万人，包括东印度军7.5万人，有舰只146艘、飞机300架。1941年12月16日，日军攻占婆罗洲北部的米里和斯里亚，25日攻占古晋。

从1942年1月10日起，打拉根的联军就开始破坏油井、港口设施和航空基地。1月11日，日军进攻打拉根，双方发生了激战，联军伤亡惨重。1月12日7时30分，打拉根的指挥官宣布投降。电话线被切断了，投降的通知没有传到岸炮连。岸炮连击沉了2艘日军扫雷艇，事后岸炮连的所

爪哇战役中，韦维尔将军（右）与奎南中将

有人员被处死。

从1942年1月11日至2月20日,日军依次占领了打拉根、巴厘巴板、马辰、苏拉威西岛、根达里、安汶岛、帝汶岛。这时,联军失去了后方。

2月14-15日,日军伞兵部队在巨港着陆。同时,日军约1万人在巨港登陆成功。2月15日,日军占领巨港,联军炸毁炼油设施后退守爪哇岛。2月19日,日军派出舰载机200架,轰炸澳大利亚的达尔文港,炸沉11艘舰艇,击毁23架飞机。西路日军第三十八师一部的任务是攻占苏门答腊岛上的重要石油资源地港。

这时,日军从东、西、北三个方向对爪哇形成了包围。

在第一阶段的作战中,盟军的兵力过于分散,飞机损失较重,接连失利。2月25日,韦维尔将军被迫下令撤销盟军司令部,爪哇岛的防御由荷兰人指挥。

激烈的巴厘海战

第二阶段是爪哇海战。1942年2月下旬，美、英、荷、澳的太平洋舰队多次进攻日军的登陆运输舰队。

2月23日，日军第四十八师分乘48艘运输船，在第四水雷战队、第二驱逐舰队和第九驱逐舰队的护送下，由巴厘巴板港起航，驶向泗水。

27日，杜尔曼率领联军舰队主力离开泗水，驶向爪哇海。

弗里德里克·杜尔曼于1889年4月23日出生在荷兰的乌得勒支城。从1938年8月17日到1940年5月16日，杜尔曼在东印度群岛担任荷兰皇家海军航空兵指挥官。后来，杜尔曼出任联军舰队总指挥。

1942年2月27日当天夜间，联军舰队从马都拉北海岸驶往萨普迪海峡一带，然后回到图班，没有找到日登陆舰队。有的人指出，联合舰队还可以再向北寻找，这样能够靠近日登陆舰队。

杜尔曼指出，日军或许实施夜间登陆，若向北航行，很有可能错过日运输舰队。赫尔弗里希将军命令驻玛琅的美空军出动"解放者"式轰炸机对联合舰队提供援助。可是，联合空军司令部却命令美国飞机撤离玛琅。同一天，赫尔弗里希将军在日运输舰队的航线上部署了潜艇。但赫尔弗里希无法指挥这些美国潜艇，其中一艘曾向在马威安登陆的日军开炮。

下午14时27分，杜尔曼得到侦察机的报告：在马威安附近发现了日运输舰队。杜尔曼连忙率领舰艇向日舰队冲去。

杜尔曼的联合舰队由5艘巡洋舰和9艘驱逐舰组成。这支日运输舰队由海军少将高木指挥，拥有4艘巡洋舰和14艘驱逐舰。

日军占有明显的优势，杜尔曼的通讯能力很差，无权指挥飞机进行侦察，西村则不断地出动飞机进行侦察。杜尔曼的海军舰员都十分疲惫，但士气高昂。

日军拥有一种新武器——93型鱼雷，航程很大，而且航迹很小。双方进行了一个小时远距离的炮战。双方的炮击都不准，无法命中对方，日舰动用了穿甲弹，重创联军的巡洋舰"埃克塞特"号。杜尔曼将军为了保护"埃克塞特"号,指挥舰队撤退。日本驱逐舰紧追不舍,击沉了联军的一艘驱逐舰"科顿纳尔"号。

联军舰队撤出了战斗,杜尔曼派大部分驱逐舰返航加油。杜尔曼率4艘巡洋舰和1艘驱逐舰继续寻找日舰队。

晚上10时30分,杜尔曼的舰队找到日舰队。日舰队在距联军舰队7315米处发射鱼雷,击沉了两艘巡洋舰。杜尔曼将军葬身大海。

联军的巡洋舰"休斯敦"号和"珀斯"号都逃跑了。第二天晚上,日舰队追上这两艘巡洋舰。"休斯敦"号和"珀斯"号与日舰队进行了长时间的激战,后来它们打光了弹药,只好向敌舰撞去,撞沉和撞坏6艘日舰。日舰队击沉了"休斯敦"号和"珀斯"号。

爪哇海战结束了,联合舰队推迟了日军进攻爪哇一天。

第三阶段是爪哇登陆战。日军对爪哇岛发动了大规模的连续轰炸。

3月1日,日军在爪哇岛的东部和西部登陆,几乎未遇到有力的抵抗。日军切断了爪哇北部的铁路线,同时包抄了东印度群岛的海军基地泗水港。

日军占领了岛外所有的机场,爪哇首府雅加达、联军总司令部所在地万隆和海军基地泗水港都被日军孤立了。

3月5日,雅加达沦陷。7日,万隆沦陷。8日,日军占领泗水港。3月9日,荷属东印度群岛代总督逃往澳大利亚,联军向日军投降。

随着荷属东印度群岛的投降,日本人发现大量的油田被放火焚烧,便向白人发泄愤怒。很多白人被流放,他们的妻子和女儿被带走,接着是反复的轮奸。

在马卡萨关押着大量的白人战俘,这些人定期遭到毒打,每次要打200下,能把白人活活打死。

东南亚人带着复杂的感情,注视着前殖民地主人所遭受的厄运。人们既感到心满意足,又感到心惊胆战。日本人描绘了一幅东南亚人民解放后的情形，即"亚洲人的亚洲"，东南亚在经济方面也将与日本一样繁荣，即所谓的"共荣圈"。

东南亚人认为，日本人的出现变成了一场麻烦，一种经常的侮辱和毒打，以及不断迫近的死亡威胁。在东南亚私人的店铺和商业领域，东南亚人称之为"共穷圈"。

日本人更感兴趣的是开发东南亚，为日本战争机器提供动力，而不是组织共同经济体系。日本人掠夺大量的粮食，掠夺原材料，使当地农业经济瘫痪。

日本人对当地居民采取蛮横的态度，以至于当西方殖民者组成的盟军发动反攻时，日本人惊奇地发现东南亚人站在盟军一方作战。

风雨飘摇中的缅甸

一路的血，一路的叹息，一路的复仇誓言。

太平洋战争全面爆发后，头一周日军进攻泰国，迫使泰国不战而降；12月10日，日军同时在菲律宾和哥打巴鲁登陆；12日，日军渡过柔佛海峡，攻打马来半岛和新加坡；25日，日军攻克香港。此后，马尼拉、吉隆坡和新加坡相继沦陷。日军乘胜南下，占领爪哇、南苏门答腊和巴厘巴板。

1942年1月，日军饭田祥二郎中将指挥其第十五军分3路入侵缅甸：沿伊洛瓦底江东岸进犯卑谬，沿仰光曼德勒铁路进犯同古，沿泰缅边境的景迈东进。一时间，缅甸成了东南亚战场争夺的焦点。

当时，英印军总兵力为3万人，包括一支英军师和第十七印军师。中国的第六十六军奉命保护北部的缅甸公路，史迪威将军指挥的另外两个中国师保卫中缅边境。另外，盟军还有一个英国飞行中队和"飞虎队"。

盟军部队，特别是"飞虎队"，尽管在仰光保卫战中进行了英勇抵抗，但被打败了，日本在缅甸掌握了制空权。

1942年1月，日军兵分3路攻打缅甸，缅甸成为太平洋战场的焦点。1月31日，日军第五十五师团1万多名官兵经过长途跋涉，仅凭轻武器竟打败了3万英印军，攻占毛淡棉。

通向缅甸内陆的门户大开，仰光城完全暴露在日军面前。那时，缅甸的守军由驻印英军总司令韦维尔遥控指挥。

2月初，日军利用"闪电战"和"分割包围"的战术突破了英印军在萨尔温江上的防线。英印军退守锡当河一带坚守仰光。英军撤退时，日军进攻了印军第十七师，并准备夺取锡当河上唯一的大桥。英军指挥官派人炸掉了大桥，以阻止日军过河。当时，印军第十七师正在河对岸苦战，他们拼死杀敌，终于冲出了包围圈。他们来到大桥边，看到唯一的生路被炸，士兵们扔掉沉重的武器和弹药，游过湍急的河流。有3300名官兵游

日军在缅甸公路上行进

到了对岸，可是却没有了武器。

3月5日，英国名将亚历山大飞抵仰光，出任驻印英军总司令。亚历山大到达仰光后知道败局难以改变，日军正进攻仰光外围防线的勃固，并向北翼进攻，准备切断仰光至卑谬的退路。为了成功撤离，亚历山大调来一个装甲旅以加强火力。现在仰光只剩下最后一条向北的通道，它可通往北面的卑谬。亚历山大下令炸毁仰光炼油厂，破坏城市设施，从仰光—卑谬公路向北撤军。

3月8日，日军占领仰光。日军占领仰光后进行了短暂的休整。日军第十八师团和第五十六师团赶来增援，还调来100架飞机。日军得到增援兵力大增，继续追击溃退的英印军，一直追到伊洛瓦底江河谷。

英国在欧战中惨败，在德国空军不断的轰炸下异常危险，无法救援缅甸。早在1941年12月23日，英国与中国签订了《中英共同防御滇缅路协定书》。

1942年3月8日，日军占领仰光时，中国远征军第一路第五军、第六军、第六十六军奉命入缅参战。3月8日，国民党军第五军第二百师进驻同古地区，奉命阻击日军，为第五军展开兵力争取时间。18日，第二百师在皮尤河以南地区与日军第五十六师团遭遇，把日军击溃。19日，第二百师歼灭了日军的前卫中队。

同一天，日军主力部队进攻第二百师，激战至25日，第二百师被日军重重包围。29日，第二百师奉命撤退，转为预备队。与此同时，亚历山大准备撤退到曼德勒南面，因为曼德勒驻有一个1个中国师。突然，亚历山大发现了两翼包抄的日军，他知道大难临头了。3月24日，英印军在卑谬和东吁一带大溃退。

4月5日，日军第五十六师团和第十八师团一部向国民党第五军新编第二十二师发起总攻，遭到新二十二师的顽强阻击。

4月上旬，装备很差的日军1,000多人突破英军坚守的扎勃坦、亚兰谬等阵地，绕到英军的后面，占领仁安羌，把装备占优的英军7,000多人包围。在亚历山大的反复求救下，中国远征军第六军第三十师出动1000多人攻打仁安羌，英军7,000多人和被日军俘虏的英国传教士、记者、军人等共500多人获救。

英军获救后，不顾一切地逃往印度，使中国第五军右翼突然遭受日军的进攻。由于中国远征军第六军在新三十师西调后防线出现了漏洞，第六十六军又来不及增援，日军主力趁机进攻，攻占了棠吉、腊戍、八莫、密支那等地，对第五军形成了包围。

中国远征军第七十一军奉命入缅反攻，把日军打回怒江西岸，与日军隔江对峙。第五军和新三十师于5月突围成功，新二十二师、新三十师在史迪威中将率领下撤到印度，其他部队翻越荒无人烟的热带雨林回到中国。中国远征军入缅11万人，仅回来4万人。一路的血，一路的叹息，一路的复仇誓言。

盟军弹尽粮绝，放弃了缅甸。亚历山大率英军朝缅甸西北的葛礼瓦撤退，他希望这样做能够防守印度。缅甸沦陷后，日本帝国已经变成了强弩之末，日军再也无力向前推进了。

在几个月的时间内，日本抢占西方殖民者统治的大片地区，而这曾经是西方人花了几百年才夺取到的。

超过50万的欧洲人和美国人，还有将近15万的战俘落入日本人之手。

泰缅铁路工程的战略价值很大，美军在海上的作战，进一步增加了日本建设泰缅铁路线的要求，日本急需这条铁路线来维持日军的供给。由于当地的气候和地理条件，这条铁路线被认为是无法完成的，但日本将这项工程交给战俘们去完成。每天早晨天刚亮，战俘们就开赴工地，为开垦铁路线开路，直到晚上很晚才回来，天天如此。

除了很小的一块遮羞布，战俘们几乎裸体地干活，光着脚站在华氏120度的地上。战俘们不断遭受着昆虫和跳蚤的叮咬，脚被锋利的石头划

缅甸战场上被击毁的日军战车

破了……日军大喊着"快干"的声音萦绕在战俘们的耳旁，甚至出现在梦中……日军经常毒打他们。

所有惨死的战俘约占参加修路工人总数 46000 人的 1/3。将近 75,000 人的当地劳工也参加了修铁路。据估计，在 400 公里长的铁路线上，每公里竟有 64 名战俘和 240 名劳工死亡。

自美英首脑的魁北克会议后，美国在印度武装和训练 10 万中国远征军，中国在滇西集结 30 个师，加之蒙巴顿在东南亚的 3 个英军师，对缅甸日军构成了巨大的威胁。

1944 年 1 月，日军在缅部队总数已达 8 个师团。3 月 8 日，日军第十五军近 10 万人越过亲敦江攻入印度境内，揭开了英帕尔战役的序幕。在日军的猛攻下，英军全线溃退。12 日，在空军的支援下，中国远征军收复大部分丢失的阵地。

雨季到来后，地面逐渐变得泥泞难行。日军仅以抢夺来的稻谷充饥，而在居民稀少的地区只能靠野菜和打猎填一下肚皮。雨季的阵阵雷鸣预告了日军的失败。

英帕尔战役日军惨败后，1944年11月10日，盟军展开反攻。盟军渡过亲敦江，占领了莫莱。12月2日，占领了加里瓦。1945年1月底，盟军推进到伊洛瓦底江岸地区。

5月1日，盟军对仰光发动两栖登陆计划。仰光是缅甸的首都和最大的城市。5月6日晨，盟军的先头部队攻下仰光。至此，缅甸实际上已经解放了。

第八章
炮声震惊美利坚

美日裂痕

美国是日本实现梦想的一大障碍。

18世纪末19世纪初,美国利用欧洲国家同法国作战、双方均无力兼顾美洲的有利形势,一方面通过贸易大赚交战国家的钱财,以壮大自己;一面乘机夺取交战国在美洲的土地。

1803年,美国从法国购买面积达200多万平方公里的路易斯安那。19世纪上半期,英法美等国凭借军事和经济力量,加紧侵略,强占更多的销售市场和原料产地。

1810-1819年,美国采取先派兵强占后出低价"购买"的手段从西班牙手里抢走了佛罗里达半岛。

南北战争取消了黑人奴隶制度,为资本主义的进一步发展扫除了障碍,使美国的经济在19世纪后半期迅速超过英、法等资本主义国家。1898年4月末,海军部长西奥多·罗斯福派美舰队前往古巴以及西班牙所统治的其他地方。杜威海军准将指挥美舰队。5月1日拂晓,杜威发现,一支西班牙小型炮艇中队停泊在马尼拉河。

随着"轰隆隆"的巨响,美海军战列舰口径大、数量多的大炮射向西班牙小型炮艇中队。西班牙炮舰全部被歼,战死者400人。此后的三个月,美舰队搭载陆军攻占了西班牙在菲律宾的殖民地、关岛以及加勒比岛。凭借强大的舰队,美国成为帝国俱乐部的一员,以世界强国的姿态出现在世人面前。

19世纪中期,闭关锁国的日本遭到美、英、法、俄等国的侵略。1853年,美国人柏利率领舰队打开日本的大门。外国的廉价商品像潮水一样涌向日本，西方殖民者从日本掠走大量原料、金银，加深了日本人民的苦难。

日本推翻幕府统治以后建立的明治政府，采取了一系列改革措施，来发展资本主义。19世纪下半叶，日本经过明治维新后，成为亚洲强国。日本人一手建立现代化陆军，一手建立现代化海军。19世纪末，日本海军拥有一支由6艘英造战列舰组成的舰队，成为亚洲海上霸主。

第一次世界大战结束后，英、美两国阻挠日本商品进入本国市场，还在亚洲的殖民地进行"势力扩张"，损害了日本的利益。

1930年，伦敦会议加强对日本海军的限制。日本海军大臣奉命在条约上签字，遭到了日本朝野的一致反对。日本首相被民族主义者暗杀在东京火车站，理由是他出卖了日本的安全。1931年，日本吞并中国东北，准备进一步吞并中国甚至整个太平洋地区。日本人已经无法遏制强烈的扩张欲望了。当国联谴责日本时，日本代表在和谈会议上拂袖而去。

华盛顿会议召开现场

1935年，伦敦会议召开，日本海军司令山本五十六上将提出，销毁威胁到日本安全的战列舰。山本五十六认为战列舰就像是日本的武士刀一样过时了。他的建议遭到各国代表的强烈反对，日本趁机退出伦敦会议，条约变成了废纸。

与此同时，日本在建造航母方面加快了步伐。1934年11月，日本建造排水量达1.88万吨、航速为34节的"苍龙"号航空母舰。日本又建造了同级别的"飞龙"号。

后来，日本建造了"翔鹤"号和"瑞鹤"号航空母舰，标准排水量均为2.56万吨，载机72架，航速34节。舰上还装备8座双联装127毫米口径的防空炮和12座三联防空炮。

日本在航空母舰的研制上投入巨大的人力、物力和财力。第二次世界大战爆发时，日本拥有10艘航空母舰，还有5艘正在建造中。早在1932年，富兰克林·罗斯福在经济危机中当选为总统。他从救济金中拨出2380万美元建造战舰。这笔资金第一批建造了32艘战舰，包括"约克城"

日本海军的"瑞鹤"号航空母舰

第八章 炮声震惊美利坚

号和"企业"号航空母舰。

1937年，日军侵华战争全面爆发，美国在华利益受到威胁。当时，美国海军只有3艘航空母舰、10艘巡洋舰、41艘驱逐舰。日本在长崎和吴港秘密建造两艘超大型战列舰。日本的人力和物力有限，无法在数量上占优势，只能在质量上求发展。日本人秘密建造了两艘世界上最大的战列舰——"大和"号和"武藏"号。这两艘超级战舰的吨位是英美两国最大战列舰的两倍，各装备9门457毫米口径的主炮，令人闻之丧胆。

这个消息传到美国，美国也坐不住了。从1937年至1941年，美国建造了10艘快速战列舰。"北卡罗林"号战列舰拥有9门410毫米的口径的主炮，"大黄蜂"号航母也建成了。

1938年，在罗斯福的努力下，美国国会紧急通过了《1938年海军法》，批准建立"超一流海军"，计划建造3艘战列舰、2艘航空母舰、23艘驱逐舰和9艘潜艇，海军航空兵飞机增至3000架。这一紧急战前扩军行动是具有战略意义的，奠定了太平洋战争初期美国海军支撑局面的基本实力。

罗斯福深深地感到，美国海军现在还无法阻止日本咄咄逼人的攻势。另外，兵员紧缺也严重地困扰着美国海军。美国海军官兵共12万人，其中海军陆战队只有1.94万人。

1939年秋，罗斯福下令拨款5亿美元，使军用飞机增至1万架，并建造年产2.4万架飞机的航空工业。这一宣布具有战略威慑的作用，而且美国正在紧锣密鼓地研究扩军计划。

1939年，美国陆军参谋部和海军航空兵司令部动用了3亿美元，使航空兵飞机增至5500架，其中竟有3251架新式飞机，海军航空兵增加3000人。

1940年，德军在西欧屡屡得手后，又准备强渡英吉利海峡攻占英国，英国、法国和荷兰在东南亚的殖民势力严重削弱，美国仍持孤立主义，在大洋彼岸置身事外。日本发现，夺取东南亚时机已到。日本妄想夺取英国、法国和荷兰的亚洲殖民地，解决石油等资源危机，以保证长期战争的需求。

日本为了建立梦寐以求的所谓"大东亚共荣圈"，南下太平洋成为其最重要的战略目标，而美国是他们实现这一梦想的一大障碍。

对日本攻占东南亚的政策，美国表示决不会让出日本想要独占的太平洋地区。日本不顾美国和英国的"干涉"，夺取了法属印度支那、荷属东印度和英属新加坡。日本的做法严重地损害了美国在太平洋地区的利益，使日美的矛盾激化了。

由于美国奉行"先欧后亚"的战略方针，在太平洋地区没有做好战争准备，也不想立即向日本开战。这时，日美双方都想改善与对方的关系，求得暂时的缓和，以便争取足够的时间为战争做准备。

共同的渴求使日美两国再次走到谈判桌上。1941年4月16日，日美

日美谈判期间的日本代表野村三郎（左一）

两国秘密谈判开始了。因为双方在根本利益上分歧太大，在谈判桌上争论不休，谈判陷入了僵局。

5月7日，在东太平洋举行大规模演习的美国太平洋舰队，并没有像往年那样撤回西海岸，而是停泊在珍珠港，对日本施加压力。罗斯福没有料到，正是他的这一决定，激起了山本五十六偷袭珍珠港的决心。

7月26日，罗斯福发表声明，宣布冻结日本在美国的一切资产，防止日本利用美国的财政金融设备以及日美间的贸易损害美国的利益。

同时，英国废除了《英日通商航海条约》《印日通商条约》和《缅甸日本通商条约》。荷兰废除了《日荷石油协定》。

8月15日，美国宣布禁止所有货物出口日本。11月5日，日本御前会议决定，向美国、英国和荷兰开战，日期为12月初，和美国的谈判仍然继续。

12月2日，山本五十六根据日本统帅部的命令，向南云舰队发出密命，通知其进攻的日期是东京时间12月8日，夏威夷时间12月7日。

风云色变珍珠港

罗斯福愤怒地说："我们要让小日本知道，他们袭击珍珠港意味着什么！"

1941年12月7日凌晨，夏威夷瓦胡岛上的珍珠港的美军沉睡在星期天特有的假日气氛中。

美国对日本的偷袭行动并非全不知情，美国利用"魔术"解码破获了日本许多重要的情报，而且，在开战前，美国的"华德"号军舰击沉了日本小型潜艇，美国的雷达站也曾发现日本偷袭，但是由于一系列的错误判断,美军没有采取任何措施,致使日军突袭成功。

尽管美国政府已经警告过所有美军,日美战争迫在眉睫,只是时间早晚的问题。然而,驻守夏威夷的美国官兵并没有感到战争即将来临。舰队1/4的官兵在岸上度周末。港内没有部署巡逻的舰艇,也没有部署巡逻的飞机。

教堂悦耳的礼拜钟声随风飘入战舰的窗口。在战列舰的尾部,美军仪仗队正在甲板上准备为8点钟的升旗仪式高奏军乐。

瓦胡岛上的6个陆海军机场,几百架飞机整齐地排在停机坪上。高射炮的炮弹被锁进弹药库。

珍珠港海军基地最高指挥官肖特中将,穿着洁白的运动服,背着球具,正准备去高尔夫球场与金梅尔司令较量一番。在珍珠港的太平洋舰队的大多数官兵还未起床,他们并不知道,一场灾难正悄悄地降临到他们的头上!

日本海军的飞机从"翔鹤"号航母上起飞准备袭击珍珠港

第八章 炮声震惊美利坚

担任第一波攻击任务的183架日机正扑向珍珠港。此时,美军太平洋舰队停泊在珍珠港内的舰船共计战列舰8艘、重巡洋舰2艘、轻巡洋舰6艘、驱逐舰29艘、潜艇5艘、辅助舰船30艘,岸上机场停有飞机262架。另有2艘航空母舰、8艘重巡洋舰和14艘驱逐舰因执行任务不在珍珠港。太平洋舰队的第三艘航空母舰"萨拉托加"号正在美国西海岸修理。

7时55分,珍珠港基地。美军"内华达"号战列舰上的水兵们正要升军旗,奏国歌。

忽然,他们看到从东南方闪现一大批俯冲轰炸机,闪电般贴在海面上,来了个急转弯,冲到机场上空。

当第一颗炸弹爆炸的时候,炮舰船长耶西·柏德和部下们正站在驱逐舰"咀嚼"号上。"空军在演习!"一名水兵说,他认为这是美军的特技飞行员犯的一个可怕的错误。但是,密集的炸弹倾泻而下。

一名情绪激动的厨师在舷梯下面喊道:"日本人正在袭击我们,那不是演习……"柏德马上率领部下跑向防空炮。

位于珍珠港四周的希凯姆机场、惠列尔机场、埃瓦机场和卡内欧黑机场是日本飞机的第一批轰炸目标。

为了精确地进行轰炸,许多轰炸机飞到距地面仅几百米时才投弹。机场上炸弹如雨,一架架美军重型轰炸机被炸碎。几架美军战斗机趁乱刚刚起飞,就被居高临下的日军"零"式战斗机击落。

地勤人员和飞行员们从地上捡起机枪进行还击,但不顶用。几分钟内,美军机场被摧毁,几百架飞机成了残骸。机场上空浓烟滚滚,巨大的烟柱冲向天空……

珍珠港的爆炸声就像晴天霹雳,熊熊大火映红了整个珍珠港。港内升起了冲天的水柱,所有的战列舰都起火了,震耳欲聋的爆炸声响个不停。遍地血尸,惨不忍睹。爆炸声、防空警报声和官兵们的呼救声乱成一团。

"亚利桑那"号被2枚鱼雷击中,接着被4枚1,600斤的炸弹击中,更惨的是被一枚炸弹穿透了甲板,在弹药库爆炸,引起了更大的爆炸,造成该舰在几分钟后沉没,全舰1,000多名官兵都被炸死。

"西弗吉尼亚"号的左舷被6枚鱼雷击中,虽然官兵努力拯救,却难以控制它向左倾斜,最后沉入海底。

"加利福尼亚"号被3枚鱼雷击中了舰桥的下方、3号炮塔下方和左舷中部,还有1枚重磅炸弹穿透甲板在舰舱爆炸,导致舰首向上翘起,最后沉没。

"俄克拉荷马"号被3枚鱼雷击中左舷,由于爆炸震开很多水密门,海水涌入。由于舰长没有在舰上,舰上人员一片混乱,它迅速沉没。

"田纳西"号被3枚炸弹击中,因为受到"西弗吉尼亚"号沉没时的挤压,再被后边"亚利桑那"号爆炸的火焰烧到,致使舰艇上层的建筑起火,造成重创。

"马里兰"号被两颗重磅炸弹击中,是这些战列舰中受伤最轻的,后来第一个被修复了。

"内华达"号被一枚鱼雷命中左舷,这不是关键部位,而旁边"亚利桑那"号上的大火对它的威胁更大于日机。弗郎西斯·汤姆斯海军少校命令起锚出港躲避,水手长埃德温·希尔跳进水里,游上码头,解了缆绳,"内华达"号连忙起航。

"内华达"号的躲避是第一组空袭中最惊险的一幕,"内华达"号在没有任何拖船的引导下,倒退着离开了锚地,驶入了航道。周边的军舰纷纷爆炸起火,热气滚滚,"内华达"号上的舰员纷纷挡住炮弹,以免炮弹受热爆炸。

"内华达"号拖着滚滚浓烟朝造船厂前的航道最狭窄处驶去。日军俯冲轰炸机看到后,决定利用这次机会集中轰炸,把"内华达"号击沉在航道上封死珍珠港。

日机在扫清了空中的美机后立即对地面目标疯狂扫射,水平轰炸机

第八章 炮声震惊美利坚

被日军袭击后的珍珠港燃起大火

轰炸了卡纽黑、希凯姆和福特岛3个机场。日军俯冲轰炸机向发射防空炮弹的美舰进行轰炸。

"内华达"号战列舰由拖船拖向韦波角，成了日机轰炸的目标，舰上的消防管被炸烂。拖船忙用水泵帮助该舰灭火。日机看到珍珠港内停泊的军舰都已经起火，就开始轰炸船坞里的舰船。

"宾夕法尼亚"号战列舰在船坞中大修，没有被第一组日军鱼雷机看到，因此逃过这一劫。第二组日机投下的一枚炸弹，只炸坏了"宾夕法尼亚"号的甲板，"宾夕法尼亚"号逃脱了沉没的厄运。

"肖"号驱逐舰的舰首被炸飞，熊熊大火随着泄漏的燃油到处蔓延，在船坞中的2艘军舰被大火引爆。在北部湾中停泊的辅助舰只被第二组日机炸沉多艘。

夏威夷医药协会总会接到救护伤员的紧急命令，20分钟内，医生和志愿者们把担架和医疗器械抬上汽车，赶往现场。

汽车大队的女司机驾驶着汽车，搭载美军赶往珍珠港。公路上的情况十分混乱，消防车、救护车、军车和几百辆官兵乘坐的计程车，堵在了几公里长的公路上，喇叭声响个不停。

受伤的官兵被送到翠普勒陆军医院，医院命令檀香山的医生赶来救护。当时，近50名医生正在听穆尔黑德博士讲解外科手术知识，就匆忙赶到医院，参加救护工作。

穆尔黑德博士利用一项新医疗仪器，能很快地测出伤员体内的金属。这种仪器显示了巨大的价值，大大节省了冲洗X光底片的时间。

在海军医院内治疗和休养的病人被送到临时病房，给受伤的美军腾出病床。很多年轻的水兵断臂缺腿，几百人被烧伤。病房里都是伤员，很多人已经奄奄一息，但没有人呻吟，一片沉默。

11时，医院血库的血浆存量减少，平克顿医生马上广播呼吁献血。半小时后，共有600人在医院门外等待献血，医护人员分12个地点验血、抽血，有的人等了7个小时好不容易才献上血。

在珍珠港海战中，日军以损失飞机29架、潜艇1艘和袖珍潜艇5艘的代价，使美国太平洋舰队主力的所有战列舰无一幸免。其中3艘被击沉、1艘倾覆，其他4艘受到重创。除了战列舰以外，美国还有10艘其他战舰被击沉或击毁，有347架飞机被击毁，官兵伤亡达4,000多人。

沉睡的美国在日军偷袭珍珠港的爆炸声中惊醒。日本法西斯的卑劣行径激怒了美国人民，强烈的复仇愿望使全国上下团结起来。

在那个"全球战争"的第一个夜晚，丘吉尔高兴得老泪横流："好了！我们总算赢了。"法国的未来总统夏尔·戴高乐说，今后"应做好解放法国的准备……"。

消息传到德国，希特勒暴跳如雷，在场的人被吓得目瞪口呆。希特勒没有忘记美国的出兵对第一次世界大战结局所起的决定性作用。他认为德国征服欧洲、摧毁苏联、制服英国的目标是可以实现的，但必须有一个条件：美国不介入。

12月8日下午4时10分，美国对日宣战。珍珠港事变后一连几天下午，几千名死难者被入土安葬，每个坟前都放着鲜花。一排陆战队士兵，对空鸣放三枪，号兵吹响了葬仪号。

珍珠港事变之后，美国的孤立主义势力彻底垮台！"我们一定要为他们报仇！"这是所有美国人的心声！美国人民决心全力投入第二次世界大战，在世界的每一个角落同法西斯斗争到底！

1942年元旦，美、英、苏、中等26国在华盛顿签署《同盟国家宣言》，重申《大西洋宪章》提出的原则，保证全力以赴打败轴心国，并互相承诺不单独媾和。反法西斯联盟正式形成。

关于1942年的国情咨文，罗斯福大笔一挥："飞机6万架、坦克2.5

罗斯福总统亲自前往美国国会，向参、众两院发表了为时6分钟的讲演，正式对日宣战

万辆、舰船 600 万吨……"

官员们都认为数字太高，无法实现。但罗斯福生气地说："如果工人真的肯卖力，就能做到。"第二年，这组数字变为：飞机 12.5 万架、坦克 7.5 万辆、火炮 3.5 万门、舰船 1000 万吨。对此，罗斯福愤怒地说："我们要让小日本知道，他们袭击珍珠港意味着什么！"

日本虽然在战术上取得了胜利，但在战略上却犯了严重的错误，挑战了一个它无法战胜的强大国家——美国，这注定了等待它的只有失败和灭亡。

海上狼烟起

这么多的进攻行动会给日本陆、海、空军后勤补给造成巨大的困难，但速度是制胜的法宝。

两次世界大战之间，在东南亚的欧洲殖民者过着天堂般的生活。许多殖民者，英国人、法国人、美国人，都赞同一位荷属东印度群岛统治者的观点："我们已经在这里统治了 300 年，我们还要统治另一个 300 年。"

西方殖民者把当地人看做类似于人的动物。英国人一般在俱乐部聚会，他们活着仿佛就是为了下午茶、业余爱好的戏剧、豪华的宴会，还有户外运动。在 1935 年，仅新加坡就有 2,000 个网球运动场地和 6 个高尔夫球场地。

但当日军大举入侵后，这些天堂般的生活全部终止了。在可怕的溃败中幸存下来的一位英国妇女抱怨说："英国的统治是世界上最美好的事物之一，当这种统治结束时，人与人之间就开始了互相残杀。"

由于全面扩军备战和发动侵华战争，日本国内经济出现了全面的衰退。8,000 万人口拥挤在狭小的日本岛，山区面积相当于美国的蒙大拿州，只剩 1/6 的国土适于耕种。日本是世界上人口密度最高的国家。

"一战"后许多国家的高额关税，20 世纪 30 年代的世界性经济危机，阻塞了日本的出口经济。

日本对原材料需求的紧迫性不亚于生存空间和贸易，但是富饶的亚洲掌握在西方殖民者手中。作为东方工业最发达的国家，日本认为有权享用亚洲的资源和市场。

从 20 世纪初到 1931 年间，日本霸占了中国东北、朝鲜以及中国的台湾、琉球群岛、澎湖列岛，占领了苏联的库页岛和千岛群岛。

作为一战中的战胜国之一，日本得到了马绍尔群岛、加罗林群岛和马里亚纳群岛，这些群岛以前都被德国占据着。

为了得到荷兰的东印度群岛年产量 800 万吨石油的油田和东南亚的橡胶、锡、铁、铝、大米等资源，日本军国主义者发动了太平洋战争。

从 1937 年开始，日本侵略者占领了中国华北和大陆沿海从上海至海南岛的主要海港。

太平洋战争爆发后，日军实施战略进攻，盟军处于挨打的防御境地，损失惨重。

日本的作战计划要求日军在马来亚和菲律宾两条主要战线上同时进攻。

辅助的作战步骤是占领当时的英国殖民地香港和美国在太平洋上占据的小岛。最后一步，日本进攻荷属东印度群岛。

这么多的进攻行动会给日本陆、海、空军后勤补给造成巨大的困难，但速度是制胜的法宝。

日军必须在被击溃的美军可能发动反击并调遣主力部队驻守太平洋地区以前完成以上进攻任务。

美国主力舰队全军覆灭，但盟军在太平洋地区驻有 11 个师，其中在缅甸和香港各驻有一个英军师，在荷属东印度群岛驻有 2 个师，在马来亚驻有 3 个师，在菲律宾驻有 4 个师。

日本被迫撤走在中国的一些部队，调到南线战场。日军好不容易凑足了 11 个师，由寺内寿一大将率领。

双方军队的数量相同，但盟军处于防御地位，必须原地防卫，盟军无法对日军形成统一的防线。而日军却能集中兵力使各地的盟军处于弱势防御的不利状态。

日本人在太平洋地区拥有强大的制海权、制空权。但日军仍需要在几次力量处于劣弱的预定战役中奋勇杀敌，才能获得胜利。

1941 年 12 月 8 日至 1942 年 4 月底，日军在短短 5 个月的时间内，以损失 1.5 万人的代价，战胜了美、英、荷、澳在太平洋地区的 30 多万军队，依次吞并了泰国、马来亚、新加坡、缅甸、菲律宾、荷属东印度、香港以及所罗门群岛、吉尔伯特和埃利斯群岛，孤立美国在关岛和威克岛的军事前哨。

香港是英国在远东地区的重要军事基地，战略地位十分重要。香港受尽了坎坷的磨难，1938 年 10 月，日军攻下广州后，香港成为一座孤岛。

1941 年 10 月，英军派 2 个加拿大营支援香港。香港英军兵力增加到近 1 万人，还有海空军一部。在日军攻打前，香港英军估计日军将从海上进攻，把防御重点放在海上。

日军决定从陆上进攻香港，集结了第三十八师、第五十一师第六十六团和第一炮兵队，陆军航空兵一部和第二遣华舰队配合作战。

1941 年 12 月 8 日凌晨，日军飞机轰炸香港启德机场，海军从海上封锁，第三十八师从深圳以东向九龙半岛大举进攻。12 日，日军突破英军防线。12 月 14 日，英军逃到香港岛。

12 月 18 日晚，日军兵分 3 路渡海，夺取香港岛东北部，切断水源，迫使英军于 12 月 25 日投降。

第八章 炮声震惊美利坚

寺内寿一（左二）

关岛是美国设在马里亚纳群岛的重要海军基地。1941年12月10日拂晓，在飞机的掩护下，日军南海支队在关岛南、北海岸登陆，当天下午以优势兵力攻下关岛，岛上美军500人投降。

威克岛是美国在中太平洋的重要海军基地。驻守威克岛的美军只有450人，还有工程人员1,000多人，只有12架飞机。

1941年12月8日，36架日轰炸机轰炸威克岛，炸毁7架美机。12月10日，日海军一部企图在威克岛登陆，遭到美军的疯狂攻击。日军驱逐舰被击沉2艘，巡洋舰被击伤，其他舰只逃跑。

后来，日军得到 2 艘航空母舰和 3 艘重巡洋舰的支援，于 12 月 23 日再次登陆，一举攻下威克岛。

日军战胜的重要原因是：战前准备充足，开战时集结优势兵力，实施突袭夺取海空权，快速地实施登陆和进攻战役，使盟军处处挨打。

盟军失败的原因是：战前麻痹轻敌，战争准备不足，缺乏协调一致的组织指挥；首战惨败后，又产生了畏敌的失败主义情绪，丧失了斗志。

美、英、荷、澳军队惨败的重要原因是盟国长期在东南亚实行殖民主义政策，部队多是当地人组成的雇佣军，矛盾重重，装备低劣，训练不足。

盟军部队在数量上占优势，但缺乏斗志，在日军强大的攻势面前不堪一击。

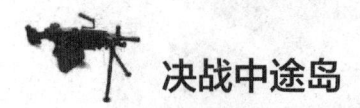

决战中途岛

但是也有很多山本不了解的情况，他的有关敌人航母的最新情报是假的。

日本政府把摧毁美太平洋舰队的任务委托给一位海军天才——山本五十六。山本五十六是具有多方面才能的人。他在骨子里是位文雅的人，能说一口流利的英语，钦佩美国，并结交了很多美国朋友。

山本五十六出生于 1884 年。1919 年，35 岁的山本武官被派到哈佛大学，在那里学会了英语，掌握了桥牌和纸牌。

1941 年 12 月 7 日，山本五十六把自己和日本海军推向了一生之中最大的赌局。珍珠港海战取得了巨大的胜利，使他在一夜之间闻名世界。但是山本五十六知道，再好的运气也有走到尽头的时候。

第八章 炮声震惊美利坚

1941年12月28日,在日舰队旗舰"长门"号战列舰上,联合舰队的司令长官山本五十六正在观看偷袭珍珠港的战果报告。这个报告是日本情报人员参照美军公布的损失整理出来的。

山本五十六逐行核对着报告上的数字,美军公布的损失比日军参加突袭行动的部队上报的战果大了很多。

美军的损失报告有两点使山本五十六没有料到。

第一点,日军突袭珍珠港竟能获得这么大的战果。根据一般的规律,部队上报战果往往会有夸大的水分,山本五十六原以为美太平洋舰队的实际损失远远低于日海军上报的数字,但却超过了上报的数字。

第二点,没有料到美海军遭受那么大的损失,竟然都公布出来了。山本五十六认为,美海军敢于说出实际损失,是因为美国的实力太强大了。

在日本海军中,山本五十六对美国的了解比任何人都透彻。

珍珠港的战斗结束了,山本五十六又想攻占美国的一个小岛屿——中途岛。

中途岛地处太平洋中部,距离日本2,250海里,东南距离珍珠港1,135海里。中途岛建有海港和美军机场。

中途岛面积很小,但受到美日双方的高度重视。美军可以从岛上的机场出动飞机,可以警戒半径达600海里的海域;岛上的港口能够作为美航空母舰编队的补给和前进基地。

对日海军来讲,一旦占领了中途岛,就能把中部太平洋的防御圈快速向东推进,还能利用中途岛上的海空军基地,监视和警戒夏威夷群岛的美国太平洋舰队一切活动。

山本五十六计划于1942年6月发动中途岛海战。他精心设计着赌局,希望在新的一局中还能像珍珠港海战那样,再获全胜。

在珍珠港,很少有人认识约瑟夫·罗奇福特少校,他是一个孤僻的人。通常,他每天工作20个小时,只是偶尔在办公室内的帆布床上小睡一会儿。这是一间没有窗户的地下室,安装着铁门,阵列橱、办公桌、椅子和地板上都堆满了文件。

　　罗奇福特是一位天才的密码专家。1942年5月中旬,他发现一支日海军主力舰队总方针将要展开行动。日军无线电波发射频繁,但攻击的目标是哪里?通过研究破译的密码,他注意到,日军反复使用了"AF"这两个字母。无论"AF"代表什么意思,他猜测,它就是中途岛。自从威克岛陷落以来,中途岛是太平洋最西部地区仍然飘扬着美国国旗的地方。

　　罗奇福特决定检验一下他的推测,得到太平洋舰队司令切斯特·尼米兹海军上将的准许之后,中途岛发送了一个伪造的情报——很清楚地报告了岛上蒸馏厂的倒闭。两天后,美军截获到一个新的日军报告,说AF缺少淡水。看来,日军的进攻目标真的是中途岛。

　　5月末,美军情报人员多次破译山本五十六发出的密令,尼米兹得知日海军仍在按原计划驶进。尼米兹命令在珊瑚海执行任务的一艘巡洋舰用航空母舰使用的频率发报。他想以此来欺骗山本五十六,使山本五十六相

美军正在研究作战计划

信美国的航空母舰正在所罗门群岛附近。

随着5月份逐渐过去，山本很有信心地把他的舰队开出了海军基地。机会看起来非常大，美国人只有3艘航空母舰对抗他的8艘航母，巡洋舰的对比是8∶20，驱逐舰的对比是14∶60，潜水艇对比是19∶15。与山本的11艘战列舰相比，美军是零。

中途岛上，美国人只有100架飞机迎击山本五十六的约650架飞机，而且美国的飞行员都没有经历战争的考验。

但是也有很多山本五十六不了解的情况，他的有关敌人航母的最新情报是假的："约克城"号和"列克星敦"号航母在珊瑚海战中被击沉了。其实，"约克城"号幸存下来了。根据日本情报人员的报告，"大黄蜂"号和"企业"号正在所罗门群岛航行，这也是假情报。

根据山本五十六所了解的情况，没有美军的航空母舰能够对他的舰队构成威胁。他认为分散他的舰队是安全的。山本五十六的舰队被分成10个小分队，每两支舰队之间有几百公里的距离。

5月26日，"大黄蜂"号和"企业"号这两艘航母正在快速返回珍珠港，以便参加中途岛海战。

尼米兹命令中途岛守岛部队采取一切措施，加强防御力量。至5月底，在水际滩头和周围水域都投放了水雷，海军陆战队的守备兵力增多，还增添了很多高射炮。

尼米兹把所有参战的兵力作了最有效的部署。尼米兹总算放心了。5月31日晚，尼米兹几个月来第一次早早地睡觉了。

6月2日，由于南云舰队没有雷达，在浓雾中朝中途岛方向驶去。再加上能见度很差，不能出去弹射侦察机，结果南云舰队无法了解自己的处境。

6月3日上午10时，前方的海面波涛起伏，南云舰队以24节的航速快速前进，使蓝色的海水掀起滚滚白浪。南云舰队的灰色钢铁战舰，组成一支巨大的环形队伍，炮筒林立的战列舰护卫在外围，大型航空母舰"赤城"号、"加贺"号、"飞龙"号和"苍龙"号行驶在中央。

6月3日傍晚，日舰队快速由西北方向向中途岛靠拢，4日拂晓以前就能够到达距离中途岛320公里的起飞海域了。这时，弗莱彻和斯普鲁恩斯率领的两支特混编队，正在中途岛东北面500公里的海面设伏。

弗莱彻认为6月4日会是"美国海军史上最重要的一天"。当天晚上美国的航空母舰距离南云舰队只有160公里。

6月4日凌晨2时45分，日军"赤城"号航空母舰上的扩音器忽然响了起来，日舰队发动进攻了。

当黎明的曙光来临之时，南云舰队航空母舰上的探照灯早已照亮了巨大的飞行甲板。南云舰队航空母舰上的舰载机数量分别为："赤城"号54架，"加贺"号63架，"飞龙"号54架，"苍龙"号56架。4时30分，南云忠一中将下令进攻。

15分钟内，108架飞机从4艘航空母舰上成功地起飞了。它们朝东南方的中途岛飞去。第一轮攻击飞机刚刚飞走，南云忠一下令第二轮攻击飞机做好起飞准备。

5时50分，中途岛上的雷达发现了前来空袭的日军机群。中途岛上的防空警报全部响了起来。这时，友永大尉率领108架攻击机群，距离中途岛仍有150公里。

守岛部队的6架"复仇者"式鱼雷轰炸机和4架装有鱼雷的陆基轰炸机，起飞后向北面的南云舰队方向扑去。另有19架轰炸机和37架"无畏"式、"守护者"式俯冲轰炸机紧跟在它们后面。

守岛部队的20架"水牛"式战斗机和6架"野猫"式战斗机向西北方飞去，迎战向中途岛扑来的日本攻击机群。

6时16分，美国战斗机与日本机群遭遇了。

负责护航的日军"零"式战斗机队，在美军飞机还没有冲进日本的轰

第八章 炮声震惊美利坚

日本"赤城"号航空母舰

炸机群时，就向他们开火了。双方的飞机不断翻飞、俯冲、相互开火。日军的战斗机在数量上远远超过迎击的守岛部队的飞机，在性能上也远远超过对手。

很快，日军战斗机击落了17架美军战斗机，击伤7架。日军战斗机丝毫未损，也没有让美军战斗机伤害1架日轰炸机。

摧毁了美军飞机的截击，日本攻击机群迅速进攻中途岛。轰炸机冒着守岛部队高射炮火的不断俯冲，轰炸了20分钟，炸毁了油库和一个空的飞机库。

日军的第一轮攻击飞机，弹药没有了，燃油也快光了，被迫返航。

黎明，美海军第十六、十七特混编队总指挥弗莱彻，从"约克城"号航空母舰上出动10架侦察机去寻找南云舰队。5时25分，艾迪上尉驾驶"卡塔林娜"水上侦察机从中途岛起飞，在靠近南云舰队航行的海域，碰巧钻出了云层。当艾迪上尉看到一大批灰色的日军战舰时，连忙用无线电向基地报告。

接到南云舰队位置的确切情报后,弗莱彻于6时7分向"企业"号航空母舰上的斯普鲁恩斯少将发报,命令第十六特混编队向南云舰队发动空袭,第十七特混编队随后空袭。

斯普鲁恩斯少将原打算再向前航行3小时,就是上午9时,再派舰载机进行空袭。到了那时,他与南云舰队间的距离会缩短到160公里以内。这于美舰队航程较短的舰载攻击机和战斗机十分有利。

参谋长米切尔·布朗宁上校提出,若把起飞时间定在上午7时,那么会使美军飞机在空袭中途岛的日军飞机返回母舰降落时,正好到达南云航空母舰上空发动空袭。

这是一个很好的主意。当时,斯普鲁恩斯特混编队拥有两艘航空母舰,飞机数量分别为:"企业"号79架,"大黄蜂"号79架。

7时2分,14架鱼雷攻击机、32架俯冲轰炸机在10架战斗机的护送下,从"企业"号航空母舰上出发了;15架鱼雷攻击机、35架俯冲轰炸机在10架战斗机的护送下从"大黄蜂"号航空母舰上出发了。

美军舰载机从"企业"号航母升空

第八章 炮声震惊美利坚

一个半小时后，弗莱彻命令第十七特混舰队的飞机起飞。弗莱彻的"约克城"号航空母舰共拥有95架舰载机。当12架鱼雷攻击机和17架俯冲轰炸机在6架战斗机的护送下起飞时，时间已是上午9时6分了。

10时，在"赤城"号的飞行甲板上，舰上飞机的发动机都已经发动了，航空母舰立即转向逆风航行，5分钟之内，所有飞机就能够腾空起飞。只需5分钟！然而，美机已经开始攻击了！

"赤城"号航空母舰被击中两枚450公斤的炸弹，一枚落在升降机后面，另一枚落在飞行甲板的左舷上。

两枚炸弹对巨大的航空母舰无法造成重伤，然而，炸弹却使甲板上的飞机全部爆炸，火势快速蔓延，航空母舰失去了作战能力，通讯联系中断。

有4颗炸弹命中"加贺"号飞行甲板。其中最靠近舰首的炸弹落在舰桥旁，炸毁了一辆小加油车，使舰桥和四周的甲板燃起大火，很多舰员伤亡。

"加贺"号航空母舰的火势越来越大。10时40分，天谷命令弃舰。

10时30分，"苍龙"号变成了火葬场，爆炸声不断响起。舰上的炸弹和鱼雷全都爆炸了。10分钟后，"苍龙"号丧失了行动力，轮舵和消防系统彻底被炸毁。

10时40分，18架俯冲轰炸机在6架战斗机的掩护下，飞到了弗莱彻将军的"约克城"号航空母舰上空。

在高空警戒的12架美军战斗机冲进日本机群进行拦截，击落了6架日机。

日本轰炸机立即向下俯冲，更多的日机被密集的防空炮击碎，有3颗炸弹击中"约克城"号。"约克城"号继续航行，飞行甲板上的飞机仍能起飞。

不久，日军10架鱼雷攻击机在6架战斗机的掩护下，紧贴海面扑来。

它们是从"飞龙"号航空母舰上起飞的第二批飞机。它们将不再冒烟的"约克城"号当成了其他的航空母舰,对"约克城"号发动攻击。三天后,"约克城"号突然倾覆,沉入海底。

6月4日下午2时45分,一架美国侦察机报告,一支日舰队正朝西面航行。日舰队由2艘战列舰、3艘巡洋舰、4艘驱逐舰和"飞龙"号航空母舰组成。

在"企业"号航空母舰上的斯普鲁恩斯将军,立即出动所有还能参战的飞机。24架美军俯冲轰炸机滑出甲板,向"飞龙"号飞去。

下午5时,美机从耀眼的太阳方向钻出,冲向"飞龙"号航空母舰。

炸弹激起巨大的浪花,随后落下的4枚重磅炸弹穿透了飞行甲板,相继爆炸。

当"飞龙"号上的日军舰员拼命救火时,从中途岛飞来的轰炸机群也赶来了,它们扔下了很多炸弹,无一命中。

"赤城"号、"加贺"号、"苍龙"号被美军飞机攻击的场景

又有更多的轰炸机，从夏威夷赶来。结果，"飞龙"号难逃沉没的厄运。中途岛西北的海面，变成了火葬场。

6月5日凌晨，"飞龙"号沉没。山本五十六无心再战，只好下令返航。

中途岛海战，美太平洋舰队只损失了1艘航空母舰、1艘驱逐舰，损失了147架飞机，307名官兵死亡。日本海军损失惨重，共有4艘航空母舰和1艘巡洋舰被击沉，180架飞机沉入大海，54架飞机被击毁，约有2500名官兵死亡。

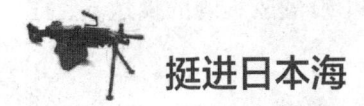

挺进日本海

美军向日本长崎市中心投掷了第二枚原子弹。

在中途岛取得令人震惊的胜利后，盟军在整个太平洋战区发动反攻。太平洋战争期间，日美两国军队于1942年8月至1943年2月在瓜岛进行了岛屿争夺战。

瓜岛海战，对山本五十六来说，没有歼灭美军航母编队，反而失去一艘航空母舰，再次犯了兵力分散的错误。最重要的是，日军没有向瓜岛增运部队和急需的补给品，致使岛上的日军弹尽粮绝，最后被迫撤离。可见，日海军在瓜岛海战中彻底失败了。1943年4月18日晨，山本五十六的座机在布干维尔岛上空被美战斗机截击。4月19日，日军找到了山本座机的残骸。只见山本五十六系着安全带坐在飞行座椅上，手紧握着佩剑，尸体没有血污，他是被一颗机枪子弹从颌部穿过，穿透太阳穴致死的。

山本五十六的死，对日本国民的士气造成了重大影响，也对日本海军造成沉重打击，其继任者古贺峰一和丰田副武的能力和地位都不如山本五十六，日本海军走向了灭亡之路。

1944年初，盟军在太平洋战场进行了强大的战略反攻。日本的国力和军力已经逐渐枯竭，防御作战接连失利。从1944年6月起，在中太平洋方向的盟军开始进攻日军的内防御圈马里亚纳群岛地区。尼米兹决定于6月15日攻占塞班岛，以切断日本与南太平洋各岛间的海上联系。

　　塞班岛长约30公里，宽约10公里，是个珊瑚火山岛。守岛日军有近3万名部队，由斋藤陆军中将和南云海军中将共同指挥。塞班岛是马里亚纳群岛中防御最强的一个岛。

　　1944年6月15日，美海军陆战队第二师、第四师和步兵第二十七师，在8艘航空母舰、7艘战列舰、11艘巡洋舰和50艘驱逐舰的护送下，向塞班岛驶去。

　　上午8时30分，在舰炮和飞机的支援下，史密斯中将指挥陆战队第二师和第四师开始登陆。20分钟内，近8,000名陆战队员乘坐700多辆两栖运兵车朝滩头冲去。在滩头，美军遭到了日军的疯狂射击。日军在战壕里用重机枪朝刚上岸的美军疯狂扫射。许多美军倒下了，幸免于难的美军纷纷趴在沙滩上。这时，水陆坦克还没有上岸，美军不能前进。

　　6月16日，双方进行了激烈的争夺战。日军的炮火很凶猛，美军的水陆坦克损失惨重，无法发挥作用了。这时，美军已经全面上岸参战，形势十分危急。若战斗这样打下去，美军可能会失去战役的主动权。

　　6月17日，美军终于击败凶残的日军，开始向纵深推进。经过几天的激战，日军被围困在高地上的袋形地区中。这里原是一座火山，山里到处都是岩洞，是天然的防御工事。

　　日军利用岩洞，准备顽抗到底。美军的主力部队绕过岩洞。美军派出特种部队，用火焰喷射器和炸药包对付洞中的日军。7月7日清晨，塞班岛上的3,000名日军，叫喊着"天皇万岁"，端着机枪和步枪，冲向美军阵地。美军凭借武备上的优势，击退了日军的进攻。

　　塞班岛战役结束。塞班之战的代价是非常大的，日本军民3万多人死

第八章 炮声震惊美利坚

在塞班岛上，美军用喷火器向藏有日本士兵的隧道内喷火

亡；在7万名美军中，伤亡1.5万人，其中3000多人死亡。

塞班岛失守后，日军认为硫磺岛将是盟军下一个进攻要地，所以向岛上抢运物资。守岛日军几个月内也增加到2.3万人。日军向岛上运来了近千门大炮，22辆坦克和大批弹药、粮食和淡水等补给品。1945年2月，尼米兹率中太平洋的美军由马里亚纳群岛启航，攻打硫磺岛。

硫磺岛是盟军马里亚纳海空基地与日本东京的唯一中继站，它与西面的冲绳岛是日本南大门的两只"看家狗"，是日本本土"内防御圈"上的战略要地。

1945年2月19日，尼米兹出动了海军陆战队25万人、16艘航空母舰和1,200架舰载机、7艘战列舰和许多辅助舰艇、14艘航空母舰的第五十二特遣队以及塞班岛的美国陆军第七航空队。参战美军共拥有900多艘战舰，数千架飞机。尼米兹相信：有这样一支历史上最强大的舰队攻打小小的硫磺岛，只需5天、就能攻克。

黎明时分，美海军的7艘战列舰、4艘重巡洋舰、3艘轻巡洋舰和10艘驱逐舰炮击了硫磺岛，共发射38,150发炮弹。100多架美机用火箭、炸弹和汽油弹轰炸岛上的重要目标。6时45分，饱餐了牛排、鸡蛋的美海军陆战队第四师和第五师的3万多人，搭乘400艘登陆艇，在军舰和飞机的掩护下，向硫磺岛冲去。陆战队员望着浓烟滚滚的硫磺岛，乐观地扬言只需2天就能歼灭日军。

　　9时，3万名美军登上海滩，数以千计的水陆坦克和装甲车辆以及数千吨物资也上岸了。美军官兵背着几十公斤的装备，踩着厚厚的火山灰，向一级级火山爬去。

　　日军把子弹、炮弹泼雨般射向美军，美军当场死亡2,000人，海滩上还有许多倒在火山灰上的伤兵。履带车辆乱跑乱撞，最后陷在火山灰中，被日军的火炮摧毁。登陆的美军得到了军舰和飞机的强大火力支援，可是整整一天，3万名美军就挤在硫磺岛西面一小块阵地上。

　　激战到第五天，美军伤亡6,000人。为了占领火鸡头，美军激战10天，每天只前进几百码。2月20日黎明，美机从航空母舰上起飞了，舰炮也连续炮击。登陆的美军兵分三路，中路切断了日本南北阵地的通路，左路攻打折钵山，右路进攻东北高地。藏在地下工事中的日军顽抗到底，美军的进展迟缓。

　　3月26日黎明，约有350人的日军爬出地下工事，扛着迫击炮、步枪和手榴弹，偷袭美军的阵地。战斗3个小时，日军被歼灭。硫磺岛战役结束了。

　　此后，扫荡地下深处日军的战斗又打了2个多月，硫磺岛上的美军才真正安宁。

　　尼米兹计划5天占领硫磺岛，却激战了36天。日军被打死或堵死在岩洞中近2万多人。美军有6,800多人死亡，2.5万人受伤。冲绳岛成为美军的下一个进攻目标。冲绳岛位于日本九州至中国台湾之间岛屿链的中点,距两地均为 700 公里。

3月以后,美军为攻打冲绳进行火力准备。从硫磺岛、塞班岛、关岛和中国东部各机场起飞的美军轰炸机群,轮番飞抵冲绳岛上空,对冲绳岛发动地毯式轰炸。

1945 年 4 月 1 日 6 时 20 分,美舰舰炮的巨大轰击声惊醒了沉睡的冲绳岛。在 10 公里的登陆正面上,平均每公里正面落弹 1 万多发,是太平洋地区登陆战中舰炮火力最猛的一次。8 时,美军登陆舰只黑压压地排开阵势,以水陆坦克为先锋,朝白沙滩头冲去。8 时 30 分,美军在冲绳岛西海岸登陆成功,没有遇到任何抵抗。

5 月 30 日,牛岛满率日军退守最南端,美军趁机占领首里城堡。7 月 2 日,冲绳战役结束了。日军死亡 10.5 万人,平民死亡 10 万人。这次战役,美军先后投入的总兵力达到 54.8 万人,死亡 7,613 人,伤 31,807 人。在战斗中,美军指挥登陆战的巴克纳尔中将阵亡。

1944 年上半年,盟军在中太平洋战场和西南太平洋战场接连取胜,使日本军民笼罩在失败的阴影中。在盟军发动海上大反攻的同时,美军从空中对日本本土实施战略大轰炸。

持续的大轰炸使日本伤亡 55 万人,800 万人流离失所。日本军事工业受到重创,仅航空工厂就被摧毁了 60%,飞机产量由 1944 年的月平均 2300 架下降为 1945 年 8 月的 200 架。

1945 年 8 月 6 日凌晨,美军向广岛投掷一枚原子弹。在 10 亿度高温和强大冲击波的作用下,爆心的一切建筑物消失。成千上万的居民被高温与强光变为蒸汽,尸骨无存。几秒钟内,广岛已有 7.8 万人毙命,8 万栋房屋被摧毁。

1945 年 8 月 8 日午夜,苏联加入太平洋战争,试图复仇并运走所有能运走的战利品。160 万军队和 3,000 辆坦克冲向中国东北。约 6,000 架飞机轰炸了东北和朝鲜的城市以及日军。

广岛上空原子弹爆炸产生的蘑菇云

　　由于日本政府企图顽抗到底，8月9日，美军向日本长崎市中心投掷了第二枚原子弹。2.6万日本人当场毙命。

　　8月15日中午12时，天皇通过录音广播向日军下达停战诏书："朕深鉴于世界之大势与帝国之现状，欲以非常之措置收拾时局，兹告尔忠良之臣民。朕已命帝国政府通告美、英、中、苏四国，接受其联合公告……"

　　9月2日9时4分，在美国军舰"密苏里"号上，麦克阿瑟代表盟国主持了受降仪式。日本外相重光葵代表天皇，梅津代表日本政府签署了投降书。

　　就这样，第二次世界大战结束了。